SPIKE

넥스트
자본주의,
ESG

조신 지음

세상의 룰을 바꾸는 새로운 투자의 원칙

사회평론

넥스트 자본주의, ESG

세상의 룰을 바꾸는 새로운 투자의 원칙

2021년 6월 24일 초판 1쇄 발행
2021년 7월 2일 초판 2쇄 발행

지은이	조 신
편집	차윤석 김희연 김성무 강민영
마케팅	김세라 박동명 정하연 이유진
제작	나연희 주광근
디자인	박진범
인쇄	영신사
펴낸이	윤철호
펴낸곳	(주)사회평론
등록번호	10-876호(1993년 10월 6일)
전화	02-326-1544(마케팅), 02-326-1543(편집)
주소	서울시 마포구 월드컵북로 6길 56
이메일	editor@sapyoung.com

ⓒ 조신, 2021

ISBN 979-11-6273-166-6 03330

재이에게

ESG로 '넥스트 자본주의'와
백년 후 미래를 준비하라

지난 30여 년간 IT 분야에서 일하면서, 나는 IT가 우리 삶에 가져다준 엄청난 변화를 현장에서 지켜보았다. 그러나 최근의 디지털 전환Digital Transformation 흐름은 변화의 속도와 보폭에 있어 이제까지와는 차원이 다르다. 모든 산업에서 제품과 비즈니스 모델, 업무 프로세스 등이 완전히 디지털화하고 있다. 모두가 이를 실감하리라 생각한다.

그런데 이에 못지않게, 어쩌면 훨씬 더 중요할 ESG 전환의 물결 역시 거세게 일어나고 있다. 이는 기업이 환경(Environmental), 사회(Social) 및 지배구조(Governance) 문제에 제대로 대처하지 않으면 우리 인류의 미래를 장담하기 어렵다는, 보다 근본적인 위기의식에서 시작된 움직임이다.

ESG 전환은 여러 모로 디지털 전환과 유사하다.

먼저 ESG 전환은 디지털 전환과 마찬가지로 우리 생활 방식과 모든 산업, 그리고 기업을 통째로 바꾼다. 기술 발전으로 촉발된 디지털 전환과 달리 인류를 둘러싼 생태계의 위기로부터 비롯되었다는 점이 다를 뿐이다.

변화가 예상보다 훨씬 빠른 속도로 일어나고 있다는 점 또한 비슷하다. 환경 및 사회 문제는 봇물 터지듯 한꺼번에 밀려 오고 있는 중이지만 기업도, 정부도 적절히 대응할 준비가 되어 있지 않다. 불과 몇 년 전까지만 해도 온실가스 배출량을 제로(0)로 줄여야 하는 상황을 맞으리라고 예상한 사람이 얼마나 됐겠는가?

두 전환 모두 혁신, 특히 파괴적 혁신이 중요한 역할을 한다는 점도 닮아 있다. 획기적인 친환경 기술을 개발하거나 사회 문제 해결을 위한 새 비즈니스 모델을 개발하기 위해서는 파괴적 혁신이 필요하다. 이 책에서 다룰 'ESG 투자' 역시 사회적 가치와 이윤 창출을 동시에 추구하지만, 이 또한 여러 부문에서의 혁신 없이는 거의 불가능하다.

한편 기존의 기업 지배구조도 큰 위기에 직면해 있다. 자본주의의 근본적 변화, 즉 주주 이익만을 우선시하는 주주 자본주의 체제를 종식하고 모든 이해관계자의 가치를 중시하는 '이해관계자 자본주의'로 전환해야 한다는 목소리가 점점 커지고 있다. 앞으로의 자본주의 체제는 환경·사회 문제와 기업 지배구조에 따른 문제를 해결하면서 진화해야 할 과제를 안고 있다.

＊＊＊

많은 이들에게 이제 ESG라는 말은 낯설지 않을 듯하다. 특히 최근 언론에서 ESG에 관한 보도가 이어지면서 부쩍 일반인들의 관심이 늘었다. 그러나 언론 보도와 보고서는 결국 아주 단편적인 면만을 소개하는 데 그칠 수밖에 없다. 얼마 전부터 ESG를 종합적으로 다룬 몇몇 책이 출간되었지만 다소 아쉬운 점들이 있었다. 기업의 ESG 활동이나 트렌드는 잘 소개하고 있었지만 ESG 전환의 핵심 동인이 무엇인지, 이에 동참하는 이들에게 어떤 인센티브가 있고 그래서 어떤 방식으로 행동하게 되는지, ESG 전환으로 만들어질 미래의 모습은 어떠한지 등에 대해 충분히 분석이 이루어지진 않았기 때문이다.

특히 기업의 활동에 초점을 맞추다 보니 실제로 ESG 전환을 촉발한 투자자에 대한 분석은 거의 없었다. 왜 투자자들이 부쩍 ESG에 관심을 가지게 되었는지, 자본시장에 어떤 변화가 일어나서 투자자에게 영향을 미치게 되었는지, ESG 투자가 단순한 유행인지 아니면 지속가능한지, ESG 투자가 불러온 변화의 물결은 자본주의를 위기에서 구해낼 수 있을지 등 답을 구해야 하는 문제들은 끝없이 많다.

내가 강의하는 모든 과목의 강의노트 첫 페이지는 아래 인용문으로 시작한다.

"우리는 트렌드가 아니라 모델을, 단순한 용어가 아니라 개념을, 그리고 유추나 비유가 아니라 분석을 추구한다. 우리는 모델과 개념, 그리고 분석을 통해 오늘날 하이테크 산업에서 작동하는 근본 원리를 제대로 이해할 수 있다고 확신한다."

- 샤피로(Shapiro), 배리언(Varian), 『Information Rules』, 1999

ESG 전환이건 디지털 전환이건, 변화가 워낙 빠르게 진행되다 보니 전문가들조차 새로운 용어와 트렌드를 쫓아가기 바쁜 게 현실이다. 문제는 그 정도만으로 마치 해당 분야를 다 이해한 것처럼 행동하는 경우가 많다는 것이다. 어떤 분야든 전문 용어와 트렌드를 아는 것은 당연히 필요한 일이다. 그러나 이론과 분석까지 나아가지 않으면 이를 제대로 이해했다고 할 수 없고, 올바른 의사결정을 내리는 것도 힘들어진다.

사실fact 없는 이론theory은 공허하기 십상이고, 이론 없는 사실만의 조합은 불안하기 짝이 없다. 이 책은 ESG 투자에 관한 이론과 실제를 균형 있게, 그리고 종합적으로 분석하려는 목적으로 쓰였다. 무엇보다 투자자가 ESG 전환을 시작했으며 변화를 주도하고 있다는 사실로부터 출발한다. 현재 상당수의 글로벌 투자자들이 자본주의 위기와 지구 온난화 문제를 심각하게 받아들여 투자의 기준을 바꾸고 있다. ESG 문제를 진지하게 고려하지 않으면 수익률이 나빠질 수 있다고 여기고 기업의 ESG 활동을 촉진하기 위한 여러 수단을 동원하고 있다. 즉 ESG 전환의 본질과 특징, 미래를 이해하기 위해서는 기업의 활동이 아니라 변화를 만드는 투자자로부터 논의를 시작해야 한다.

우선 이 책에서는 기존 이론들을 조망함으로써 ESG 투자가 과연 지속가능성이 있는지를 살펴본다. 또한 기업의 사회적 책임(CSR)이나 사회적 경제 등 비슷해 보이는 개념과 다른 점이 무엇인지 비교해본다. 요즘 들어 각광받는 '이해관계자 자본주의'가 ESG 투자와 어떤 관계를 맺고 있는지도 깊이 있게 다루면서 ESG 투자가 자본주의의 미래를 열 수 있다는 전망을 제시하고자 한다.

ESG 투자의 실제 프로세스 역시 꼼꼼히 살펴본다. 기업 ESG 성과의 측정, 이를 바탕으로 한 평가, 다양한 ESG 투자 전략과 실질 수익률, 그린워싱으로 인한 문제 등을 차례로 살펴본다. 이어서 온실가스 감축, 플라스틱 오염, 사회적 불평등, 기업 지배구조 문제 등 ESG의 핵심 쟁점들을 심도 있게 분석한다.

***

　나는 지난 30여 년간 주로 IT 산업과 혁신을 연구하고 이를 기업과 정부 현장에서 적용하는 일을 해오면서, ESG에 대한 지속적인 관심의 끈을 놓지 않았다.

　ESG 중 G에 해당하는 기업 지배구조를 다룬 주제로 박사논문을 썼으며, 그 연장선상에서 최근에 기업의 소유구조와 기업행동 및 성과에 대해 몇 편의 논문을 집필했다. E에 해당하는 환경 문제에 대해서도 깊이 있게 들여다볼 기회가 있었다. 대통령 비서실에서 일할 때 기후환경이 담당 분야 중 하나였기에, 2015년 파리협정 때 우리나라가 제출할 온실가스 감축 목표를 설정하는 작업에 참여했고 대통령을 수행하여 파리 회의에 참석하기도 했다. S에 해당하는 사회 문제의 경우, 10년간 기업 일선에서 일하며 기업의 사회적 책임이란 무엇인지 고민할 기회가 적지 않았다.

　그러다 2020년 연구년을 맞아 뉴욕에 머물며 사회적가치연구원의 지원으로 ESG에 관해 본격적으로 연구할 기회를 갖게 되었다. 그런데 공교롭게도 2020년은 코로나19가 전 세계를 강타한 시기기도 했다. 2020년 상반기 뉴욕은 그야말로 아비규환 상태였다. 코로나19 신규 확진자가 하루에 만 명씩 늘어나고 매일 천 명이 사망했으며, 병원 복도까지 환자들이 가득 차 있었다. 슈퍼마켓과 약국을 제외한 모든 상점과 식당이 문을 닫아걸었다. 지난날이 떠오르지 않을 정도로 황량한 맨해튼 거리를 보며, 거대한 재앙 앞에 인간이 얼마나 미약한 존재인가 하는 생각에 절로 잠기지 않을 수 없었던 날들이었다.

재난이 닥치면 어디서나 가진 것 없는 사람들의 삶이 더 힘들어진다. 사무직 노동자는 원격근무를 통해 감염 위험에서 조금은 자유로울 수 있었지만, 몸을 움직여 먹고사는 노동자의 경우 위험에 그대로 노출된 채 일해야 했다. 2020년 8월에 실시된 바이러스 항체 검사에 따르면 소수 인종이 거주하는 지역에서는 코로나19에 감염됐다가 나은 사람이 50%에 달했다. 그들은 대재앙으로부터 전혀 보호받지 못하고 방치되었던 것이다.

사회에서 잊힌 존재가 된 것도 모자라, 일자리 사정마저 급격히 나빠지며, 이들 상당수가 당장의 끼니를 걱정해야 하는 상황에 처했다. 이런 상황에서 2020년 5월 25일 미니애폴리스 경찰이 비무장 상태의 흑인 조지 플로이드George Floyd를 숨지게 한 사건은 이들의 분노를 폭발시킨 기폭제가 되었다. '흑인의 생명도 소중하다Black lives matter'라는 구호 아래 연일 대규모 시위가 일어나 들불처럼 번져갔다. 근본적으로 기후변화와 환경 문제에서 원인을 찾을 수 있는 코로나19, 인종 차별과 같은 사회적 불평등, 이로부터 야기된 사회 불안 등 심각한 문제를 눈앞에서 목격하니 과연 인류에게 백년 후의 미래가 있기는 할까 하는 회의가 들었다.

그런 와중에 개인적으로는 백일이 조금 지난 외손자가 돌이 될 때까지 커가는 모습을 바로 곁에서 지켜보는 큰 즐거움을 누렸다. 그리고 동시에 이 즐거움만큼, 미래세대를 위해 기성세대가 반드시 ESG 문제를 해결해야 한다는 각오를 다지게 되었다.

앞으로 백년, 손자 서재이에게 밝은 미래가 있기를 바라는 마음으로 이 책을 낸다.

2021년 6월

조 신

차례

일러두기

1. 단행본은 『 』, 논문은 「 」, 잡지나 신문은《 》, 영화와 작품명은〈 〉으로 표기했습니다.
2. 외국의 인명과 지명은 국립국어원 어문 규정의 외래어 표기법에 따라 표기했습니다.
   다만 관용적으로 굳어진 일부 용어는 예외를 두었습니다.
3. 전문용어는 쉬운 이해를 돕기 위해 대중적으로 통용되는 표기를 따랐으며, 필요할 경우
   (   ) 안에 정확한 단어를 기재했습니다.

1장

자본주의의 룰을
바꾸려는 투자자들

자본시장과 기업에 부는 새로운 바람

~~~~~~

환경과 사회 문제를 고민하는 투자자

2017년 12월 12일, 파리협정Paris Agreement 채택 2주년을 기념해 '기후행동Climate Action 100+' 이니셔티브가 출범했다. 기후행동 100+는 전 세계 225개 대형 기관투자자가 기후변화에 공동으로 대응하기 위해 발족한 협의체다.

여기에 참여한 투자자들은 온실가스를 많이 배출하는 100개 기업을 선정한 후, 이 기업들이 온실가스 감축을 위한 관리 체계를 갖추고, 파리협정에서 제시한 목표에 맞게 온실가스 배출량을 줄이며, 온실가스 배출 및 감축 관련 정보를 상세히 공개하도록 독려하겠다고 밝혔다(2018년 7월에 61개 기업을 추가 선정해 100+가 됐고, 2021년 3월 말 기준 167개 기업으로 확대됐다).

기후행동 100+의 몇 가지 특징을 살펴보자. 먼저 여기에 소속된 225개 투자자가 운용하는 자산 규모는 약 26조 달러(한화 2경 9천 4백조 원) 정도로 2020년 말 기준 한국 증시에 상장된 기업의 시가 총액인 2,365조 원의 12배에 달한다. 심지어 참여 투자자는 계속 늘어나는 추세로, 2021년 3월 말 기준 575개 투자자에 운용 자산은 약 54조 달러에 이른다.[1] 일반인으로서는 가늠하기 힘들 정도로 엄청난 규모의 자금이 기후행동 100+에 모이는 중이다.

또한 기후행동 100+가 전적으로 투자자로 구성된 조직이라는 사실에 주목할 만하다. 왜냐하면 과거 이런 조직은 으레 환경 운동가와 '전문가'들이 주도하는 편이었고, 기후변화 대응 필요성, 목표, 그리고 행동 계획을 비교적 잘 제시하기는 하지만 그에 따른 실행력이 담보되지 않은 경우가 많았기 때문이다.

반면에 기후행동 100+는 영향력이 큰 글로벌 투자자들이 온실가스 배출량이 많은 기업을 명시적으로 겨냥해 압력을 가함으로써 기업의 행동을 실질적으로 변화시키려 한다. '감시' 대상이 된 167개 기업은 주로 석유·가스, 전력, 운송, 금속 산업 등 온실가스를 많이 배출하는 기업들인데, 실제로 이들 167개 기업이 배출하는 온실가스는 전 세계 산업체 배출량의 80% 이상을 차지할 정도로 비중이 크다. 한국에서는 한국전력, 포스코, SK이노베이션이 들어가 있다.

영국의 경제 일간지 《파이낸셜 타임스Financial Times》에서는 기후행동 100+의 발족에 대해 '기업들이 탄소 배출 비용을 무시할 수 없도록 만들어 실질적인 탄소 배출량 감소로 이어질 수 있을 것'이라고 전망했는데,[2] 실제로 기후행동 100+에 소속된 투자자들은 경영자와의 미팅, 공개서한, 주주총회 의결권 행사 등 다양한 방법으로 기업이 온실가스 감축을 실천하도록 압박하고 있다. 《이코노미스트The Economist》에서도 '기후변화에 관심이 있는 투자자가 이렇게 잘 조직화한 적도, 이렇게 성과를 거둔 적도 없었다'고 기후행동 100+의 성과를 긍정적으로 평가했다.[3]

총 운용 자산이 약 8조 7천억 달러에 이르는 세계 최대 자산운용사 블랙록BlackRock의 창업자이자 최고경영자CEO인 래리 핑크Larry Fink는 매년 초 블랙록이 주주로 있는 기업의 CEO들에게 공개서한을 보낸다. 래리 핑크는 2018년에 보낸 공개서한에서, 기업은 단기 재무 성과가 아닌 장기적으로 지속가능한 성장을 추구해야 하고 이를 위해 '환경, 사회, 지배구조', 즉 ESGEnvironmental, Social and Governance 문제를 잘 해결할 역량을 갖춰야 한다며 아래와 같이 강조했다.

"어떤 기업이 ESG 이슈를 잘 관리할 수 있다면, 이는 곧 그 기업이 지속가능한 성장에 필요한 리더십과 좋은 지배구조를 가졌음을 의미한다. 그렇기 때문에 우리는 투자 결정 과정에서 이 세 가지 이슈를 점점 더 많이 고려하고 있다."[4]

2020년에 발표한 편지에서는 핑크의 메시지가 더욱 분명하고 강력해졌다. 그는 환경 및 이해관계자와의 지속가능성을 고려하지 않는 기업은 자본시장의 신뢰를 잃어 자금 조달 비용 증가와 같은 문제에 직면할 것이라고 경고했다. 또한 블랙록은 ESG 문제를 고려했을 때 더 높은 수익률을 올릴 수 있다는 믿음을 가지고 투자 결정을 하고 있으며, ESG 문제를 소홀히 하는 경영진에게는 주주로서 반대표를 던지겠다는 의사를 분명히 표현했다.[5]

이해관계자를 배려하겠다는 경영자들

기업 경영자들도 변화에 동참하고 있다. 미국 주요 대기업의 CEO 모임인 '비즈니스 라운드테이블Business Roundtable'은 2019년 8월 181명의 CEO가 서명한 「기업의 목적에 관한 선언Statement on the Purpose of a Corporation」을 발표했다.[6] 비즈니스 라운드테이블은 주기적으로 기업 지배구조의 원칙을 발표해왔는데, 과거에는 일관되게 주주 우선주의, 즉 기업은 주주 이익을 위해 존재한다는 원칙을 지지해왔다. 그러나 2019년에 발표된 선언에는 주주뿐 아니라 소비자, 직원, 납품 기업, 지역사회 등 모든 이해관계자를 배려하는 것이 기업의 목적이라는 새로운 원칙이 담겨 있었다(선언문 전문은 36쪽에서 볼 수 있다).

선언이 발표된 후, 이 선언의 의미와 CEO들의 진짜 의도는 무엇인지, 또 얼마나 이 선언의 실효성이 있을지에 대해 많은 논란

Greg Case
CEO
Aon

John A. Hayes
Chairman, President
and CEO
Ball Corporation

Laurence D. Fink
Chairman and Chief
Executive Officer
BlackRock, Inc.

Tim Cook
CEO
Apple

Brian Moynihan
Chairman and CEO
Bank of America

Todd Gibbons
Chief Executive Officer
BNY Mellon

Eric Foss
Chairman, President & CEO
Aramark

José (Joe) E. Almeida
Chairman, President and Chief
Executive Officer
Baxter International Inc.

Frédéric B. Lissalde
President and Chief
Executive Officer
BorgWarner Inc.

Alan B. Colberg
President and CEO
Assurant

Philip Blake
President Bayer USA
Bayer USA

Rich Lesser
CEO
Boston Consulting Group

Randall Stephenson
Chairman and Chief Executive
Officer
AT&T Inc.

Brendan P. Bechtel
Chairman & CEO
Bechtel Group, Inc.

Robert Dudley
Group CEO
BP plc

John Stankey
Chief Executive Officer
AT&T Inc.

Corie Barry
Chief Executive Officer
Best Buy Co., Inc.

Bernard Looney
Chief Executive Officer
BP

비즈니스 라운드테이블 선언에 서명한 **CEO**들 애플 CEO인 팀 쿡, 블랙록 CEO인 래리 핑크의 이름
도 보인다.

이 이어졌다. 여기에 대해서는 5장에서 좀 더 자세히 다루겠지만, 재계의 대표적 인사들이 모두 참여한 모임에서 공식적으로 기업 경영에 주주의 이익만이 아니라 모든 이해관계자의 이익을 반영 하겠다고 선언했다는 사실만으로도 큰 의미가 있다고 생각한다.

이런 변화의 흐름은 2020년 초 열린 다보스 포럼에서 재확인 됐다. 2020년에 50주년을 맞은 다보스 포럼의 주제는 '결속력 있 고 지속가능한 세계를 위한 이해관계자Stakeholders for a Cohesive and Sustainable World'였다. 참가자들은 이 자리에서 기업이 주주뿐 아니 라 기업 활동을 위해 관계를 맺는 이해관계자나 지구 환경에 대해 서도 고려하지 않는다면 결국에는 주주를 위한 이윤 창출 역시 지 속하지 못한다는 점을 강조했다.

이처럼 기업이 주주만이 아니라 모든 이해관계자를 위해 존재 한다는 '이해관계자 자본주의stakeholder capitalism' 시대의 개막이 여기저기서 언급되고 있다.

왜 이런 일이 일어나고 있는 걸까?

지금까지의 이야기를 정리해보자. 많은 투자자가 기업의 기후 변화 대응, 사회적 가치 및 건전한 지배구조 추구 등 지속가능성 을 강조하면서 이를 무시하는 기업에는 투자하지 않겠다고 나서 고 있다. 기업의 CEO들도 이런 흐름에 맞장구치며 이제 주주만이 아니라 모든 이해관계자의 이익을 위해 일하겠다고 다짐하는 모습까지 보이고 있다.

대다수 사람에게는 분명 낯선 풍경일 것이다. 기업들은 대체로 이윤만을 추구하는 '악의 축'처럼 취급되고 있기 때문이다. 그들이 갑자기 회개라도 해서 새로운 존재로 거듭나겠다는 것일까? 그럼 앞으로는 이윤이 줄고 주가가 떨어지더라도 기꺼이 모든 이해관계자의 이익을 챙기면서 사회 문제 해결에 앞장서겠다는 것일까? 늘 그래왔듯이 말만 뻔지르르할 뿐 결과적으로 바뀌는 게 없지 않을까?

또한 기업이야 사회적인 압력과 요구를 의식해서 어쩔 수 없이 행동을 바꾼다 치더라도, 투자자들은 갑자기 왜 이러는 것일까? 그들은 언제나 주주 가치 극대화를 추구하라며 CEO들을 다그치지 않았던가? 혹시 최근 대기업과 자본가에 대한 반감이 점점 더 커지는 현상에 대응해, '기업의 사회적 책임CSR: Corporate Social Responsibility'을 다하겠다고 그럴듯한 '쇼'를 준비하는 것일까? 아니면 기업과 투자자가 진짜 바뀐 것일까? 이런 변화를 불러일으킨 원인은 도대체 무엇일까?

자본주의의 위기와 지구 온난화

~~~~~

자본주의 위기의 조짐들

오늘날 기업들은 모든 이해관계자의 희생을 무시하고 눈앞의 이익만을 추구한다고 비판의 대상이 돼 왔지만, 사실 그동안 기업들이 이해관계자의 이익을 전혀 고려하지 않고 사업을 영위해왔다고 할 수는 없다. 기업들은 자본주의 체제하에서 사회적 규칙을 준수하면서 이윤 극대화를 추구하도록 규율되어 왔다. 물론 아주 비도덕적 행동을 일삼거나 불법을 저지르는 기업도 적지 않았으나, 그 일탈이 자본주의 체제의 안정성을 해칠 정도는 아니었다.

또한 기업들은 장기적인 이윤 극대화를 위해, 즉 자신의 이익을 위해 소비자 가치 창출, 우수 인력 확보, 질 좋은 납품 기업 확보에 노력을 기울였다. 불량 제품을 생산하거나 노동력 및 납품 기업을 착취해 단기적으로 이익을 낸 기업들도 있었지만, 그 대부분이 실질적인 경쟁력을 갖추지 못한 탓에 장기적으로는 자연스럽게 시장에서 퇴출됐다. 이런 과정을 거쳐 이윤을 추구하는 기업들이 시장에서 자유롭게 경쟁하는 자본주의 체제는 지난 200년간 전 세계를 지배하는 경제 체제로 자리 잡을 수 있었다.

특히 제2차 세계대전 이후 사회주의와의 경쟁 국면에서 시장의 효율성과 기업의 경제적 자유를 강조하는 신자유주의가 가져온 풍요는 자본주의의 승리에 적지 않은 역할을 했다. 지난 수십 년간 신자유주의 체제는 전체 파이를 키워 인류 전체의 생활 여건을 개선하는 데 기여했다. 1981년에는 전 세계 인구의 42%가 극한의 빈곤 상태에서 헤어나지 못했는데, 최근에는 그 비율이 10%로 줄어들었으며, 미국의 절대 빈곤율 또한 1980년 13%에서 오늘날 3%로 줄어들었다.[7] 이는 1인당 GDP가 최근 50년간 (1970~2019년) 2만 5천 달러에서 6만 달러로 2배 이상 성장했기 때문에 가능한 결과다.[8]

그러나 아이러니하게도 사회주의 체제가 붕괴한 이후에 자본주의의 위기도 시작됐다. 체제 경쟁에서의 승리에 도취해 너무 자신감을 가진 탓인지, 시장의 효율성과 기업 활동의 자유를 제약하는 모든 규제를 나쁘다고 여기는 분위기가 사회 전반에 확산됐다. 소득 불평등에 대한 문제 제기는 효율성에 대한 반기로, 정부 개입의 필요성을 지적하는 목소리는 기업 활동의 자유를 억압하려는 움직임으로 치부됐다.

단기 실적주의를 초래한 신자유주의

신자유주의라는 흐름에서 '기업은 이윤 극대화를 추구한다'는 명제는 별 의심 없이 받아들여진다. 경제학 이론에 따르면 이윤 극대화를 추구하는 기업들은 시장 경쟁을 통해 효율성을 창출하고, 그 과정에서 자연스럽게 사회 후생 또한 극대화된다고 보기 때문이다.

그런데 현대 기업은 주식 소유와 경영이 분리된 경우가 대부분이라 경영자가 자신의 사적 이익을 추구하느라 이윤 극대화, 즉 주주 가치 극대화를 소홀히 할 인센티브가 있다. 따라서 주주와 경영자의 이익을 일치시키는 방안incentive alignment mechanism 찾기는 현대 기업 이론의 주된 연구 과제였다.

그 결과로, 기업을 잘 경영하도록 유도하기 위해 경영자에게 기업 이윤 및 주가와 연동된 연봉 또는 스톡옵션을 부여하는 보상 시스템을 발전시켰고, 한동안 기업 성과를 올리는 효과적인 메커니즘으로 받아들여졌다. 기업들은 자연스럽게 CEO에 대한 보상액을 경쟁적으로 늘리면서 더 좋은 실적을 만들어내라고 압박했다.

그러나 실제 자료를 분석해 보니, 경영자에게 주는 높은 보상이 주주 가치 극대화로 이어질 거라고 믿고 설계된 보상 시스템은 별다른 효과가 없는 것으로 드러났다. 미국의 자본시장 정보 제공 업체인 MSCIMorgan Stanley Capital International가 최근 발표한 자료에 따르면, 2006년에서 2020년 사이에 주가수익률 상위 20%

를 실현한 미국 CEO의 평균 보상액은 비교 대상 CEO 중에서 가장 낮았다. 그에 반해 평균적인 주가수익률(상위 40~60%)을 실현한 CEO가 가장 높은 보상을 받은 것으로 나타났다.[9] 기업 이론의 핵심 전제를 바탕으로 설계한 시스템이 의도에 맞게 작동하지 않고 있는 셈이다.

더 심각한 문제는 이 제도가 결과적으로 경영자들을 단기 성과주의로 몰고 간다는 점이다. 주주와 경영자의 이익을 일치시키려는 좋은 취지의 제도가 어째서 단기 성과주의로 이어진다는 말인가? 기업이 이윤 극대화를 추구한다고 할 때의 이윤이란, 올해뿐 아니라 미래에 벌어들일 것으로 예상되는 모든 이윤을 현재 가치로 환산해 합한 금액을 의미한다. 그리고 이것이 실제로 기업 가치의 정의기도 하다.[10]

따라서 기업에서 단기 이윤이 줄더라도 장기적으로 더 많은 이윤을 가져다줄 행동을 하면, 이는 주가에 긍정적으로 영향을 미친다. 실제로 현재 시점에는 큰 손실을 보고 있지만, 미래의 성장 가능성을 인정받아 시장에서 높은 주가를 유지하는 기업의 사례는 수없이 많다.

그럼 왜 경영자들이 단기 이윤에만 매달리게 됐을까? 일단 기업의 이윤이 줄어들면 주가는 하락하고 경영자가 교체될 가능성이 커진다. 이것이 주주들이 단기 이윤을 중시해서 생기는 일이라고 단정할 수는 없다. 지금까지의 연구에 따르면, 주주들이 경영자를 교체하려는 이유는 경영을 잘못해서 이윤이 줄어들었다고 믿기 때문이지, 단기적 성과에만 연연하고 장기적 성과를 중요하지 않게 생각해서가 아니다.[11]

그러나 경영자 입장에서 생각해보면, 그들은 장기적 이윤이 희생되는 한이 있더라도 당장 이번 분기의 실적을 지켜내려고 애쓸 것이다. 그러지 않으면 자신의 자리가 위험해지고, 설사 자리를 지키더라도 이윤 및 주가와 연동된 보상액이 줄어들기 때문이다. 회사를 잘 경영하라는 의미로 인센티브 제도를 도입한 것인데, 도리어 이것이 경영자들로 하여금 단기 실적에 매달리게 하는 주된 요인이 되고 말았다.

이렇게 어긋난 의도에서 세를 키운 단기 실적주의는 자본주의의 모든 영역을 갉아먹기 시작했다. 기업의 장기적 성장을 고민해야 할 CEO들은 대부분의 에너지와 시간을 단기 실적 방어에 써야만 했다. 그럼에도 CEO들의 평균적인 재직 기간은 1995년 이후 10년에서 6년까지 줄어들었고, 점점 더 장기적인 기업 가치를 챙길 여력과 유인을 잃어가는 추세다.

한편, 단기 실적주의에 영향을 받아 주주의 주식 보유 기간도 줄어들었다. 미국 주식시장에서는 1970년대만 하더라도 평균 약 7년 정도였던 주식 보유 기간이, 현재는 무려 7개월 정도로 줄어들었다고 한다.[12] 이처럼 CEO의 재직 기간 단축과 단기 실적 집착, 주식 단기 보유 성향은 서로가 악순환의 고리로 연결되어 단기 실적주의가 심화하는 원인으로 작용하고 있다.

심화하는 소득 불평등

CEO의 재직 기간이 짧아지고는 있지만 그들이 받는 대우가 나빠졌다고 보기는 힘들다. 오히려 주주 가치를 극대화한 대가로 천문학적 성과급이 주어지는 경우가 많았다. 한 조사에 따르면, 1978년부터 2018년까지 약 40여 년 동안 미국 CEO들이 받는 급여는 평균 940% 정도 인상됐다. 같은 기간 근로자 임금은 불과 11.9% 인상되는 데 그쳤다. CEO와 근로자의 임금 배율은 1978년 기준 23배에서 2018년에는 무려 221배로 증가했다.[13]

지난 몇십 년간 소득 불평등이 심해졌음을 뒷받침하는 자료는 셀 수 없을 만큼 많다. 선진국 중에서도 신자유주의의 영향력이 특히 컸던 미국, 영국, 호주, 캐나다 등에서 소득 격차가 더 커졌다. 예컨대 1980년에서 2016년 사이 미국의 통계를 보면 소득 상위 1%가 차지하는 몫이 전체의 11%에서 20% 이상으로 증가한 반면, 소득 하위 50%의 몫은 20%에서 12%로 줄어들었다. 소득 상위 1%의 평균 세전 소득은 2016년 불변가격 기준으로 1980년 44만 달러에서 2014년 130여만 달러로 3배 이상 증가한 데 비해, 하위 50%의 평균 소득은 1만 6천4백 달러에서 1만 6천6백 달러로 불과 2백달러 정도밖에 늘어나지 않았다. 그러다 보니 계층 간 소득 격차는 1980년 기준 27배에서 2014년에는 81배로 확대됐다.[14] 당연히 국민소득에서 노동의 몫이 차지하는 비율도 줄어들었고, 점점 저임금, 시간제 일자리의 비중이 커지면서 직업과 소득의 불안전성이 심화했다.[15]

2008년 금융위기는 현 자본주의 체제의 문제점을 인식시켜준 결정적 계기가 됐다. 금융 기업들의 비윤리적인 비즈니스로 인해

1962년부터 2014년까지 미국 상위 1% 계층과 하위 50% 계층의 세전 수입 추이

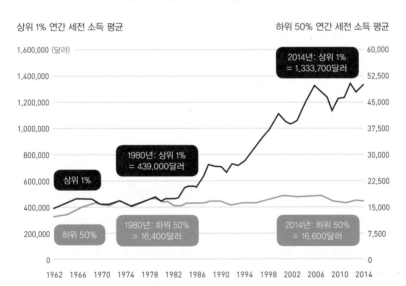

출처: E. Alverado, L. Chancel, T. Piketty, E. Saez, and G. Zucmannnn, 「World Inequality Report 2018」, World Inequality Lab, 2018, p. 83, 재구성

'월스트리트를 점령하라' 구호를 외치며 맨해튼으로 행진하고 있는 시위대 2008년 금융위기로 인해 수많은 사람이 삶의 터전과 직장을 잃게 되면서 거대화된 금융과 자본주의 질서에 대한 회의가 전 세계적으로 번지기 시작했다.

서브프라임 모기지 사태가 일어나고 금융권 전체의 위기로 확산하면서 전 세계적으로 모든 기업과 가계가 큰 어려움을 겪어야만 했다. 그럼에도 이 사태에 책임이 있는 월스트리트의 금융 기업들은 구제 금융을 받아 회생했으며, 특히 경영자들은 이 와중에 막대한 보너스를 받아 가는 도덕적 해이를 보였다.

그러지 않아도 자본주의 체제에 대한 불만과 불신이 날로 커지던 상황에서 발생한 금융 위기는 불에 기름을 끼얹은 격이었다. 자본시장과 투자자, 대기업과 경영자들은 전방위적으로 쏟아지는 비판에 직면하게 됐다. 언론과 전문가, 정치인들은 지금과 같은 자본주의의 지속은 가능하지도, 바람직하지도 않다고 한목소리로 주장하기 시작했다. 그렇게 기업들은, 변화하지 않으면 공멸할지도 모른다는 절박한 위기감을 느끼게 된 것이다.

기후변화 및 환경 위기

온실가스로 인한 지구 온난화와 환경오염 문제는 사실 인류에게 있어 자본주의 체제의 위기보다 훨씬 더 심각한 이슈라고 할 수 있다. 특히 지구 온난화는 미래에 닥쳐올 위기가 아니라 이미 우리 발등에 떨어진 불이나 다름없는 문제다. 지구 온도는 2015년 이후로 5년 동안 인류가 측정을 시작한 140년 이래 가장 높은 수치를 계속 갱신했다.[16] 5년 연속으로 말이다. 지구 온난화의 영향으로 곳곳에서 홍수, 산불이 일어나고 있으며 그 누구도 경험해보지 못했던 심각한 더위와 추위가 해를 거듭하며 심해지고 있다.

지구 온난화 문제를 해결하기 위해서는 정부, 기업, 개인이 공동 목표와 실행 계획을 수립해 함께 실천해야 하며, 국가 간 협력도 필수적이다. 그러나 지금까지는 집단 행동이 잘 이루어지지 않았다. 게다가 기업의 입장에서 보면 환경 문제는 전형적인 외부효과 이슈로, 개별 기업이 해결할 수도, 해결할 인센티브도 특별히 없는 문제다. 외부효과란 경제학에서 개인이나 기업이 시장을 통하지 않고 제삼자의 경제 활동에 미치는 영향을 뜻한다.

환경 문제에 따른 피해 비용 계산이 현실적으로 어려워서 비용 부과를 못하는 것도 아니다. 간단한 예를 들어보자. 미국 화력발전소에서 생산된 전기 1kw의 가격은 5센트 정도인데, 이산화탄소가 기후에 미치는 피해를 약 4센트, 건강에 미치는 피해를 4센트 정도로 환산할 수 있다. 결국 석탄 연료를 사용해 생산된 전기 1kw의 실질적 비용은 약 13센트에 이르게 된다.[17] 소비자는 실제로는 석탄 연료 비용의 40%만을 지불하고 있는 셈이니 사회적 비용을 반영하면 9센트의 탄소세를 부과하는 것이 합당하다. 하지만 미국은 이러한 연구 결과를 내고도 아직 탄소세를 도입하지 않고 있다.

애당초 시장 효율성을 우선하는 신자유주의가 지배하는 사회에서, 환경 문제와 같은 비시장적 이슈는 소홀히 다루어질 수밖에 없다. 경영자라면 단기 실적에 더 신경쓰면서 환경 문제는 먼 미래의 과제 정도로 미뤄두고도 싶을 것이다. 이런 사고의 바탕에도 시장 개입에 부정적인 신자유주의 사회 분위기가 한몫했다고 할 수 있다. 즉 기후변화 문제는 자본주의의 위기와 깊이 연결돼 있다. 이 문제를 자본주의 개혁이라는 관점에서 함께 다뤄야 하는 이유다.

ESG 투자, 자본주의의 룰을 바꿀 수 있을까

~~~~~~

자본주의는 지금 심각한 위기에 직면했다. 자본시장과 재계의 리더들부터 위기의식을 느끼고 여러 가지 변화를 주도하고 있다. 그리고 이 변화의 중심에 'ESG 투자'가 있다. 앞에서 인용한 블랙록 CEO 래리 핑크가 이미 얘기했듯이, ESG 투자는 재무 성과뿐 아니라 ESG 이슈도 함께 고려해야 장기적으로 더 높은 투자 수익률을 얻을 수 있으리라고 믿고 ESG 문제를 잘 해결할 역량이 있는 기업에 투자하는 방식을 말한다.

이 ESG 투자가 정말 지속적인 대세로 자리 잡을지, 아니면 한때의 유행처럼 지나갈지 아직은 확신할 수 없다. 그렇지만 지난 몇 년 사이, 투자자들에게 질적·양적으로 뚜렷한 변화의 조짐이 나타나고 있다는 사실만큼은 분명하다. 이제 그들은 ESG 친화적인 기업에 투자하는 것이 장기적으로 이익이 된다고 진지하게 믿기 시작했고, 그렇게 믿는 투자자의 수도 늘어나고 있다. 이런 변화가 큰 흐름으로 이어진다면, 위기를 맞아 아직 제 갈 길을 찾지 못하는 자본주의 체제에 새로운 희망을 제시할 수 있지 않을까 하는 기대를 해볼 수도 있다.

과연 ESG 투자가 지속가능할 수 있을까? 이 질문에 답하기 위해서는 먼저 현재 자본시장의 특성, 투자자와 경영자의 인센티브, 기업의 지배구조 등을 체계적이고 심도 있게 분석해야 한다. 하루가 멀다 하고 경제 뉴스를 장식하는 'ESG'란 도대체 무엇인지, 그를 둘러싼 이론과 현실을 다각도로 그리고 제대로 이해할 수 있도록 안내하려 한다. 이제 '진짜' 논의를 본격적으로 시작해 보자.

기업의 목적에 관한 선언
2019년 8월, 비즈니스 라운드테이블

미국인은 각자의 노력과 창의성을 통해 성공할 수 있고, 의미 있고 존엄성 있는 삶을 영위할 수 있도록 하는 경제를 누릴 자격이 있다. 우리는 자유시장 체제가 모두에게 좋은 일자리, 강하고 지속가능한 경제, 혁신 그리고 건강한 환경 및 경제적 기회를 창출하는 최고의 수단이라고 믿는다.

기업은 일자리를 창출하고 혁신을 촉진하며 필수 상품과 서비스를 제공함으로써 경제에서 중요한 역할을 한다. 기업은 소비재를 만들고, 기계 및 차량을 제조하며, 국방을 지원한다. 그리고 식품을 생산하고, 의료 서비스를 제공하며, 에너지를 생산·공급한다. 그뿐만 아니라 경제 성장을 뒷받침하는 금융, 통신 등 서비스를 제공한다.

우리 개별 기업은 각각 고유의 기업 목적을 수행하지만 모든 이해관계자와 근본적인 약속을 공유한다. 우리는 다음을 약속한다.

● 고객에게 가치를 제공한다. 우리는 고객의 기대를 충족하거나 그 이상을 충족하는 것을 선도해온 미국 기업의 전통을 더욱 발전시키겠다.

● 직원에게 투자한다. 우리는 공정하게 보상하고 중요한 혜택을 제공하는 것

에서 시작한다. 또한 빠르게 변화하는 세상에서 필요한 새로운 기술을 익히는 데 필요한 훈련과 교육을 지원하는 것도 포함한다. 그리고 우리는 다양성과 포용성, 존엄성 및 존중을 장려하겠다.

● 납품 기업을 공정하고 윤리적으로 대한다. 우리는 우리 임무를 달성하는 데 도움을 주는 크고 작은 기업의 좋은 파트너가 되기 위해 최선을 다하겠다.

● 우리가 사업을 하는 지역사회를 지원한다. 우리는 사업 전반에 걸쳐 지속가능한 관행을 수용함으로써 지역사회 주민을 존중하고 환경을 보호하겠다.

● 기업이 투자, 성장, 혁신할 수 있는 자본을 제공하는 주주를 위해 장기적 가치를 창출한다. 그리고 우리는 주주와의 효과적인 관계와 투명성을 약속한다.

우리의 모든 이해관계자는 중요하다. 우리는 기업, 지역사회 및 국가의 성공을 위해 이들 모두에게 가치를 제공할 것을 약속한다.

2장

ESG 투자란
무엇인가

ESG 투자의 정의와 특징

요새 부쩍 ESG라는 용어가 눈에 많이 띈다. 하지만 이 용어만큼 사람에 따라 조금씩 다른 의미로 쓰는 경우도 별로 없을 듯하다. 기업 ESG 등급 평가, ESG 지수 개발 등의 투자자 대상 서비스를 제공하는 기업 MSCI는 ESG 투자를 다음과 같이 정의한다. "ESG 투자란 투자 의사결정 과정에서 재무적 요인뿐만 아니라 환경, 사회, 지배구조 요인을 고려하는 것이다."[1]

짧은 한 문장에 많은 내용을 담을 수 없다는 한계는 이해하겠지만, ESG라는 단어에 이미 환경, 사회, 지배구조라는 뜻이 포함되어 있기 때문에 이 정의는 결국 동어반복에 불과하다. 한술 더 떠서 MSCI는 ESG 투자가 진작부터 있었던 사회책임투자SRI: Socially Responsible Investing, 지속가능투자SI: Sustainable Investing 등과 유사하다고 언급하면서 혼란을 더하고 있다.

개념의 혼란, ESG 투자의 걸림돌
그동안 기업들은 사회 공헌, 기업의 사회적 책임CSR: Corporate

Social Responsibility, 공유 가치 창출CSV: Creating Shared Value이라는 명목으로 사회 문제 해결에 기여하기 위해 다양하게 노력해 왔다. ESG를 기업 활동의 관점에서 접근하는 사람들은 'ESG 경영'이라는 표현을 즐겨 쓰기도 한다. 그렇다면 ESG 경영은 기업의 사회적 책임, 공유 가치 창출과 다를까? 다르다면 어떻게 다를까? 그리고 ESG 경영과 ESG 투자는 어떤 관계에 있을까?

현재 세계적으로 관련된 논의가 활발히 일어나고 있지만 투자자, 정책 당국자, 전문가마다 같은 단어를 다른 의미로 쓰거나 다른 단어를 같은 의미로 쓰는 경우가 잦아 토론부터 의사결정 단계까지 많은 혼란이 있다.[2] 한 설문 조사에 따르면, 무려 72%의 투자자가 ESG를 둘러싼 용어에 대해 혼란을 느끼고 있으며, 절반 이상의 투자자가 지속가능투자, ESG 투자, 임팩트 투자의 의미나 그들 사이의 차이점을 제대로 이해하지 못하고 있다.[3]

이런 혼란은 투자를 방해하는 요인이 될 뿐만 아니라 투자 성과 평가, 전망 및 정책 방향 등에 대해 사회적 합의를 이루기 어렵게 만든다. 예컨대 어떤 학자들은 수익률을 중시하는 ESG 투자를 사회책임투자나 기업의 사회공헌 활동과 유사한 개념으로 오해해 사회적 가치를 추구하는 일부 자선가의 기특한 활동 정도로 가볍게 생각해 버린다.

같은 맥락에서 무기, 담배, 주류 등 특정 기업에는 투자하지 않는 스크리닝screening 투자를 ESG 투자와 동일시하는 이들도 있다. 그런 이들 중에서는 스크리닝 투자가 재무 이론 관점에서 정당화하기 어렵다는 이유로 ESG 투자까지 싸잡아 비판하기도 한다. 용어와 개념이 정리되지 않아 발생하는 소모적인 논쟁이라고 볼 수 있다.

SRI, SI, ESG를 구별하자

사회책임투자, 지속가능투자, ESG 투자는 서로 다른 시기에 시작되었고 그렇기에 각자 다른 역사적 맥락 및 지향점이 있다.[4]

먼저 사회책임투자는 종교적·도덕적인 가치관에 그 뿌리를 두고 있다. 즉, '타인에게 해를 끼치지 말라'는 종교적 교리를 바탕으로 도덕적 가치 체계와 어긋나는 산업이나 제품에 투자하지 않는 것이 사회책임투자의 핵심이다.

사회책임투자의 관점에서 특정 기업을 배제한 최초의 펀드는 1928년에 만들어졌으며, 시대에 따라 투자 대상에서 제외되는 기업의 종류는 달라졌다. 처음에는 담배, 주류, 도박 등 종교적 기준에서 문제가 될 만한 기업들이 제외됐고, 1960년대 이후 베트남 전쟁, 남아프리카공화국 흑인 차별, 환경 오염 등 다양한 사회적 이슈가 대두되면서 대량 살상 무기 및 핵무기 제조, 탄소 과다 배출, 인종차별 및 성차별 기업 등으로 그 범위가 확대됐다. 이렇게 사회적 책임을 기준으로 특정 기업을 배제하는 투자 방법은 여전히 지속가능투자 또는 ESG 투자의 한 부분이기도 하다.

사실 사회책임투자에서의 투자 결정은 원칙의 문제이고 당시의 '시대정신'을 반영하는 것이었기 때문에 정량적 분석으로 정당화할 필요가 없었다. 사회적 책임을 강조하는 입장에서는 재무 성과가 주된 관심사가 아니고, 더 나아가 사회적 가치를 달성하기 위해서는 어느 정도 재무 성과를 희생하는 것이 당연하다고 생각할 개연성이 높다.

지속가능투자는 1990년대부터 본격적으로 사용되기 시작한 개념이다. 지속가능성이라는 단어는 다분히 생태계적 관점을 전제하고 있다. 즉, 어떤 기업이 제품을 만들어내는 과정에서 소비자, 직원, 납품 기업, 지역사회 등과 원활하게 협력하지 못하면 장기적으로 경쟁에서 살아남기 어렵고 결국 그 생태계도 유지되기 어렵다는 것이다.

그 생태계를 사회와 인류 영역까지 확대하면, 자연스럽게 지금과 같은 패턴으로 경제 활동을 계속했을 때 인류의 지속가능성도 확보할 수 없다는 문제의식과도 연결된다. 특히 1970년대부터 기후변화 문제에 대한 우려가 확산하면서 지속가능투자를 추동하는 중요한 동력이 됐다. 따라서 지속가능투자는 기업들이 환경 및 사회 문제 해결에 적극적으로 나서지 않으면 결과적으로 기업의 생존도 어렵다는 점을 강조한다.

여기서 사회책임투자와 지속가능투자의 가장 큰 차이점이 드러난다. 사회책임투자는 소위 '나쁜 기업'에 투자하지 않음으로써 그들을 벌하는 데 초점이 맞춰져 있다. 이런 관점에서 기업은 소위 '찍히지 않기 위해' 혹은 '어쩔 수 없이' 나쁜 일을 피하거나 줄이는 데 급급하게 된다. 그러나 지속가능투자는 기업을 위해서도 지속가능성이 중요하다고 '설득'하려 한다. 따라서 지속가능투자는 기업의 재무 성과도 중요하게 본다. 다만 단기적 재무 성과에 집착하지 않고 장기적 성과에 초점을 맞춰야 한다는 것이 지속가능투자의 핵심이다.

세 가지 특징으로 정의하는 ESG 투자

'ESG 투자'라는 용어는 2004년 UN 글로벌 콤팩트UN Global Compact에서 출간한 리포트인 「Who Cares Wins: Connecting Financial Markets to a Changing World」에서 처음 사용되었다.[5] ESG 투자의 문제의식과 지향성은 기본적으로 지속가능투자와 같기 때문에, 이 두 용어는 종종 동의어로도 쓰인다.

그러나 사회책임투자나 지속가능투자가 환경·사회 문제 해결에 기여해야 한다는 당위론적 입장이 강한 데 반해, ESG 투자는 'Who Cares Wins'라는 리포트 제목이 상징적으로 보여주듯 기업들이 환경·사회 문제를 잘 해결하면 그들의 장기적 재무 성과도 따라서 좋아진다는 실증론적 메시지에 더 무게를 둔다. 이 리포트의 한 부분을 보자.

"(우리는) 환경, 사회, 지배구조 요인을 보다 더 잘 고려하는 것이 사회의 지속가능한 성장에 기여할 뿐 아니라, 보다 강하고 회복력이 뛰어난 투자 시장을 만드는 데에도 기여할 것이라고 확신한다."[6]

투자자가 수익률을 중시한다는 건 어쩌면 당연한 말처럼 들리겠지만, ESG 투자는 앞에서 살펴본 사회책임투자나 지속가능투자와는 수익을 대하는 태도가 다르다. 사회책임투자가 '아무리 돈을 많이 벌더라도 사회적으로 해로운 기업에 투자하지는 않겠다'는 쪽이라면, ESG 투자는 '아무리 사회적으로 좋은 일이라도 돈이 안 되는 기업에 투자하지는 않겠다'는 입장에 가깝다.

그동안 ESG 투자의 이러한 입장이 유효한지 검증하기 위해 ESG 투자 수익률이 실제로 시장 수익률보다 높게 나오는지에 대해 실증적인 연구가 많이 이루어졌다.[7] 같은 맥락에서 아무리 ESG 투자가 수익성을 중요시한다고 주장할지라도, 실제로는 수익률을 소홀히 함으로써 수익성 극대화를 위해 노력해야 하는 자산운용자asset manager의 수탁자 의무fiduciary duty를 위반하는 건 아닌지에 대해 최근까지 논쟁이 이어졌다.

다음 특징으로는, ESG 투자에서는 연기금 등 기관투자자, 자산운용사 등 투자자들이 주도적인 역할을 하고 있다는 점을 들 수 있다. 앞서 언급한 UN 글로벌 콤팩트 리포트의 부제, '변화하는 세계와 금융시장의 연결'만 봐도 알 수 있듯이 ESG는 투자자와의 연결성을 강조하는 데 초점을 맞추고 있다.

아래 그림은 ESG 투자에서 자산보유자asset owner, 자산운용자, 기업들의 관계 및 역할을 보여주고 있다.

ESG 문제 개선은 궁극적으로 기업의 경제 활동을 통해야 하지만, 투자자가 관여하면 더 순조롭게 실현 단계까지 나아갈 수 있다. 블랙록의 CEO인 래리 핑크가 ESG 문제를 소홀히 하는 경영

ESG 투자에서 참가자별 관계 및 역할

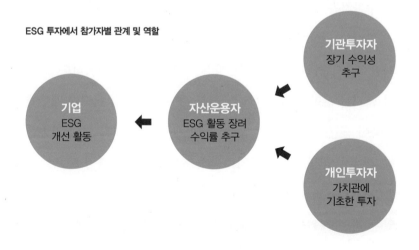

진에 대해 주주로서 반대표를 던지겠다고 공개서한을 보낸 것이나, 투자자들이 기업들과 개별 미팅을 통해 ESG 활동을 독려하는 것 등이 대표적인 사례라고 할 수 있다.

이 점에서 ESG는 투자자보다 기업의 역할을 강조하는 사회적 책임론, 즉 기존의 CSR과 뚜렷한 차이가 있다. CSR을 믿는 사람들, 이를테면 기업의 CSR 연구자들이나 공유 가치 창출 이론을 주창했던 하버드대 교수인 마이클 포터Michael Porter는 '기업이 사회적 가치와 경제적 가치를 동시에 달성할 수 있다'고 주장한다.[8] 그러나 실증적 분석에 따르면 기업의 사회적 책임 활동이 이윤 증가로 연결된다는 증거는 그리 많지 않다.

기업이 지속가능 이슈와 관련된 사회적 압력이나 규제 때문에 어쩔 수 없이 조치를 취하게 되면, 해당 조치가 당장의 이윤 감소를 수반하는 경우가 많아 주주들은 대체로 좋아하지 않는다. CEO가 자신의 생살여탈권을 쥐고 있는 주주들이 좋아하지 않을 일을 자발적으로 하지 않으리라는 사실은 충분히 짐작 가능하다. 그러니 법에서 정한 최소한의 일만 하고 나머지는 대외 이미지 개선에 도움이 되는 정도의 활동을 하는 데 그친다. 그리고 이런 활동을 잘 엮어서 연말에 멋진 표지로 만들어진 '지속가능경영 보고서'를 출간하고 홍보 자료를 뿌린다. 그러나 실제 사업부에서 실무적인 일을 하는 직원들은 대부분 그런 활동이 있었는지, 그런 보고서가 나왔는지조차 모르고 지나간다. 바로 이러한 '보여주기식' 기업 활동을 유도할 수밖에 없다는 게 투자자들의 변화를 전제로 하지 않은 기업의 사회적 책임론, 그리고 공유 가치 창출 활동의 한계다. 하지만 ESG 개선 활동에 긍정적인 투자자들이 변화를 주도한다면, 기업 가치 상승에 방해가 된다는 명분으로 ESG를 회피해온 경영자들의 태도도 바뀔 수 있을 것이다.

끝으로 ESG 투자의 중요한 특징 중 하나는 ESG를 일방적으로 강요하거나 호소하지 않고 '이것이 당신들에게도 이익이 된다'고 하는 인센티브 합치성incentive compatibility을 강조한다는 점이다. 자산운용자들은 ESG 개선과 높은 수익률을 동시에 달성하는 것이 가능하다는 믿음을 가지고 투자하며, 경영자들에게도 ESG 문제를 해결하면서 수익을 낼 수 있는 방향으로 기업을 경영하도록 유도한다.

자산운용자들이 이렇게 ESG 투자까지 이르게 된 데는 많은 요인이 영향을 미쳤다. 이 부분에 대해서는 다음 장에서 자세히 설명하겠지만, 가장 중요한 요인은 자산보유자들의 생각이 변화했다는 점이다. 특히 연기금과 같은 기관투자자들은 지속가능성을 추구하지 않으면 자신들의 장기적 수익성이 위험하다는 것을 인지하고 ESG 활동에 적극적으로 관심을 두기 시작했다. 또한 개인

투자자들, 특히 밀레니얼 세대를 중심으로 한 투자자들이 ESG 활동에 관심을 갖기 시작했고, 자신의 자산이 ESG 활동을 성공적으로 수행하는 기업들에 투자되기를 희망하고 있다. 자산보유자들의 이러한 변화는 자연스럽게 자산운용자의 ESG 투자를 촉진하는 역할을 한다.

이처럼 ESG 투자의 주체는 자산보유자, 자산운용자, 기업 모두 하기 싫어 하는 일을 억지로 하는 것이 아니다. 그렇게 하는 것이 자신에게 이익이 되기 때문에 그렇게 행동한다. 혹자는 아직까지도 기후변화, 사회적 인식 등 외부 요인의 변화가 심각해지니 어쩔 수 없이, 혹은 압력에 못 이겨 ESG 투자가 활성화됐다고 생각할지도 모르겠다. 이런 외부 요인이 자산보유자와 자산운용자의 태도 변화를 촉발했다는 건 분명 맞는 말이다. 그러나 어느 시대 어느 시기건 항상 외부 요인의 변화는 있었다. 급격한 변화를 빨리 받아들이고 신속하게 대응하는 조직과 개인은 살아남았던 반면, 변화에 적응하지 못하고 끝까지 저항했던 이들은 대부분 멸망하거나 퇴보의 길을 걸었다.

새로운 환경에 걸맞게 자신의 목표 또는 선호 함수를 바꾸고 그에 걸맞은 행동 방식을 찾아서 적극적으로 실행에 옮기는 이들은, 그러한 선택을 마지못해 행하는 것이 아니라 그 선택이 자신의 인센티브에도 합치하기 때문에 하는 것이다. 반면 좋았던 과거를 잊지 못하고 뒤처진 시대의 공식이나 질서에 매달리는 이들의 행동은, 진정 인센티브에 합치하는 행동이라고 보기 힘들다.

ESG 투자는 인센티브에 기반한 선순환 ESG 경제의 출발점이자 투자자의 인센티브에 합치하는 투자다. 따라서 누구의 강제 없이도 자발적으로, 또 지속적으로 이어질 수 있으리라 기대한다.

ESG 투자의 세 가지 분류

～～～～～

구체적으로 ESG 투자 방식은 어떤 게 있을까? 여러 가지가 있지만, 53쪽의 표에서 보는 바와 같이 세 가지 그룹으로 나누는 것이 가장 일반적이다. 한편 글로벌 지속가능투자 연합GSIA: Global Sustainable Investment Alliance에서는 지속가능투자를 다음과 같이 일곱 가지로 분류하며, 이와 유사한 분류 체계를 따르는 자료가 적지 않다.

1. 네거티브 스크리닝negative/exclusionary screening

2. 포지티브 스크리닝positive/best-in-class screening

3. 규범 기반 스크리닝norms-based screening

4. ESG 통합 투자ESG integration investing

5. 지속가능성 테마 투자sustainability themed investing

6. 임팩트 투자impact/community investing

7. 기업 관여 및 주주 행동corporate engagement and shareholder action

그러나 이 분류에서 7번 '기업 관여 및 주주 행동' 방식은 투자자가 기업의 ESG 활동을 독려하기 위한 전략·활동이지, 투자 형태는 아니다. 그리고 2, 3, 5번은 각각 다른 특징이 있는 투자 형태이긴 하지만, 크게 보면 4번 'ESG 통합 투자'에서 이러한 특성을 반영한 포트폴리오를 구성할 수 있다는 점에서 굳이 별도로 분류할 필요성이 크지 않다. 이렇게 정리하면 GSIA의 분류 또한 다음 표의 세 가지 분류에서 벗어나지 않는다.

ESG 투자 분류

명칭	스크리닝 투자	ESG 통합 투자	임팩트 투자
특징	투자자의 가치에 어긋나는 기업을 투자 대상에서 배제	ESG 관련 위험 및 기회를 투자 분석에 체계적이고 명시적으로 통합	투자 수익과 함께 사회·환경 문제에 긍정적 임팩트 창출을 목적으로 하는 투자
설명 예시	부정적인 사회적 가치를 가졌다고 판단되는 기업들, 예컨대 대량 살상 무기, 핵무기, 석유, 석탄 기업 등을 투자 포트폴리오에서 제외	ESG 등급이 높은 기업들로 구성된 펀드, 기존 인덱스에서 ESG 고등급 기업 비중을 확대한 펀드 등이 포함되며, 고도의 투자 기법을 활용, ESG 요인을 투자 결정에 반영함으로써 투자 수익률 증가 목표	특정한 사회 및 환경 문제를 해결하는 데 기여하는 기업, 채권, 프로젝트에 투자. 예컨대 친환경 소재 기술 스타업, 저개발 국가 교육 프로그램 개발 기업, 재생에너지 인프라 구축 프로젝트 투자 등
주된 목표	시장 평균 수익률 달성	경쟁력 있는 위험을 감안한 수익률, 시장 평균 수익률 상회	환경·사회 분야 투자 및 경쟁력 있는 위험을 감안한 수익률
수익률 목표	▬▬▬	▬▬▬	▬▬▬
ESG 목표	▬	▬▬	▬▬▬

출처: UBS(2018), Partnerships for Goals 부분 참조 및 재구성

스크리닝 투자

스크리닝 투자는 기업의 사회적 책임에 초점을 맞춘 투자로, 세 가지 분류 중 역사가 가장 오래됐으며 지금도 광범위하게 활용되고 있다. 그런데 재무 이론에 따르면 잘 분산된 투자 포트폴리오일수록 위험을 감안한 수익률risk-adjusted returns이 높다. 스크리닝 투자 방식은 사전에 특정 기업을 배제함으로써 투자 대상 자체가 줄어들기 때문에, 위험 분산이 잘 이루어지지 않고 높은 수익률을 올릴 기회도 줄어든다. 따라서 스크리닝 투자가 처음부터 낮은 수익률을 전제로 하는 것이 아님에도 수익률이 낮을 개연성이 상대적으로 크다.

스크리닝 투자는 애초에 의도했던 '비재무적인 ESG 문제 해결'이라는 측면에서도 성과가 그리 크지 않다. 물론 개별 투자자들이 자신이 바람직하지 않다고 생각하는 기업에 투자하지 않음으로써 자신의 가치관을 지키는 데에는 도움이 되겠지만, 실제로 그 가치관이 사회적 성과로 구현되는 경우는 매우 드물다. 스크리닝 투자로 걸러진 기업들이 자금 조달에 어려움을 겪거나 자본 비용이 증가했다거나, 혹은 스크리닝 투자로 인해 관련 매출이 줄어들었다는 경우를 찾아보기는 매우 어렵다.

ESG 통합 투자

ESG 통합 투자는 기업의 ESG 요인을 감안해 투자 포트폴리오를 구성하되, 이를 감안하지 않은 포트폴리오보다 수익성이 더 좋거나 최소한 나빠지는 않은 수준을 목표로 한다. 즉, ESG 통합 투자는 ESG 문제 해결과 더 높은 수익률을 동시에 추구하며, 상장 기업의 주식과 채권에 고르게 투자한다.

그들의 주식투자 방식은 크게 패시브passive 투자와 액티브active 투자로 나눌 수 있다. 패시브 투자는 이미 주식시장에서 널리 쓰이는 벤치마크 인덱스, 예컨대 코스피 200 인덱스를 기준으로 기업들의 ESG 등급을 감안하여 포트폴리오 구성에서 가중치를 조정한 후 ESG 인덱스 펀드로 판매하는 방식이다. 한편 액티브 투자는 자산운용자들이 투자 분석 모형에서부터 ESG 요인들을 통합하여 포트폴리오를 구성하는 방식을 의미한다. 만약 특정 기업의 ESG 등급이 급격하게 하락해 많은 투자자가 동시에 해당 기업의 주식을 매각하거나 채권 인수를 꺼리는 일이 발생한다면 이 기업의 자본 비용이 올라가서 자금 조달에 어려움이 생길 수 있다. 그러나 일반적으로 기관투자자들이 특정 기업의 주식을 ESG 성과만을 근거로 투자 대상에서 제외하는 경우는 드물다. 특히 ESG 인덱스 펀드의 경우에는 인덱스를 만들 당시에 이미 투자 대상 기업이 결정되기 때문에 더욱 매각이 어렵고, ESG 가중치를 크게 올리거나 낮추는 것도 그들의 투자 원칙에서 어긋날 수 있다.

따라서 ESG 투자 자체만으로는 개별 기업의 ESG 활동을 크게 촉진하는 데 한계가 있다. 이를 감안해 주주 제안, 주총 표결, 경영진과 대화 등 다양한 형태의 주주 관여shareholder engagement를 통해서 기업에 영향력을 행사함으로써 성과를 보완하려는 움직임이 점점 늘어나는 추세다.

임팩트 투자

투자 수익과 함께 사회·환경 문제에 긍정적인 임팩트 창출을 목적으로 하는 투자를 임팩트 투자라고 한다. 따라서 임팩트 투자자들은 특정한 사회 및 환경 문제를 해결하는 데 기여하는 기업(예: 친환경 소재 기술 개발 스타트업)에 투자하거나, 그린 본드 같은 채권, 특정 프로젝트(예: 개도국 재생에너지 인프라 구축 프로젝트) 등에 투자한다.

임팩트 투자는 주로 사모펀드PEF: Private Equity Fund나 벤처캐피털VC: Venture Capital이 주도하고 있으며, 이들의 투자 대상은 스타트업을 포함한 특정 기업의 주식과 채권으로, 상장기업의 주식으로 구성한 포트폴리오 투자 방식은 일반적이지 않다.

임팩트 투자는 사회적 문제를 해결하려는 기업 중 수익 전망이 좋은 기업에 투자한다는 점에서 당연히 높은 수익률을 목표로 한다. 그러나 상장 주식과 채권에 투자하는 ESG 통합 방식보다는 장기적인 투자이고, 시장에서 수익률이 공개되지 않기 때문에 수익률 압박이 덜한 편이다.

한편 ESG 성과 측면에서 보면, 임팩트 투자는 특정한 사회·환경 문제를 해결하려는 기업 또는 프로젝트를 골라 투자하기 때문에 다른 두 가지 투자 방식과 비교하면 그 성과가 뚜렷하게 나타날 수 있다. 즉, ESG 문제 해결이라는 관점에서 매우 순도 높은 투자 방식이라 하겠다.

특히 획기적인 친환경 기술이나 사회 문제 해결을 위해 새로운 비즈니스 모델을 개발하는 일은 기존 사업에서 많은 이익을 내고 있는 대기업들이 적극적으로 뛰어들 유인이 없는 파괴적 혁신 분야다. 우리는 스타트업들이 파괴적 혁신을 통해 사회에 새로운 가치를 창출하며 당당하게 주류 기업으로 등장하는 경우를 많이 보아왔다. 임팩트 투자에 대한 사회적 관심이 상대적으로 적고, 단기적으로 대규모 성과를 내기는 쉽지 않지만, 지금 이 순간에도 내일의 ESG 혁신 주체들이 임팩트 투자자들의 지원을 받으며 자라고 있다.

　지금까지 세 가지 투자 방식에 대한 논의를 바탕으로 판단해 보면, 이 모든 투자 활동을 포괄해 '지속가능투자'라고 부르는 것이 더 나을 수도 있다. 실제로 '지속가능투자' 또는 'ESG 투자'를 혼용하는 경우도 많다. 그러나 이렇게 되면 ESG 투자의 정의가 혼란스러워진다.

　세 가지를 포괄하는 '광의'의 ESG 투자는 지속가능투자와 거의 같은 의미지만, 이 중에서 한 그룹이 명시적으로 'ESG 통합 투자'라는 명칭을 쓰고 있어서 사용하는 사람의 입장에서는 도대체 어떤 게 진짜 ESG 투자인가 하는 의문을 갖지 않을 수 없을 것이다. 개인적으로는 ESG의 정의나 취지에 비춰볼 때 광의의 ESG 투자는 지속가능투자, 협의의 ESG 투자(ESG 통합 투자)는 ESG 투자로 구별해서 부르는 것이 더 낫다고 생각한다. 추후 ESG 투자의 비중이 더 커지게 되면 자연스럽게 이와 같은 방향으로 분리될 가능성도 있다.

ESG 투자 현황

국가별 투자 규모

GSIA는 2년마다 「Global Sustainable Investment Review」 라는 이름의 보고서를 발표하고 있는데, 이 보고서는 지속가능투 자 또는 ESG 투자 현황에 관한 가장 종합적인 자료로 평가받고 있다. 현재로서는 가장 최근 자료인 2018년 보고서에 기재된 다 음 표는 2017년 말 시점의 현황을 보여주고 있다.[9]

2016-2018 전 세계 지속가능투자 자산 현황 (단위: 10억 달러)

지역	2016년	2018년
유럽	12,040	14,075
미국	8,723	11,995
일본	474	2,180
캐나다	1,086	1,699
호주·뉴질랜드	516	734
합계	22,890	30,683

출처: GSIA 2018 리뷰
주: 각국 화폐 단위를 각각 2015년 말, 2017년 말 달러화 환율로 환산함

표에 따르면 지속가능투자로 운용되는 자산 총액은 30조 7천억 달러에 이르는데, 2015년 말 대비 2년 사이에 34% 증가한 액수다. 지역별로는 유럽이 14조 달러로 절반 가까이를 차지하고 미국이 12조 달러로 그 뒤를 따르고 있다. 미국의 금융 자산 규모가 훨씬 크다는 점을 감안하면 적어도 지금까지는 유럽이 지속가능투자를 선도한다고 볼 수 있다. 그러나 최근 성장세는 유럽이 가장 뒤진다. 지난 2년간 유럽의 증가율은 11%로 일본(307%), 호주·뉴질랜드(46%), 캐나다(42%), 미국(38%)의 증가세에 비하면 정체된 편이다.

30조 7천억 달러는 전체 운용 자산의 약 26%에 해당하는 액수로, 전체를 놓고 따져봤을 때 지속가능투자의 비중의 작지 않다는 사실을 알 수 있다. 그러나 지역별로 보면 유럽에서는 운용 자산의 49%가 지속가능투자 자산으로 분류되는 반면, 미국에서는 아직 26% 정도에 머무르고 있다. 그리고 일본의 경우 최근 빠른 성장세를 보였음에도 전체의 18% 정도에 지나지 않아 여전히 지속가능투자 초기 단계라고 할 수 있다.

투자 방식별 자산 규모

GSIA가 제시하는 7개 기준에 따라 30조 7천억 달러를 투자 성격·전략별로 분류한 결과는 다음의 표와 같다. GSIA는 한 개의

지속가능투자 방식별 투자 자산 규모

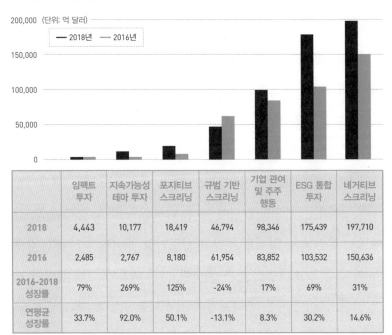

	임팩트 투자	지속가능성 테마 투자	포지티브 스크리닝	규범 기반 스크리닝	기업 관여 및 주주 행동	ESG 통합 투자	네거티브 스크리닝
2018	4,443	10,177	18,419	46,794	98,346	175,439	197,710
2016	2,485	2,767	8,180	61,954	83,852	103,532	150,636
2016-2018 성장률	79%	269%	125%	-24%	17%	69%	31%
연평균 성장률	33.7%	92.0%	50.1%	-13.1%	8.3%	30.2%	14.6%

출처: GSIA 2018 리뷰, 재구성

자산이 복수의 전략을 적용할 수 있는 것으로 판단했기 때문에 각각의 자산을 합친 액수는 55조 1천억 달러로 자산 총액인 30조 7천억 달러보다 많다.

이에 따르면, 약 19조 8천억 달러의 투자 자산이 특정 산업 또는 기업을 투자에서 배제하는 네거티브 스크리닝 투자로 운용되고 있다. 여기에 OECD, ILO, UN 등 국제기구가 정한 다양한 기준을 충족하지 못하는 기업을 배제한 규범 기반 스크리닝 4조 7천억 달러를 합하면, 약 24조 4천억 달러의 투자 자산이 가치관에 기초해 운용되고 있다고 할 수 있다.

그에 비해 ESG 통합 방식을 채택한 자산은 17조 5천억 달러로 아직 네거티브 스크리닝 투자보다는 적은 수준이지만, 지난 2년 간 69% 성장해 네거티브 스크리닝 투자의 31%에 비해 빠른 성장세를 보인다. ESG 활동 성과가 좋은 기업에 투자하는 포지티브 스크리닝, 지속가능 분야, 그리고 탄소 감축 기술과 청정에너지 등에 투자하는 지속가능 테마 투자, 임팩트 투자 등은 지난 2년간 빠르게 성장했다. 임팩트 투자는 상장기업 주식에 투자하는 경우가 거의 없고 스타트업 투자 비중이 크기 때문에 절대 금액이 가장 작다. 그러나 이들 스타트업의 잠재력을 감안할 때 상대적 규모만을 비교하는 것은 큰 의미가 없다.

흥미로운 점은 지역마다 중점적으로 사용하는 투자 방식에 차이를 보인다는 사실이다. 유럽은 네거티브 스크리닝 투자에서 55%로 비중이 높은 편인 데 반해, ESG 통합 투자에서는 미국이 54%의 비중을 차지하고 있으며, 포지티브 스크리닝(60%)과 지속가능성 테마 투자(77%)에서도 높은 비중을 보이고 있다. 이를 통해 유럽에서는 사회책임투자 및 지속가능투자의 역사가 길었던 만큼 오래전부터 규범적 투자를 해왔으며, 미국에서는 상대적으로 ESG 성과와 재무 성과를 동시에 달성하려는 실증적 투자를 중요시해왔다는 사실을 유추할 수 있다. 임팩트 투자 역시 미국이 주도하고 있다(약 66%). 앞에서 임팩트 투자를 주도하는 게 사모펀드나 벤처캐피털이라는 사실을 소개한 바 있는데, 미국에 기반을 둔 사모펀드와 벤처캐피털의 수가 많다는 사실이 이와 무관하지 않을 것이다.

투자 주체 및 자산별 분류

전문 자산운용자들이 운용하는 자산은 소매retail 또는 기관institution 자산으로 분류할 수 있다. 소매 자산은 일반적으로 개인 투자자들이 금융기관을 통해 구입하는 펀드 형태의 자산을 뜻하며, 기관 자산은 각종 연금, 기금, 대학과 같은 자산 소유자를 대리해 운용하는 자산을 의미한다. 아직까지는 기관투자자들이 금융시장에서 압도적인 비중을 차지하지만, 지속가능투자에 관심을 갖는 개인투자자들도 꾸준히 늘어나는 추세다. 이러한 추세를 반영해 2012년에는 11%에 불과했던 소매 자산 비중이 2018년에는 25%까지 늘어났다.

마지막으로 지속가능투자가 주로 어떤 자산군asset class에서 이루어지고 있는지 살펴보자. 51%의 투자액은 상장 주식에 할당되고 있으며, 그다음으로 채권이 36%를 차지한다. 부동산에 대한 투자, 사모펀드 및 벤처캐피털에 의한 투자는 각각 3% 수준이다.

갈 길은 멀지만, 출발은 나쁘지 않다

~~~~~~

사회책임투자, 지속가능투자 등 과거부터 있었던 유사한 개념과 비교해 볼 때, ESG 투자의 세 가지 특징인 수익성 추구, 투자자 주도, 인센티브 합치성은 ESG 투자를 뚜렷하게 차별화하는 요인이라고 할 수 있다. 개인적으로는 그 차별성만큼 ESG 투자의 전망을 긍정적으로 보고 있다.

그러나 투자 현황을 냉정하게 분석해보면, 아직 ESG 투자가 완전히 대세로 자리 잡았다고 확신하기는 쉽지 않다. 현재 ESG 투자액 약 30조 7천억 달러가 전 세계 운용 자산의 26%를 차지하고는 있지만, 이 숫자가 지속가능투자 현황을 온전히 반영하고 있다고 보기 어렵다.

일단 네거티브 및 규범 기반 스크리닝 투자를 합한 금액이 24조 4천억 달러에 달한다. 물론 스크리닝 투자가 지속가능투자의 한 방법으로 오랫동안 광범위하게 사용됐던 것은 사실이지만, 다양한 ESG 요인을 감안한 분석을 바탕으로 투자 결정을 하는 것이 아니라 단순한 배제 절차를 활용하는 만큼 한계도 명확하다. 그런

스크리닝 투자가 여전히 큰 비중을 차지하는데, 이를 모두 ESG 투자라고 통칭하는 것은 쑥스러운 일이다.

또한, 자칭 'ESG 펀드', '지속가능펀드'라는 이름으로 다양한 펀드가 우후죽순처럼 등장하고 있으나, 이들은 대개 ESG 관련 주식의 비중을 조금 높였다는 것을 제외하고는 포트폴리오 구성면에서 일반 펀드와 크게 다를 바가 없다. 그런 점에서 이 용어들은 일정 부분 본질을 오도하는 측면이 있다. 전체적으로 볼 때 ESG 투자는 아직은 질적, 양적으로 많이 부족하다는 평가가 합당할 듯하다.

그렇다면 ESG 투자의 구체적인 전망은 어떨까? 결론부터 이야기하면, 다음 장에서 설명할 여러 가지 요인들로 인해 자본시장에서 더욱 대세로 자리 잡을 가능성이 크다.

3장

ESG 투자를
촉진하는 요인들

앞에서 우리는 ESG 활동을 잘하는 기업에 투자하는 것이 장기적으로 이익을 가져다준다고 믿는 투자자가 늘어나는 현상을 확인했다. 그러나 이런 움직임이 일시적인 유행이 아니며, 단순히 남에게 보여주기 위한 제스처가 아니라는 걸 확신하기 위해서는 좀 더 꼼꼼한 검토가 필요하다.

이를 위해 ESG 투자를 정당화하는 이론들을 먼저 살펴보려 한다. ESG 투자가 투자자의 이익과 합치하는 제도라는 점이 이론상 뒷받침될 수 있다면, 투자자가 ESG 투자의 지속성을 믿고 투자할 강력한 근거가 될 것이다. 이어서 현재 투자자의 성향과 자본시장의 여건 변화가 어떻게 ESG 투자를 촉진하는지 알아볼 예정이다. 그리고 마지막으로 기후변화 이슈가 ESG 투자를 촉진한 가장 직접적인 요인이라는 사실에 대해 좀 더 자세히 살펴보려 한다.

경제 이론으로 본 ESG 투자의 가능성

기업의 사회적 책임에 대한 원론적 시각

경제학은 '모든 경제 주체는 합리적으로 행동한다'는 합리성의 가정rationality assumption에서 출발한다. 따라서 합리적으로 행동하는 개인은 효용 극대화를, 기업은 이윤 극대화를 추구한다고 전제한다. 또한, 기업과 개인 간의 시장 거래를 통해 '사회 후생 극대화'라는 사회적 가치도 저절로 달성된다고 생각해 왔다. 이러한 전제를 기반으로 각 경제 주체가 합리적으로 행동하는 것은 그 자신들의 인센티브에도 합치하는 일이며, 자연스럽게 시장경제 체제 또한 지속가능하다는 결론에 도달하게 된다.

그런데 기업에는 사업을 영위하는 과정에서 여러 가지 법과 제도를 준수할 의무가 있다. 독성물질 배출 금지, 소비자 보호, 산업 안전, 최저임금 준수, 장애인 고용 등이 대표적인 예다. 기업은 이러한 의무를 준수하기 위한 비용 지출을 제약 조건으로 받아들이면서 이윤 극대화를 추구한다. 이런 구도에서는 비용 지출과 이윤 극대화 사이에 필연적으로 '트레이드 오프 관계(어떤 것을 달성하기 위해 반드시 다른 것을 희생해야 하는 관계)'가 생긴다. 따라서 기업은 제도적으로 반드시 지켜야 하는 수준을 넘어서 사회 문제 해결에 적극적으로 나서기가 불편할 수밖에 없다.

그런데 ESG 투자 이론에 따르면 주주는 자신의 이익을 위해 기업의 CEO에게 사회적 가치를 추구하도록 '요구'한다고 한다. 얼핏 생각했을 때 이는 경제학 이론에는 전혀 맞지 않는 황당한 주장처럼 들린다. 그러나 ESG 투자는 기존의 경제학 관점에서도 충분히 설명할 수 있다.

이윤 극대화가 꼭 단기 이윤을 뜻하지는 않는다

기업이 주체로서 이윤 극대화를 추구한다고 했을 때, 이는 곧 기업 가치(또는 주주 가치) 극대화를 뜻한다. 여기서 말하는 이윤은 당연히 올해만의 이윤이 아니라 이 기업이 미래에 벌어들일 것으로 예상되는 모든 이윤을 현재 가치로 환산해 합한 금액을 의미한다. 이것이 기업 가치의 정의이기도 하다. 경제학에서 기업의 이윤 극대화는 원래 '장기적인 이윤 극대화'를 뜻한다.

사실 그렇게 특별한 이야기는 아니다. 미국의 유통기업인 아마존은 1994년 회사 설립 이후 20년 이상 적자를 보다가 그 이후부터 조금씩 순이익을 내기 시작했다. 그러나 설립 초창기, 많은 투자자는 아마존의 놀라운 잠재력과 성장성이 훗날 큰 이윤을 가져다 줄 것이라고 확신하면서 아마존 주식을 사 모았다. 그렇게 아마 존은 오랜 기간 적자였음에도 높은 기업 가치를 인정받았고, 오늘 날에는 실제로 천문학적인 시가총액을 자랑하는 세계 최상위권의 대기업이 되었다.

오늘날에도 유망한 스타트업이나 기술 기업들이 현재 이익 규 모에 비해 이해되지 않을 정도의 높은 기업 가치로 평가받는 경우 를 종종 볼 수 있다. 이는 자본시장이 실질적인 기업 가치와 단기 이윤을 별개로 평가한다는 증거다.

그럼 왜 그동안 자본시장이나 경영자들이 단기 이윤에만 매달 리는 것처럼 보였을까? 이들이 단기적인 시야에 매몰돼 있었다기

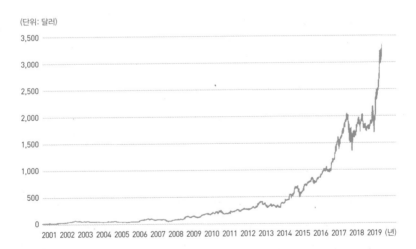

(단위: 달러)

아마존의 20년간 주가 추이 천문학적 적자가 유지됐던 2000년대 중반까지도 아마존의 시가총액 은 상당히 높은 수준으로 유지됐고, 시장이 기대하던 성장성과 이익이 숫자로 증명되기 시작한 시점부터 주가는 끝없이 오르게 됐다.

보다는 단기 이윤을 곧 미래 이윤의 척도라고 봤기 때문이라고 표현하는 게 더 적절해 보인다. 사실 특정 기업의 비즈니스 환경이 미래에 별로 달라지지 않는다면, 매년 비슷한 수준으로 높은 이윤을 실현하는 것이 해당 기업에는 최상의 시나리오다. 이런 환경에서는 자본시장과 경영자들이 단기 이윤의 추이에 초점을 맞추는 것이 이상하지 않다.

그러나 안정적인 비즈니스 환경을 기대하기 점점 힘들어지면서 장기 이윤 전망에도 관심을 둘 필요성이 커지게 됐다. 특히 기후변화라는 리스크 때문에 많은 산업 분야의 장기 이윤이 어떻게 될지 예측하기가 쉽지 않게 되었고, 상상할 수 없을 만큼 더 나빠질 수도 있는 상황에 직면하게 됐다. 화석 연료를 생산하거나 많이 소비하는 산업에 특히 직접적으로 적용되는 이야기지만, 인류 전체의 운명을 좌우하는 기후변화 리스크로부터 자유로운 기업은 하나도 없다.

당장 이윤이 감소하더라도 탄소 배출량 감소를 위해 장기 투자를 하지 않으면 개별 기업 파산 이상의 위험한 미래를 맞이할 수 있다는 위기감이 기업들 사이에서 공유되기 시작했고, 그에 따라 의사결정 과정에서 이윤에 대한 평가 주기time horizon를 좀 더 길게 늘리게 됐다. 장기적인 호흡을 필요로 하는 ESG 투자가 이윤 극대화라는 목표와 충돌하지 않는다고 판단한 것이다.

물론 단기 이윤이 곧 장기 이윤의 척도라는 관점도 있으며, 미래 할인율을 감안했을 때의 단기 이윤은 전체 이윤에서 차지하는 비중이 매우 크다. 따라서 기업의 주가는 여전히 단기 이윤의 변동에 적지 않은 영향을 받는다. 게다가 투자자 중에서 유난히 미래 할인율을 높이 치는 투자자들, 즉 장기 이윤에는 관심이 없고 단기적 주가 차익만을 목표로 하는 투자자가 많은 것도 사실이다. 이런 투자자들은 단기 이윤 변화에 따른 주가 변동에 더 민감하게 반응할 테고, 그로 인해 이들로부터 압박받는 CEO들 역시 단기 경영 성과에 매달릴 수밖에 없다. 앞에서 언급했듯, 이윤이나 주가와 과도하게 연동된 경영자 보상 시스템 또한 단기 실적주의를 부추기는 요인이다.

단기 실적주의가 긴 호흡을 요구하는 ESG 투자에 부정적인 영향을 미치는 것은 분명하다. 그러나 다행스럽게도 장기 투자자가 늘어나고 있고, 또 장기 투자를 장려하는 방향으로 제도 개선이 이루어지고 있다. 이 부분은 다음 절에서 살펴보도록 하자.

투자자들이 이윤 극대화만을 선호하는 것도 아니다

지금까지는 기업이 이윤 극대화를 추구한다고 가정했지만, 개별 주주 각각은 효용 극대화를 추구하는 경제 주체이기도 하다. 사실 이들이 투자를 통해 단순히 기업 가치 극대화만 추구한다고 가정할 이유가 없다. 일반적으로 이야기하면 이들은 각자의 효용(후생)을 극대화하는 방향으로 투자를 결정한다. 그런데 이때 어떤 투자자의 효용에 환경이나 빈곤 문제 해결과 같은 특별한 사회적 가치가 영향을 미친다면, 그는 이를 자신의 투자 결정에 반영하려고 할 것이다.

어쩌면 이런 주장이 낯설게 느껴질 수도 있다. 효용 극대화라는 관점에서 투자자(소비자) 역시 이기적인 존재로 가정되는데, 사회적 가치 추구가 그들의 효용을 증가시킨다는 발상은 얼핏 생각해서는 이해하기가 쉽지 않다.

그러나 한 개인의 효용함수는 법과 제도, 도덕, 친지·동료의 압력 및 기대, 교육의 결과를 종합적으로 반영해 형성된다. 따라서 이기적인 행동은 다양한 사회적 요인, 특히 이타적 행동을 장려하는 요인에 제약을 받으며, 개인은 그러한 제약을 내면화하면서 자신의 이익을 추구한다. 즉, 사회화 과정을 통해 나오게 된 이타적 행동은 효용 극대화에 포함된다.

개인의 이타적 행동을 수용하는 효용함수는 대표적인 고전파 경제학자인 애덤 스미스Adam Smith의 이론과도 어긋나지 않는다. 애덤 스미스가 그의 저서 『국부론The Wealth of Nations』에서 이익을 추구하는 인간 본성만 강조했다는 게 일반적으로 알려진 상식이지만, 그는 자신의 다른 저서인 『도덕감정론Theory of Moral Sentiments』을 통해

'동감sympathy'의 중요성도 강조했다.

"인간은 이기적이라고 간주되기도 하지만 인간의 본성 가운데는 다른 사람의 행운에 관심을 가지며 그들의 행복을 자신에게 필요한 것으로 여길 수 있게 하는 원리가 분명히 존재한다. 단지 자신이 다른 사람의 즐거움을 보는 것 외에는 아무런 유익을 얻지 못하지만 말이다. …(중략)… 그리고 이러한 인간 본성은 결코 덕스럽거나 고상한 사람에게 국한된 것이 아니라 인간의 원초적인 감정이다."[1]

애덤 스미스에 따르면 경제 발전은 '동감의 범위 내에서 자기 이익을 추구'하는 인간 행위의 결과다. 자신의 이익을 추구하려는 동인 때문에 사회 전체의 경제도 발전하지만, 이것이 과도하지 않도록 제약을 가하는 동감의 범위 내에서만 추구하기 때문에 사회가 무너질 가능성은 없다는 것이다.

그럼 이 관점에서 기업의 역할은 무엇일까? 몇몇 학자는 주주들이 기업 활동에 대한 의사결정 권한을 가지고 있으므로, 기업은 주주 이윤이 아니라 주주 후생 극대화를 위해서 활동해야 한다고 주장한다.[2] 이윤 극대화만을 바라는 줄 알았던 주주들이 이윤 외에 다른 가치도 중요시한다는 사실을 기업이 인지했다면, 기업 활동에 이를 반영해야 한다는 주장은 타당하다.

물론 현실적으로는 개별 주주의 선호가 서로 다르니만큼 주주 전체의 후생함수를 도출하는 데 많은 시간과 비용이 소요될 것이다. 그러나 모든 사항을 주주가 결정할 수도 없고 또 그럴 필요도 없다. ESG 활동과 관련해 몇몇 중요한 문제에 대해서만 주주 투표를 통해 의견을 모은다면, 불완전하나마 주주의 선호를 반영한 ESG 활동을 이끌어낼 수 있을 것이다.

투자자의 경우엔 주주총회에서의 투표만이 아니라 투자 행위를 통해서도 자신의 선호를 반영할 수 있다. 즉, ESG 활동을 선호하는 투자자들은 ESG 활동을 잘하는 기업의 주식을 골라서 매수하려 할 것이고 이는 곧 자본시장을 통한 자연스러운 기업의 ESG 경영 독려로 이어지게 된다.

투자자의 선호가 실제로 어떻게 투자에 영향을 미치는지에 대한 연구 결과를 살펴보면, 투자 주기가 긴 투자자일수록 ESG 활동을 잘하는 기업들에 더 많이 투자했으며, ESG 성과가 좋은 기업에 대해서는 일시적인 영업 실적이 안 좋게 나타나더라도 주식을 덜 매도하는 경향을 보였다.[3] 이처럼 투자자의 선호가 ESG를 지지하는 방향으로 움직인다면 이는 분명히 ESG 투자를 촉진하는 요인으로 작용하게 된다.

기업이 이해관계자를 쥐어짜지만은 않는다

기업 이론에서는 주식회사 형태의 기업을 주주, 근로자, 납품 기업, 소비자 등 여러 이해관계자가 자발적으로 참여한 '계약의 집합체nexus of contracts'라고 정의한다.[4] 이해관계자들은 제품 생산과 판매를 위해 각자의 역할을 정의한 계약을 체결하며, 그렇게 만들어지는 주식회사는 지난 수백 년 동안 사실상 유일한 기업 형태로 존재해 왔다.

물론 모든 계약은 불완전하다. 특히 주주와 다른 참여자들 간에는 힘의 불균형도 존재한다. 그러나 자본주의 사회는 지난 몇 세기 동안 다른 이해관계자의 이익을 보호할 수 있도록 제도와 법률을 제정하면서 진화해 왔다. 그것이 바로 우리나라에도 있는 소비자보호법, 근로기준법, 환경보호법, 파산법 등이다. 계약이 불완전하고 당사자 간 힘의 불균형이 존재하기 때문에 이해관계자 보호를 위해 국가가 개입한 것이다.

시장 역시 공정한 계약 관계를 위해 나름의 자정 기능을 수행해 왔다. 불량 제품을 생산하거나 노동력 및 납품 기업을 착취하는 기업들이 단기적으로 이익을 내더라도 장기적으로는 경쟁력을 상실함으로써 시장에서 퇴출당하는 경우가 그 예라고 할 수 있다.

여러 문제점에도 불구하고 결과적으로 주식회사 형태의 자발적 계약이 압도적이라는 사실은, 그만큼 많은 참여자들이 아직까지는 이 계약에 동의하고 참여하고 있다는 사실을 의미한다. 그러나 다른 이해관계자들의 희생을 바탕으로 하는 이윤 추구는 결코 장기적으로 용납될 수 없으며 가능하지도 않다. 지난 수십 년간 단기 실적주의 및 지나친 CEO 보상체계가 주주와 경영자들의 이익만 챙기는 방향으로 흘러왔다는 것, 그리고 이로 인한 심각한 소득 불평등이 오늘날 자본주의의 위기를 낳았다는 것 역시 부인할 수 없는 사실이다.

따라서 기업이 장기 이윤을 중시하고, 다른 이해관계자들과의 성과 분배 방식을 개선할 필요성은 분명하다. 그 방향성과 관련해서는 5장에서 좀 더 자세히 논의하려고 하며, 여기서는 최근 투자 시장의 변화 현황을 따라가 보기로 한다.

투자자들의 변화

~~~~~

유니버설 오너의 등장

자본시장은 집중도가 높다. 2019년 기준으로 세계 상위 자산 운용사 5곳에서 세계 전체 운용 자산externally managed assets의 22.7%를 차지했으며, 상위 10곳에서 34%를 차지했다.[5] 그리고 세계 3대 자산운용사인 블랙록, 뱅가드Vanguard, 스테이트 스트리트State Street가 보유한 주식을 합하면 이들은 미국의 대표 기업군인 S&P 500 기업 88%의 대주주가 된다.[6]

전 세계 자본시장에서 워낙 큰 비중을 차지하는 만큼 이들의 자산 운용 성과는 세계 경제 전반의 '건강도'에 크게 좌우되며 이들이 세계 경제에 미치는 전반적인 영향 또한 무시할 수 없다. 이러한 초대형 자산운용사 및 기관투자자들을 종종 '유니버설 오너Universal Owner'라고 부른다.[7]

재무 이론에 따르면 위험도가 서로 다른 성격의 자산을 포트폴리오에 편입함으로써 위험을 통제하고 투자 수익을 극대화할 수 있다. 그러나 유니버설 오너들은 이런 방식으로 시스템 리스크

system-level risk를 줄이기 어렵다. 좀 더 자세히 설명하면, 소규모 투자자들은 기후변화에 따른 리스크를 헤지hedge하기 위해 금과 같은 안전자산이라든가 기후변화 위험에 처했을 때 필요한 제품을 판매하는 기업에 분산 투자할 수 있다. 그러나 유니버설 오너는 수조 달러의 자산을 운용하기 때문에 글로벌 경제 전체의 위험을 헤지할 방법이 없다.

간단한 예로, 유니버설 오너의 포트폴리오에 들어 있는 한 기업이 생산 과정 중에 심한 환경오염을 일으키면서 큰 이익을 거뒀다고 가정해 보자. 단기 이익이 크게 뛰었기 때문에 해당 기업의 주가는 오를 수도 있다. 하지만 환경 문제가 심각해져 정부가 이를 해결하기 위해 세금을 더 거둔다고 하면, 투자 포트폴리오에 들어 있는 다른 기업들은 모두 추가로 세금 부담을 지게 되고 그들의 이윤도 악화한다. 당연히 이 기업들의 주가는 떨어질 것이고, 전 세계적으로 주식 자산을 보유한 유니버설 오너의 전체 수익률 또한 하락할 가능성이 높다.

이처럼 유니버설 오너는 매우 큰 영역을 포괄하고 있기에 일부 기업의 단기 이익 때문에 장기적으로는 결국 큰 손실을 입을 수 있는 투자자다. 이러한 이유 때문에라도 유니버설 오너는 경제 전체, 또는 사회 전반의 이득에 합치하는 방향으로 투자를 고려할 수밖에 없다.

투자 주기 확대와 장기 투자자의 증가

연금이나 보험과 같은 기관투자자는 투자를 실행할 때 수십 년에 걸쳐 연금 또는 보험금을 지급해야 할 의무를 고려해야 한다. 그 때문에 일반 투자자에 비해 장기 투자에 우호적이다. 그래서 연금·보험 기관투자자가 자본시장에서 차지하는 비중이 증가함에 따라, 전체적으로 투자주기가 길어지고 미래 이윤에 대한 할인율은 낮아지고 있다. 이미 미국 캘리포니아 교직원연금, 일본 공적연금, 네덜란드 연기금 등 글로벌 공적 연금들은 2020년 3월에 '지속가능한 자본시장을 위한 우리들의 결의'를 발표하면서 장기 투자에 근거한 ESG 확대를 천명하고 나섰다.[8]

앞서 짚은 유니버설 오너들의 증가 또한 투자 주기를 확대하는 요인이 되고 있다. 그들은 세계 경제의 건강도가 악화하도록 방관할 수 없는 입장이다. 따라서 기후변화 대응 투자와 같은 장기적 관점의 투자를 지지한다. 그 연장선에서 이들은 특정 기업의 작지 않은 지분을 장기간 보유하는 것을 넘어 해당 기업의 경영진에게 ESG 개선 활동을 적극적으로 요구하기 시작했다.

개인투자자들의 ESG 투자 수요 증가

ESG 투자에 대한 관심이 비단 기관투자자에게만 국한된 것은 아니다. 금융기관에 자산 관리wealth management를 맡기는 초우량 개인 고객 중에 '더 좋은 세상을 만들기 위해 기여할 수 있는 투자를 하고 싶다'는 의지가 있는 고객이 늘고 있다.[9]

또한 밀레니얼Millennial 세대의 등장도 ESG 투자 수요 확대의 중요한 동인으로 꼽힌다.[10] 현재 미국은 베이비붐 세대에서 그 자녀들에게 30조 달러에 달하는 부의 이전이 일어나고 있다. 이 자녀들이 대부분 밀레니얼 세대에 속한다. 밀레니얼 세대는 투자에 대한 생각이 부모 세대와 많이 다르다. 지속가능투자 및 사회책임투자에 더 호의적이면서도 엄격한 기준이 있을 뿐 아니라 스스로의 견해를 적극적으로 피력하고 반영하려 한다. 한 보고서에 따르면, 미국에서 이 밀레니얼 세대가 앞으로 20년에서 30년간 ESG 이슈와 관련해 투자할 금액만 무려 15~20조 달러에 달할 것으로 전망된다.[11]

자본시장의 여건 개선

～～～

ESG 투자의 재무 성과

아직도 적지 않은 수의 기업 경영자나 자산운용자들은, ESG 투자가 사회책임투자처럼 좋은 세상을 만드는 데 기여하더라도 이는 재무 성과를 희생하고 얻은 결과일 뿐이라고 폄훼하는 경우가 많다.

그러나 이는 사실이 아니다. 이미 수많은 연구자, 자산운용사, 투자 지원 서비스 기업 등이 ESG 투자의 재무 성과에 대해 긍정적인 연구 결과를 내놓고 있다. 사회책임투자나 지속가능투자의 재무 성과에 관한 초기 연구에서는 부정적인 결과가 많이 나왔던 게 사실이지만, 최근 연구 결과는 대체로 ESG 투자와 재무 성과 사이에 최소한 음이 아닌non-negative 관계가 있음을 보여준다.

대표적으로 DWS 인베스트먼트의 수석펀드 매니저인 군나르 프리데, 티모 부시 함부르크대 교수, 알렉산더 바센 함부르크대 교수G. Friede, T. Busch & A. Bassen는 2015년에 ESG 투자와 투자 수익률 간 관계에 대해 2천여 개 선행 연구를 분석해 발표했는데, 이들에 따르면 63%에 달하는 연구 결과에서 ESG 투자가 투자 수익률에 긍정적인 영향을 미치는 것으로 나타났다고 한다. 부정적인 영향은 8%에 그쳤고, 약 30% 이하 연구에서는 특별한 영향이 없는 것으로 나타났다.[12] 또한, 최근 하버드 비즈니스스쿨 교수들이 행한 몇몇 연구에서도 ESG 성과가 좋은 기업들이 재무적인 성과도 좋았다는 연구 결과가 나타난 바 있다.[13]

자산운용사와 투자 지원 서비스 기업들도 ESG 투자가 좋은 투자 성과로 이어진다는 연구 결과를 최근 들어 자주 발표하고 있는데, 그중에서도 특히 MSCI는 활발한 연구를 통해 ESG 투자의 재무 성과를 뒷받침하는 데 일조하고 있다.[14] 거기에 덧붙여, 세계 최대의 자산운용사인 블랙록 역시 다소 보수적이긴 하지만 다음과 같은 말로 ESG 투자의 성과를 옹호하고 있다.

"ESG 투자는 투자 수익률을 높이는가? 이에 대한 대답은 여전히 회색 지대에 있지만, 우리는 점점 더 확신을 가지고 다음과 같이 말할 수 있다. '우리는 투자자들이 ESG 요인들을 전통적인 포트폴리오에 포함시키는 것을 고려하더라도 투자 성과를 거의 희생할 필요가 없다'고 말이다. 우리는 ESG 친화적인 포트폴리오가 위험 요인의 영향을 완화하는 데 기여함으로써 장기적으로 회복력이 강한resilient

포트폴리오가 되리라고 믿는다. 이제 중요한 질문은 '언제' 또는 '왜' ESG를 고려할 것이냐가 아니라 '어떻게' 할 것이냐다."[15]

수탁자 의무에 대한 인식 전환

ESG 투자를 하면 재무 성과가 나빠진다는 믿음과 연결된 오해가 바로 '수탁자 의무Fiduciary Duty' 때문에 ESG 투자를 하기 어렵다는 인식이다. 즉, 자산보유자의 자산을 운용하는 자산운용자들은 위탁자에게 가능한 한 높은 투자 수익을 돌려주어야 하는데, 수탁자 의무 관점에서 보면 사회적 가치를 중시하는 ESG 투자는 경제적 목표 이외의 다른 목표를 추구하는 것이기 때문에 직업윤리상으로 문제가 될 수 있다는 것이다. 더욱이 ESG 투자의 수익성이 나쁘다는 인식이 퍼져 있어서 자칫 포트폴리오 수익률이 나빠지기라도 하면 ESG 투자 때문이라고 비난받을 수도 있기 때문에 자산운용자 입장에서는 ESG 투자를 할 유인이 적었다.

수탁자 의무를 의식하는 경향은 유럽보다 미국에서 상대적으로 강하게 나타났다. 예컨대 2008년 미국 노동부가 발표한 '종업원 퇴직소득 보장법ERISA: Employee Retirement Income Security Act'에 나온 해설 자료를 보면 '수탁자들이 연금의 경제적 목표 이외의 다른 요인에 근거해서 투자 결정을 하는 것을 허용하지 않는다'고 명시하고 있다.[16]

그러나 지난 20년 사이 ESG 요인이 재무 성과에 중요한 영향을 미칠 수 있으며, 따라서 이제 미국에서도 자산운용자들이 투자 시 ESG 요인을 고려해야 한다는 인식이 일반화했다. ESG 요인들을 단지 전통적인 경제적 요인이 아니라는 이유로 무시할 수 없는 상황이 된 것이다. 자산운용자들은 이제 자신의 투자 포트폴리오에 포함된 기업이나 산업에 중요한 영향을 미치는 ESG 요인이 무엇이며, 그것이 투자 성과에 어떻게 영향을 미치는지를 고민해야 한다.

정책 및 규제 당국도 이런 변화에 발맞춰, 투자에서 ESG 요인을 고려하는 것이 수탁자 의무 위반이 아니라는 입장을 내놓고 관련 지침이나 규정에도 이러한 입장을 반영해 나가고 있다. 대표적으로 미국 노동부도 2015년 새로운 ERISA 해설 자료를 발표했는데, 여기에서는 2008년 자료에 대해 '수탁자가 ESG 요인을 고려하는 것을 부당하게 억제했다'라고 평가했다.[17] 더 나아가 ESG 요인이 연금 자산의 경제적 가치에 영향을 줄 수 있으며, 수탁자는 이런 요인을 고려하는 것이 법적으로 정당할 뿐 아니라 필요한 조치라고 언급하고 있다.[18] 2017년 OECD 조사 보고서에 따르면, 대부분의 OECD 회원국에서는 수탁자 의무를 규제하는 지침, 보고 규정, 스튜어드십 코드, 정보 공개 규정, 증권거래소 규정 등 수많은 규정의 제·개정을 통해서 투자자들이 ESG 요인을 투자 결

정에 반영하는 것을 장려하거나 의무화하는 방향으로 나아가고 있다.[19]

물론 투자자들이 ESG 투자를 공격적으로 실행에 옮기기에는 여전히 부족한 점이 많다. 아직도 수탁자 의무에 대한 규정은 애매히며 기업들이 ESG 요인을 보고하는 방식에 있어서도 체계적이고 공통적인 기준이 제대로 마련되어 있지 않다. 따라서 기업 평가에 ESG 요인을 회계 자료처럼 반영하는 것이 쉽지 않은 상황이다. 그러나 시간이 지나면서 수탁자 의무가 ESG 투자를 가로막는 요인이라고 보는 시각은 점차 줄어들고 있으며, 아직도 남아있는 불충분한 규정 및 제도는 앞으로 극복해나가야 할 과제라고 정리할 수 있겠다.

단기 실적주의의 퇴조

유럽과 미국 자본시장에서는 단기 실적주의의 폐해를 줄이려는 다양한 시도가 이루어지고 있다. 그중 하나가 '기간부 의결권제 TPV: Time Phased Voting'의 도입이다.[20] TPV는 주식을 장기간 보유하는 주주들이 단기 보유하는 주주들보다 1주당 더 많은 의결권을 부여받게 되는 제도를 의미한다.

TPV는 장기적인 주주 가치 증대를 유도하는 장치로서 최근 관심을 끌고 있다. 2014년 3월, 프랑스는 '플로랑주 법Florange Act'

을 제정했는데, 이 법에 따르면 프랑스 상장기업 주주들은 주식을 2년 이상 보유하기만 하면 1주당 2개의 의결권을 자동으로 부여받는다. 그리고 이탈리아 정부도 2014년 8월에 상장기업이 2년 이상 주식을 보유한 주주에게 1주당 2개의 의결권까지 부여할 수 있도록 하는 TPV 제도를 도입했다.

2020년 9월, 미국 샌프란시스코에 '장기주식거래소LTSE: Long Term Stock Exchange'라는 새로운 유가증권 시장이 개설됐다. 이 거래소는 상장기업이 단기가 아닌 장기 전략에 초점을 맞출 수 있도록 기준을 제시한다. 예컨대 주식 장기 보유 주주들에게 더 많은 의결권 부여, 단기 실적에 연동한 경영진 보너스 지급 제한, 장기 목표 및 계획 공개 의무, ESG 활동과 이해관계자에 대한 배려 등이 포함돼 있다.[21]

한편 미국에서는 단기 실적주의를 심화하는 주범이라고 비판받는 분기·연간 실적 전망quarterly and annual guidance을 더 이상 발표하지 않겠다는 기업이 늘고 있다. 한 조사에 따르면, 2020년 상반기 중 미국 상장사 779곳에서 연간 실적 전망을, 그리고 69곳에서는 분기 실적 전망을 내놓지 않겠다고 선언했다.[22]

기업이 실적 전망을 통해 제시했던 실적 달성 여부가 기업의 주가를 단기적으로 출렁이게 한다는 비판은 진작부터 있었다. 최근에는 그 흐름이 더욱 거세져, 버크셔해서웨이 회장이자 세계적인 투자자 워런 버핏Warren Buffet, 미국 비즈니스 라운드테이블 회장이자 제이피 모건 체이스JP Morgan Chase CEO인 제이미 다이먼Jamie Dimon, 블랙록 CEO인 래리 핑크 등 금융계에서 영향력 있는 인물들까지 실적 전망 제시에 대한 비판 대열에 합류하면서 이런 움직임이 더욱 힘을 얻고 있다.[23]

심각해진 기후변화 리스크

~~~~~

    개인적으로는 투자자들에게 ESG 투자에 대한 관심을 촉발한 가장 직접적인 원인이 자본시장의 내부적 요인보다는 기후변화 이슈라고 생각한다.[24] 물론 지구 온난화에 대한 우려는 1980년대 이래 지속적으로 제기된 문제이며, 비록 많이 부족하긴 하지만 국제사회도 1997년 교토 의정서Kyoto Protocol 체결 등을 통해 온실가스 배출량을 통제하는 노력을 해왔다. 그러나 이런 노력은 별 성과를 거두지 못했고 최근에는 이상기후로 인한 피해가 속출하면서, 지구 온난화가 인류의 미래를 위협할 수 있다는 사실을 모두가 피부로 느끼기 시작했다.

    이에 2015년 12월 국제사회는 교토 의정서보다 더 강력하고 강제력 있는 파리협정을 체결했다.[25] 파리협정은 '산업혁명 이후 지구 평균 기온의 상승 폭을 2℃보다 훨씬 아래well below로 제한하면서, 1.5℃까지 제한하기 위해 노력한다'는 구체적인 목표를 설정했고, 여기에 동참하는 189개국이 각각 구체적인 온실가스 감축 목표를 제시한 바 있다. 참고로 산업혁명 이후 현재까지 지구의 평균 기온은 약 1℃ 상승했다. 그러나 많은 환경 전문가는 각국이 지금처럼 미온적으로 대응해서는 이 목표를 달성할 수 없다는 비관적인 전망을 내놓고 있다.[26]

투자자들도 온실가스와 같은 기후변화 관련 이슈가 투자에도 큰 위협 요인이 됐다고 인식하기 시작한 상황에서, 파리협정은 이들에게 보다 구체적인 행동을 취할 계기를 만들어줬다. 앞에서 봤듯이, 2017년 12월 12일 파리에서는 파리협정 채택 2주년을 기념해 전 세계 225개 대형 기관투자자들이 주도적으로 설립한 '기후행동 100+' 이니셔티브가 출범한 바 있다. 이들은 온실가스를 배출하는 대표 기업 167곳을 선정해 그들의 온실가스 감축을 독려하는 등 활발한 행동을 보여주고 있다.

투자자들이 이렇게 기후변화 이슈를 중요하게 생각하는 이유는 간단하다. 예컨대 연금의 경우, 장기간에 걸쳐서 안정적인 투자 수익을 실현해야 하는데 지구 온난화가 심각하게 진행되면 투자 자산 상당수가 큰 재무적 위험에 노출되어 투자 수익 실현이 어려워지리라는 게 자명하기 때문이다.

과거에는 기후변화로 어떤 기업이 20년 후에 어려움에 처할 것이라는 우려 때문에 당장 주가가 크게 하락하거나 하는 일은 없었다. 오히려 어떤 기업이 미래의 기후변화 위협에 대비해 선도적인 기술 개발이나 시설 투자를 하느라 단기 이윤이 줄어들었다고 발표했다면, 아마 해당 기업의 주가는 크게 하락했을 것이다. 이러한 이유로 지금까지 기후변화의 위험을 인지하면서도 그것에 대비하기 위한 기업들의 자발적인 움직임은 거의 없었다고 해도 과언이 아니다.

그러나 최근 지구 온난화의 위험이 가시화함에 따라, 특정 기업의 이윤 흐름을 예측하는 데 반영하지 않았던 위험 요소가 오늘날에는 진지하게 고려되기 시작했다. 특히 일반 투자자에 비해 연금, 보험과 같은 기관투자자들이 투자 포트폴리오를 구성할 때 이런 위험 요소를 더 중요하게 감안하고 고민하는 것은 당연하다. 유니버설 오너가 기후변화 이슈에 적극적으로 대응하는 것도 같은 맥락으로 이해할 수 있다.

다시, 인센티브 합치성을 생각하다

~~~~~~~

어떤 제도든 '어떻게 작동해야 하는가?'보다는 '어떻게 작동하고 있는가?'에 답하는 일이 더 중요하다. 어떻게 작동해야 하는지 백날 주장하더라도 실제로 그렇게 작동하지 않으면 그 주장은 아무런 의미가 없어지기 때문이다. 이런 맥락에서 ESG 투자가 바람직한 제도인지 묻기보다는 ESG 투자가 어떻게 지속적으로 유지될 수 있는지 따져보는 것이 더 중요하다. 어떤 제도가 지속적으로 유지되려면, 제도를 유지하기 위한 참여자의 자발적인 노력이 수반되어야 한다. 즉, 제도의 인센티브 합치성이 중요하다는 얘기다.

앞서 ESG 투자가 참여자의 인센티브에 합치한다는 점을 확인한 바 있다. 그리고 이번 장에서 살펴본 바에 따르면, 이론적 측면에서 보았을 때도 투자자들이 자발적으로 ESG 투자를 늘릴 분명한 인센티브가 존재한다. 자본시장의 여러 변화와 제도적 여건의 개선 또한 투자자들로 하여금 ESG 투자를 늘리는 데 우호적인 환경을 제공하고 있으며, 단기 성과에 연연하지 말고 장기적으로 이득인 ESG 활동을 하라고 주주들이 경영자를 독려함으로써 ESG

경영의 걸림돌이 점차 사라지고 있는 셈이다.

물론 어떤 제도든 그 제도를 악용하고 남을 속여서 자신의 이익을 더 늘리려고 하는 이들은 있기 마련이다. 아직 ESG 투자는 참여자의 인센티브 설계 면에서 보완해야 할 부분이 많다. 그러나 '기업 또는 투자자들은 무조건 이렇게 저렇게 행동해야 한다'는 식으로 의무감을 부여하는 접근 방식보다 '투자자들이 이렇게 저렇게 행동해야 할 타당한 인센티브가 있다'고 강조하는 ESG 투자가 좀 더 지속가능한 접근 방식이라는 것은 분명한 사실이다.

앞서 자주 등장했던 블랙록의 래리 핑크 CEO가 지금은 마치 ESG 투자의 화신처럼 여겨지고 있으나, 사실 그는 금융위기의 주범이었던 서브프라임 모기지 상품을 초기에 개발한 사람으로서 자신의 회사에 굉장히 큰돈을 벌어다 준 것으로도 알려져 있다.[27] 그런데 그때와는 여러 가지 면에서 세상이 바뀌었고, 그는 바뀐 시대의 조류에 맞게 ESG 투자의 전도사가 되어 그 누구보다 열심히 일하고 있다. 그게 이익을 극대화하는 방법이기 때문일 것이다.

ESG 투자에 대해 '착한 투자자와 선한 기업의 만남'이라는 식으로 설명한 글을 종종 보게 되는데, 이는 본질을 오도하는 표현이다. 흔히 '착한'이라는 수식어는 자신의 손해를 감수하면서 남을 위해서 행동한다는 뉘앙스를 담고 있다.

그런데 ESG 투자자들은 자신의 이익을 위해서 행동한다. 물론 남에게 해를 끼치지 않을 뿐 아니라, 가능하면 남에게도 이익이 되는 행동을 하려고 애를 쓴다. 이게 가능한 이유는 무엇보다 ESG 투자가 궁극적으로 '자신의 이익'에도 도움이 된다고 믿기 때문이다. '너에게도, 나에게도 이익이 되는 행동'을 하는 사람을 현명하다거나 똑똑하다고는 할 수 있을지언정 '착하다'라고 표현하지는 않는다. 게다가 사회 제도의 차원이라면, 개인적인 선의는 그리 순순히 믿을 만한 것이 못 된다. 그 선의의 진짜 의도가 무엇인지, 그들의 인센티브가 무엇인지, 그리고 그것이 지속적으로 유지될 수 있는 시스템인지가 더 중요하다.

따라서 ESG 투자는 '자기 이익을 챙기는 똑똑한 투자자와 기업의 만남'이라고 설명하는 게 더 정확한 표현인 듯하다. 그래야 이들의 만남이 더욱 믿음직스럽고 든든하게 여겨지는 이유가 잘 드러난다.

4장

결국, 투자자가
먼저 행동해야 바뀐다

ESG 투자는 자본시장에서 투자자의 경제적 선택(투자), 기업의 경제 활동을 다루기 때문에 지금까지는 분석과 서술이 주로 경제학 이론을 바탕으로 이루어졌다. 그러나 오늘날 자본주의의 위기는 경제적 가치(이윤) 창출에만 집중하고 사회적 가치를 달성하려는 노력을 소홀히 한 결과다. 어떻게 하면 사회 문제를 잘 해결하고 이 위기를 극복할 것인가 하는 문제는 경제학뿐만이 아닌 모든 학문 분야, 그중에서도 사회과학의 연구 대상이 될 수밖에 없다.

사회 문제 해결에 있어 정부와 공공 부문의 역할 역시 작지는 않지만, 기업이 경영 활동을 통해 해결할 수 있는 비중이 압도적으로 크다. 그 때문에 경영학에서는 어떻게 하면 기업 고유의 목적인 경제적 가치와 함께 사회적 가치를 창출할 수 있을지 많은 연구가 이루어지고 있다.

그럼 먼저 경제·경영을 제외한 사회과학 분야, 그중에서도 주로 사회학에서 오늘날의 사회 문제를 어떻게 인식하고 있으며, 이를 해결하기 위해서 어떤 대안을 고민하는지 알아보자. 보다 구체적으로, 많은 사회학자가 언급하는 '사회적 경제'가 시장경제 체제의 대안이 될 수 있는지 검토해 본다. 다음으로는 기업 관점에서 접근하는 '기업의 사회적 책임CSR', '공유 가치 창출CSV' 활동이 ESG 투자와 어떻게 다른지 살펴보려 한다.

사회적 경제가 대안인가

~~~~~

사회학자와 반자본주의 경제학자들은 경제적 가치를 추구하는 데 있어서 시장경제의 효율성은 인정하지만, 그 이외의 사회적 가치를 창출하는 역할에 대해서는 부정적이다. 대체로 시장경제는 그럴 능력도, 의지도 없다고 보는 이가 많다.

자본주의 체제에 대한 비판 강도와 그 대안에 대해서는 넓은 스펙트럼이 존재한다. 자본주의 경제를 완전히 부정하고 대안으로 유토피아적 사회적 경제를 추구하는 견해가 있는가 하면, 시장경제 체제를 인정하고 이를 보완하는 수단으로 사회적 경제를 상정하는 견해도 있다. 자본주의를 완전히 대체하건 아니면 보완하건, 공통점은 사회적 경제를 중요한 대안으로 설정한다는 것이다. 여기서는 이 두 견해를 간단히 정리하고 평가해 보려 한다.[1]

유토피아적 사회적 경제

급진적 사회주의 성향의 학자들은 이윤을 추구하는 기업을 본질적으로 반사회적인 존재라고 인식한다. 시장 논리는 신의, 조건

없는 상호성, 사랑 등 인간 본연의 특성을 완전히 말살한다는 입장이며, 시장의 발달이 시민의 삶을 위협하기 때문에 시장과 싸워야 하고 시장으로부터 삶을 보호할 방법을 마련해야 한다는 시각을 가지고 있다. 이들에게 시장경제 체제는 조금 수선해서 쓸 대안이 될 수 없다. 이들은 이기적 개인과 사적 욕망에 의해서가 아니라 타인과의 신뢰와 호혜 관계처럼 인간의 이타적 행동에 기반한 '사회적 경제'가 시장경제를 대체해야 한다고 주장한다.

이처럼 아름다운 경제적 유토피아를 건설하자는 주장은 학문적으로나 현실적으로 큰 지지를 받고 있지는 않는 듯하다. 시장경제의 대안으로 국가 주도의 계획경제가 등장한 적은 있지만, 인류학자들에 의해 고대 사회의 자급자족 공동체에서 흔적이 발견된 호혜경제가 오늘날의 시장경제를 전면적으로 대체할 수 있으리라고 생각하는 사람은 별로 없을 것이다. 대부분의 사회학자들도 경제적 유토피아를 꿈꾸는 낭만적 주장에는 유보적인 입장이다. 즉, 호혜경제 형태의 사회적 경제가 현실 경제에서도 작동 가능한지 확인하기 위해서는 경험적이고 세밀한 분석이 필요하다고 지적하는 경우가 더 일반적이다.[2]

제3 섹터로서의 사회적 경제

유토피아보다 '온건한' 견해를 가진 자본주의 비판자들도 역시 사회적 경제를 중요한 대안으로 상정하고 있다. 이들은 사회적 경제를 또다른 경제 영역으로 놓고 국가 및 시장 부문의 한계를 보완하는 '제3 섹터의 경제'라는 입장을 취한다. 물론 사회적 경제가 연대 경제라는 점 또는 민간과 정부 사이를 매개하는 영역에 중첩해 존재한다는 점을 특별히 더 강조하기는 한다. 그러나 이는 결국 제3 섹터일 뿐이다. 사회적 경제의 논리를 시장 부문에 관철시킴으로써 현재의 시장경제를 대체할 수 있는 체제까지 나아가기는 힘들다.

이들은 경제적 행위를 할 때 공동체 지향성, 사회적 약자에 대한 포용성, 시민적 자치 역량 강화를 강조한다. 이러한 특징이 있는 사회적 경제 조직은 실제로 광범위하게 존재한다. 대표적으로 협동조합, 공제조합, 사회적 기업social enterprise 등이 이에 해당한다. 이 중에서 협동조합은 중세의 길드까지 거슬러 올라가야 할 정도로 오랜 역사가 있으며 사회적 기업은 지난 20여 년 사이에 부쩍 주목받으며 만들어졌다.

국가마다 조금씩 차이는 있지만, 오늘날의 사회적 기업은 일반적으로 취약계층 지원 및 일자리 제공, 지역주민의 삶의 질 향상 등 사회적 가치를 추구하면서 영리 활동까지 하는 기업을 뜻한다. 최근에는 우리나라에서도 정부 지원에 힘입어 많은 사회적 기업이 등장했는데, 2020년 말 기준으로 사회적 기업 2,777곳이 등록

되어 있으며 약 5만 5천명이 여기에서 일하고 있다.[3]

그런데 대체로 이들 사회적 기업은 시장에서 경쟁하는 영리 기업보다 인력, 제품, 비즈니스 모델, 자금력 등 모든 면에서 경쟁력이 뒤처지는 것이 현실이다. 게다가 이들이 영리를 추구한다고 하더라도 평균적인 시장 수익률을 실현하고 있는지 의문이고, 그마저도 대부분 정부 및 대기업의 지원이 없으면 자립하기도 쉽지 않은 실정이다.

이처럼 자본주의를 보완하는 사회적 경제와 그 실현 도구로서

사회적 기업의 개념적 위치

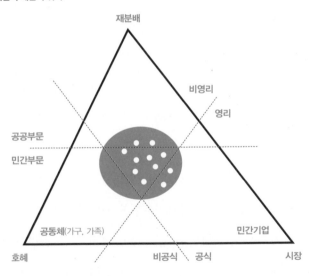

출처: 장용석, 김회성, 황정윤, 유미현, 『사회적 혁신 생태계 3.0』, (주)씨에스컨설팅앤드미디어, 2015, p. 441

의 사회적 기업은 그 정의와 지향점에서 나타나듯 자본주의의 한계 및 문제점을 보완하는 역할을 할 수는 있겠지만, 그 역할은 현상황을 고려할 때 매우 제한적이며 시장경제의 방향 자체를 바꾸거나 시장경제의 문제점을 획기적으로 개선할 동력을 제공하지는 못할 것으로 판단된다.

사회적 경제와 ESG 투자

지금까지의 이야기를 요약하면, 자본주의를 대체하는 대안으로서 사회적 경제는 지나치게 유토피아적이어서 현실성이 없다. 제3섹터에 위치해 자본주의를 보완하는 사회적 경제와 사회적 기업은 그 정의와 지향점처럼 자본주의의 한계 및 문제점을 보완하는 역할은 할 수 있을지 몰라도, 그 역할이 아주 제한적이며 소수의 자비심이나 사회공헌에 의존하는 경향이 강하다. 유토피아는 만들고 싶다고 만들어지는 것도 아니고, 사회적 기업을 육성한다고 해서 시장경제 전체가 한 단계 더 진화할 수 있는 것도 아니다.

반면 ESG 투자를 지지하는 사람은 시장경제의 문제점을 인정하지만, 그 문제 해결 역시 시장 친화적 방법으로 시장경제 전체를 바꿈으로써 가능하다고 믿는다. 대다수 투자자가 ESG 활동을 잘하는 기업에 투자하는 방향으로 바뀌면 경제 전체가 바뀌는 것도 가능하다고 생각하는 것이다. 이처럼 ESG 투자는 주류 경제

및 금융시장에서의 변화를 통해 자본주의 체제 자체를 개선하려
한다는 점에서 사회적 경제의 지향점과는 근본적으로 다르다.

　지금까지 우리나라에서는 학문적으로나 정책적으로 사회적 경
제에 대한 관심이 많은 편이었다. 물론 그런 관심의 '의도'만큼은
바람직하다. 그러나 근본적인 변화를 가져올 수 있는 ESG 투자를
활성화하는 노력은 제대로 하지 않으면서 사회적 경제에만 매달
린다면 핵심을 건드리지 않고 변죽만 울리는 것에 지나지 않는다.

CSR, 착한 기업 콤플렉스?

~~~~~~~~~

경영학은 기본적으로 투자자보다는 기업 활동에 관심을 두는 학문이다. 그런 의미에서 기업의 사회적 책임, 즉 CSR과 관련해 경영학자가 보는 작금의 상황을 묘사하면 대충 이럴 것이다.

'기업들이 사회 문제 해결에 기여하도록 압박받는 세상이 됐는데, 기업들은 이윤이 줄어들 것을 걱정하지만 그렇다고 사회적 가치를 완전히 외면할 수도 없으므로 어찌할지 모르고 우왕좌왕하고 있다. 능동적으로 사회적 가치를 창출하면서도 이윤을 늘릴 수 있는 전략은 없을까? 원래 전략이란 게 경영 환경이 바뀌었을 때도 그에 맞는 적절한 경영 활동을 찾아내서 이윤을 늘리는 걸 목표로 하는 것이니까….'

그렇다면 앞에서도 여러 번 거론했던 CSR이란 무엇이며, 이는 ESG 활동과는 어떤 관계에 있을까?

기업의 주된 목적이 사회적 책임이고 이윤은 완전히 무시해도 된다고 보는 경영학자는 없을 것이다. 그러므로 사회적 가치와 이윤을 함께 추구하자는 지향점은 CSR과 ESG가 같다. 그러나 CSR

과 ESG는 촉발하는 지점이 다르고, 지속가능성, 즉 인센티브 합치성 면에서도 둘의 접근 방식은 크게 다르다고 여겨지는데, 그 이유를 설명하고자 한다.

CSR 활동의 특징

유럽연합 집행위원회EC: European Commission에 따르면, CSR은 '사회에 미치는 영향에 대한 기업의 책임'으로 정의할 수 있다. 여기서 기업이 사회적 책임을 다한다는 것은 기업 경영에 사회, 환경, 윤리, 소비자, 인권 문제를 함께 고려하며, 동시에 관련 법령을 준수한다는 의미다.[4] CSR이란 용어는 1953년에 미국의 경제학자 하워드 보웬Howard Bowen이 처음으로 언급했다고 하나, 이 개념이 널리 쓰이기 시작한 것은 1970년대 이후다.[5]

CSR 활동의 특징은 다음의 몇 가지로 정리할 수 있다.

첫째, 이미 언급했듯이 CSR은 투자자가 아닌 기업 행동에 초점을 둔다. 즉, 투자자가 경영자에게 CSR을 요구하는 것이 아니라 환경 단체, 소비자 단체, 노조 등 이해관계자들이 '기업 시민 corporate citizenship'이라는 표현을 쓰면서 인격체로서의 기업을 설정하고 사회적 책무를 부여하며 생겼다. 특히 1970년대 이후 오랫동안 '선량한 기업 시민이 되기를 원하는 사회의 기대에 부응하는 활동', 즉 자선 활동으로서의 CSR이 강조됐다.[6] 이처럼 CSR은

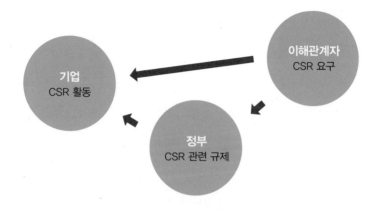

자본시장의 변화를 전제로 하는 게 아니라 '착한 기업으로의 재탄생'을 전제로 한다.

위 그림을 보면 CSR과 ESG의 차이가 더 분명해진다. 앞에서 보았듯 ESG 투자는 투자자가 수익률 극대화를 위해 기업의 ESG 활동을 장려하면서 시작된다. 그에 비해 CSR에는 투자자의 역할이 없다. 즉, 투자자는 기업의 CSR 활동이 자신의 이익과 합치하는지를 판단할 근거가 없는 상태에서, 기업들이 외부로부터의 압력과 기대에 부응하는 차원에서 사회 문제를 해결하는 데 나서고 있다는 뜻이다.

둘째, CSR 활동을 수행하면 일반적으로 비용이 증가하고, 그에 상응해 이윤이 감소한다. 물론 뒤에서 언급하겠지만 기업들이 '전략적으로' CSR 활동을 한다면 단기 이윤이 증가할 여지도 있다.

그러나 이는 '공부를 잘하면 성적이 좋을 것이다'는 식의 하나 마나 한 이야기나 다름없다.

셋째, CSR 활동은 장기적인 수익성 달성을 명시적 목표로 삼고 있는 것도 아니다. 물론 당장에는 이윤이 줄어들더라도 CSR 활동을 하다 보면 드러나지 않지만 장기적으로 이윤 증가를 가져올 가능성은 있다. 그러나 중요한 것은, ESG 투자의 경우 장기적인 수익률 상승을 가져온다고 투자자들이 믿고 기업의 ESG 활동을 의도적으로 장려하는 데 비해, CSR 활동에서는 이해관계자, 정부, 기업 등 관련자들이 장기적 이윤 증가를 궁극적 목표로 삼고 이를 달성하기 위해 단기 이윤을 희생하면서까지 CSR 활동을 하는 건 아니라는 사실이다.

물론 경영인, 정부 관계자나 학자, 그리고 시민단체까지도 'CSR 활동이 장기적으로 기업에도 도움이 되고, 지속가능한 경영 환경을 만들 것이다'라고 이야기하기는 한다. 그러나 CSR 활동은 목표, 참여자의 이해관계, 프로세스, 인센티브 시스템 등 전반적인 메커니즘이 장기적 수익성의 극대화를 향해 나아가도록 설계되지 않았다.

넷째, 최근 CSR보다 '지속가능경영'을 강조하고 그 활동을 정리한 '지속가능경영 보고서sustainability report'를 발간하는 기업이 많아지고 있다. CSR에서 지속가능경영으로의 변화가 단순히 용어

변화인지, 아니면 기업 활동의 본질적 변화인지는 기업마다 사정이 다를 것이고 쉽게 판단하기도 어렵다. 그러나 만약 단순한 용어 변화라면 이는 CSR과 다를 게 없고, 본질적인 변화라면 '지속가능경영' 대신 'ESG 활동' 또는 'ESG 경영'이라고 불러도 무방하다. 앞서 ESG 투자를 '지속가능투자'와 혼용하는 경우가 많다고 언급한 것과 같은 맥락이다.

다섯째, 사회학에서는 CSR을 사회적 경제의 한 범주로 보는 경향이 있다. 사회적 가치를 실현하는 경제 체제로서 시장과 정부가 아닌 제3 섹터로서의 사회적 경제에 관심이 있다. 시장경제 체제가 지금까지 사회적 가치를 소홀히 했다고 보기 때문에 기업이나 시장이 사회적 가치 달성에 핵심적 역할을 하리라고 기대하지 않는다. 다만 '기업들이여, 지금까지 나쁜 짓을 많이 해왔으니 이제부터라도 좀 착하게 살아라'고 주문하는 차원에서 CSR 활동이나 사회공헌 활동을 강조할 뿐이다.

결국 CSR은 기업의 본연적 활동이 아니라 죄에 대한 속죄, 즉 보속 행위일 뿐이다. 이러한 관점에서의 CSR 활동은 이윤을 추구하는 기업의 본질적 활동 영역이 아닌 비시장적 영역에 속하는 것이고, 그것이 곧 사회적 경제의 정의定義이기도 하다.

일반인의 경우 CSR을 자선 활동이나 사회공헌 활동과 동일시하여, 이미 창출된 이익을 이해관계자와 나누는 활동 정도로 생각하는 경향이 있다. 경제·경영학계에도 CSR이 비용을 증가시키기 때문에 지속가능하지 않은 활동이라고 생각하는 학자가 많다.

그러나 CSR 연구자들은 이러한 시각이 CSR에 대한 몰이해 때문이라고 주장한다. 'CSR 학자들과 실무가들은 사회적 책임만을 강조하는 CSR은 지속가능한 대안이 될 수 없다는 점을 일찌감치 깨달았으며, 공유 가치를 창출하는 전략적 CSR의 중요성을 역설해 왔다'는 것이다.[7]

보다 구체적으로, 경영학에서는 '전략적' CSR의 개념이 1984년 에드워드 프리먼R. Edward Freeman의 이해관계자 이론에서 시작되어 최근까지 발전되어 온 것으로 본다. 프리먼은 이해관계자의 부를 재분배하는 일보다는 이해관계자의 부를 창출하는 일이 더 중요하다고 강조했으며, 따라서 이해관계자 관리에서 전략적 접근을 강조했다고 평가받고 있다.[8] 그 이후에도 이익, 사람, 지구와 관련한 성과를 강조하는 TBLTriple Bottom Line 이론(1997년), 사회적 가치와 경제적 가치를 동시에 창출해야 한다는 Blended Value 이론(2006년), Sustainable Value 이론(2005년) 등이 전략적 CSR 이론의 계보를 이으며 등장했다.[9]

이처럼 CSR 연구자들은 전략적 CSR 활동을 통해서 이윤과 사회적 가치를 모두 창출할 수 있다고 주장하는데, 문제는 그 이윤의 크기다. 이들의 주장이 힘을 얻기 위해서는 CSR 활동을 하는 경우의 이윤이 CSR 활동을 하지 않았을 때 이윤보다 크거나 최소한 같은 수준은 되어야 한다. 주주들은 자신들이 요구하지도 않은 CSR 때문에 이윤이 줄어드는 것을 용납하지 않을 테니 말이다. 이렇게 이윤이 최소한 유지라도 될 수 있다면 모든 기업 경영자가 서로 앞다투어 CSR 활동에 뛰어들 것이다.

전략적 CSR 연구자들은 이러한 목표가 실현 가능한 목표라고 말한다. 그리고 CSR 활동을 통해 이윤도 늘리고 사회적 가치도 창출한 많은 사례를 발굴해 소개해 왔다. 그러나 실제로 이런 사례들은 주로 CSR 활동이 뛰어난 예외 기업들의 일화에 가깝다. 전체적으로는 지난 30여 년간의 연구에도 불구하고 CSR 활동과 이윤 간에 인과관계가 있다는 것을 확실히 밝힌 실증 분석 결과는 없다.[10]

그런데 조금만 깊이 생각해보면 이는 당연한 결과다. '전략적으로 CSR 활동을 한다'는 말은 남들과 다른 방식으로 CSR을 잘한다는 뜻이다. 평균치 이상의 초과 이윤을 얻고 싶다면 남들과 다른 차별화한 전략과 행동을 택해야 한다는 것은 경영 전략 이론의 기본이다. 만약 모든 기업이 잘 알려진 CSR 전략과 행동을 똑같이 따라 하게 되면, 그 전략은 모든 기업의 일상적인 경영 활동이 되어 버리기에 초과 이윤을 가져다주지 못한다. 그렇기 때문에 예외적으로 특출한 소수를 제외하면 일반적으로 CSR 활동은 단기 이윤이 감소하는 결과를 낳을 뿐이다.

원래 전략은 특정 기업에게 하는 조언이지, 시장 전체를 대상으로 하는 전략이란 있을 수 없고 가능하지도 않다. 즉, 일부 기업은 뛰어난 전략과 실행력을 바탕으로 시장에서 초과 이윤을 올릴 수 있으므로, 개별 기업에 어떻게 하면 초과 이윤을 올릴 수 있을지 조언하는 것은 의미가 있다. 그러나 여러 기업이 다 같이 경쟁하는 시장에서 평균적인 활동을 하는 기업은 초과 이윤을 올릴 수 없다. 즉 '경쟁 시장에서' '모든 기업이' '초과 이윤을 올릴 수 있는' 전략이란 존재하지 않는다. 한두 명의 학생에게 우등생이 될 수 있는 비법을 가르쳐 줄 수는 있지만, 모든 학생을 우등생으로 만들 비법은 없는 것과 같은 이치다.

더 중요한 질문은 기업이 CSR 활동을 할 인센티브가 과연 있는가 하는 문제다. 앞에서 강조했듯이 몇몇 경영자가 CSR 활동을 통해 이윤도 늘리고 사회적으로 칭찬받는 경우가 있기도 하지만, 모든 경영자가 두 가치를 동시에 달성하려고 노력할 인센티브는 발견하기 힘들다. 경영자의 '갑'인 주주가 '갑자기 착해지거나' 사회적 가치를 추구하는 것이 주주 가치 극대화에 도움이 된다고 느끼지 않는 한 말이다.

유토피아를 꿈꾸는 몽상가가 아니라면, 현실적으로 존재가 드문 '착한 투자자'를 전제해 자본주의의 미래를 설계해 나갈 수는 없다. 결국 논의는 투자자 입장에서 사회적 가치 추구가 자신에게 높은 주가를 가져다준다는 인식, 또는 그러한 상황 변화가 필요하다는 결론으로 귀결된다. 이것이 곧 ESG 투자의 지향점이기도 하다.

CSR 활동과 ESG 투자

CSR이라는 개념은 이윤만을 추구하는 기업에 대해 사회적 책임도 다하라는 외부 이해관계자들의 요구에서부터 시작됐다. 그러다 보니 CSR 활동으로 기업 이윤이 줄어드느냐 마느냐 하는 문제는 그들에게 그렇게 중요한 관심 사항이 아니다. 아니, 어쩌면 기업의 이윤이 줄어들수록 그들이 얻고자 했던 CSR 성과는 더 늘어날 수도 있기 때문에 내심 좋아했을지도 모른다.

그러나 이런 대립적 시각이 바람직하지 않다는 생각이 대두되면서, 이제는 CSR 활동이 기업과 투자자를 포함한 모든 이해관계자에게도 도움이 된다고 주장하는 이가 많아졌다. CSR이 이처럼 능동적이고 적극적인 개념으로 바뀌기 시작하면서, CSR 활동이 ESG 투자와 유사하다고 생각하는 사람도 늘어났다. 그러나 사회적 가치와 이윤(경제적 가치)을 함께 추구한다는 측면에서 CSR과 ESG가 같은 지향점을 공유하는 건 사실이지만, 그 외 대부분의 측면에서 둘은 분명히 다르다.

우선, 당연한 이야기지만 두 용어의 의미부터가 다르다. CSR에서 'R'은 'Responsibility'의 약자로서 이 단어의 의미는 '의무'다. 즉 CSR은 의무이지, 이익이 되어서 하는 자발적인 활동이 아니라는 것이다. 오늘날 CSR의 개념이 진화했다는 사실을 부정하는 것은 아니지만, 용어가 상징하는 각각의 개념이 있다는 점을 고려하면, 그리고 정말로 의무 이상의 단계까지 CSR이 진화했다면 R이 들어가지 않는 새로운 용어를 고려해야 할 때다.

한 가지 더 짚고 넘어가고 싶은 것은 전략적 CSR 활동이 경쟁력 있고 특출한 몇몇 기업에 축복이 될지 모르지만, 대다수 평범한 기업에는 이윤 감소라는 부담을 줄 뿐이라는 점이다. CSR을 촉발하는 지점이 자본시장이 아니라 외부 이해관계자와 정부이기 때문에 기업 경영자들에게는 이러한 이윤 감소를 감당할 힘도, 인센티브도 없다. CSR 활동이 시장을, 경제 전체를 바꿀 수 있는 동력이 되지 못하는 이유다.

지금까지 CSR 활동의 한계에 대해 언급했지만, CSR의 취지와 역할을 폄하하려는 취지는 아니다. 오히려 ESG 투자가 활성화하면서, CSR 경영의 필요성이 함께 부각되고 있는 상황이다. ESG

투자가 제대로 된 성과를 내려면, 결국 기업이 ESG 활동을 통해서 실제로 사회 문제를 해결하고 새로운 사회적 가치를 창출해야 한다.

ESG 투자가 촉발한 기업 경영의 구체적인 방법은 전략적 CSR과 기본적으로 같다. 전략적 CSR의 성공 사례를 널리 알리고, 개별 기업이 이를 자신의 상황에 맞게 응용 발전시킨다면 틀림없이 모든 기업의 ESG 수준이 향상할 것이다. 공부 잘하는 방법을 모든 학생에게 가르쳐줬을 때, 그들 모두를 우등생으로 만들 수는 없지만 학생들의 전체적인 학업 성취도는 개선되는 것과 같은 이치다.

공유 가치 창출 이론, 진화인가 퇴보인가

'공유 가치 창출Creating Shared Value', 즉 CSV는 하버드 비즈니스 스쿨의 교수이자 저명한 경영학자인 마이클 포터Michael Porter와 마크 크레이머Mark Kramer가 2011년에 《하버드 비즈니스 리뷰》에 게재한 글에서 정립한 개념이다.[11]

그들은 CSV를 '기업들이 사회 문제 해결을 통해 경제적 성공을 함께 달성하는 새로운 방법'이라고 정의하면서, CSV는 '이미 창출된 가치를 공유하는 것이 아니라 새로운 가치를 창출해서 이를 공유하는 것'에 초점을 둔다고 말한다. 따라서 그들은 CSV가 자선 활동, 사회적 책임, 지속가능성과 다르다고 강조한다.

포터가 경영학의 대가이기 때문인지, 이 글은 발표되자마자 학계와 산업계에서 많은 주목을 받았다. 그리고 CSV가 CSR보다 진화된 개념이며 나아가 ESG와 유사하다고 주장하는 목소리가 등장하기 시작했다. 그러나 CSR 연구자들은 CSV가 기존의 CSR 연구에서 나온 개념과 별로 다를 것이 없으며, 전략적 CSR의 한 유형에 불과하다고 주장하고 있다.

개인적인 판단으로도 CSV는 CSR과 별 차이가 없다. 그럼에도 이처럼 CSV를 따로 다루는 이유는 이 개념이 유명하거나 훌륭해서가 아니다. 도리어 몇몇 핵심적인 주장에 동의하기 어려울 뿐 아니라, 포터의 지금까지 업적과 명성에 비추어 볼 때 실망스러운 부분이 적지 않다. 그럼에도 불구하고, CSV 개념이 '좋은 게 좋은 거지'라는 식으로 ESG와 혼용돼 버리면 혼란을 낳을 수 있기에 이를 한번은 짚어 볼 필요가 있다.

CSV 개요

포터와 크레이머는 기업들이 단기 이윤 극대화에 매몰되어 사회 문제 해결에 무관심해지면서 점차 사회와 단절되어 간다고 비판한다. 이윤과 비용 절감에만 집중하는 기업들에 의해 저임금 국가로의 오프쇼어링offshoring이 일어나고, 그로 인해 사회가 실업자 증가 등 각종 어려움을 겪게 되는 것이 대표적인 예다. 포터와 크레이머는 기업의 비전과 전략, 주기time horizon가 축소되면서 사회적 요구가 무엇인지 파악해 새로운 가치를 창출할 기회를 놓치고 있다고 주장한다.

반면, CSV 이론에서는 경제적 요구뿐 아니라 사회적 요구가 시장을 정의한다. 또한 사회적 재난이나 취약점은 결과적으로 기업의 비용 증가로 이어진다고 본다. 대형 사고, 에너지나 천연자원

낭비, 부실한 학교 교육을 보완하기 위한 직원 교육 비용 등이 몇 가지 예이다. 그러나 사회 문제를 해결하고자 하는 노력이 반드시 비용 증가로 이어지는 것은 아니다. 새로운 기술, 운용 방법, 경영 기법을 통해 혁신이 이루어지면, 사회 문제가 해결될 뿐 아니라 기업의 생산성도 증대되고 시장도 확대되는 효과까지 함께 누릴 수 있기 때문이다.

포터와 크레이머는 다음의 세 가지 방법으로 기업이 공유 가치를 창출할 수 있다고 말한다.

첫째, '제품과 시장의 재인식'이란, 지금까지는 제대로 만족시키지 못했지만 매우 큰 시장을 형성할 수 있는 잠재적인 소비자 요구가 있는데, 그런 요구를 충족하는 제품을 만들어내는 기업이 성공을 거둘 수 있다는 것이다. 예를 들어 어떤 기업이 인구가 많은 저소득 국가에 맞는 적절한 제품을 만들어낸다면, 그 제품 덕분에 사회적 편익도 매우 커지겠지만 시장의 요구를 만족시킨 해당 기업도 큰 이익을 얻을 수 있다.

둘째, '가치사슬에서 생산성의 재정의'다. 생산성 증대와 사회 발전 사이에 상관관계가 강력하기 때문에, 사회 문제를 CSV 관점에서 접근함으로써 새로운 해결 방법을 찾아내면 그로 인해 시너지도 증가한다고 보는 개념이다. 예컨대, 과거에는 환경오염을 줄이려면 비용이 늘어난다고만 생각해 왔지만, 오늘날에는 기술 발전 덕분에 비용이 거의 증가하지 않게 됐다. 심지어는 자원 활용 및 생산성 증대를 감안했을 때 비용 순감도 충분히 가능해졌다.

셋째, '지역 클러스터 개발'이란, 한 기업이 자신을 둘러싸고 있는 다른 기업, 교육기관, 연구소 등 관련 기관들과 클러스터를 구축하기 위해 함께 노력한다면, 그 기업과 클러스터의 구성 요소가 클러스터 구축에 따른 편익을 함께 나눌 수 있다는 것을 의미한다.

CSV과 CSR, 그들은 기본적으로 같다

포터와 크레이머는 CSR 개념이 창출된 가치의 분배에만 초점을 맞추고 있으며, 이윤 창출 활동과는 아무런 관계없이 의무나 자선 활동의 일환으로 좋은 일을 하는 것에 불과하다고 폄하한다. 하지만 많은 경영학자는 사회적 가치와 경제적 가치를 동시에 추구하는 활동이라는 점에서 CSV가 기본적으로 전략적 CSR 활동의 한 유형이라고 판단한다. 포터와 크레이머 역시 2006년에 썼던 다른 글에서, CSR이 단지 자선 활동은 아니며 새로운 기회, 혁신, 경쟁 우위의 원천이 될 수 있다고 주장한 바 있다.[12] 그래 놓고 5년 후에는 'CSR은 전략적이지 못하고 CSV와 다르다'고 이야기하고 있으니 CSR 연구자들이 화를 낼만도 하다. 그뿐만 아니라 관련 연구자들에 따르면, 포터와 크레이머가 제시한 대부분의

CSV 사례는 이미 전략적 CSR 활동의 사례로서 기존에 언급됐던 것이다.

상황이 이렇다 보니, 그들이 선행 연구의 기여에 대해 제대로 언급했을 리 만무하다. 여러 학자가 이들의 독창성 부족과 함께 선행 연구에 대한 언급 부족을 비판했으며, 심지어 그중 한 명은 포터에게 '해적'이라는 표현까지 썼을 정도다.[13] 포터와 크레이머는 후에 그들의 논문을 비판한 글에 대한 답변에서 '많은 선행 연구가 있음을 인지하고는 있지만, 하버드 비즈니스 리뷰의 편집 방침에 따라 이를 각주로 언급할 수 없었다'고 궁색하게 변명했다.[14]

CSV 이론은 경영 전략의 한 버전일 뿐

한편, 포터와 크레이머는 CSV가 경영 전략의 일부라며 아래와 같이 주장했다.

"공유 가치는 모든 기업이 받아들여야 할 완전히 새로운 모범 사례를 정의했다. 이것은 전략의 필수적인 요소가 될 것이다. 전략의 핵심은 독특한 포지셔닝과 차별적인 가치사슬을 선택하는 것이다. 공유 가치는 만족시켜야 할 많은 새로운 요구, 새로운 제품, 신규 고객, 그리고 가치사슬을 구성하는 새로운 방법을 제공한다. 공유 가치 창출로부터 만들어진 경쟁 우위는 전통적인 비용 절감, 품질 개선보다는 더 지속가능하다. 모방과 제로섬 경쟁의 사슬을 끊어버릴 수 있다."[15]

그들이 이처럼 CSV를 경영 전략의 일부라고 자랑스럽게 이야기하는 이유는 무엇일까? CSV도 결국 이윤을 추구하는 기업이 경영 전략을 도구로 삼아 시장에서 사회 문제를 해결하는 방법론이니만큼 실효성이 크다는 걸 강조하려는 취지로 보인다.

그러나 전략이 무엇인가? 포터의 유명한 논문 「What is strategy?」에 따르면, 전략이란 '다른 기업과는 다른 독특한 행동을 잘 결합함으로써 경쟁 우위를 만들어내고, 결국엔 이윤을 창출하는 방법'이다.[16] 그런데 포터가 강조하듯이, CSV가 남들이 쉽게 모방할 수 없는 전략이라면 그것은 결국 모든 기업이 할 수 있는 행동이 아니라 일부 뛰어난 기업만의 선택지로 한정될 것이다.

반면 일반 기업이 앞서가는 기업의 CSV를 모방할 수 있게 된다면—실제로는 대부분이 이 경우에 해당하겠지만— 결과적으로 모든 기업의 CSV 활동이 유사해지게 된다. 그러면 앞선 인용문 내용대로 '모방과 제로섬 경쟁의 악순환'이 벌어지고, 결국은 기업이 CSV 활동을 통해서 이윤을 창출하지 못하게 된다.

이게 바로 그들이 자랑스럽게 이야기했던 '전략에 기반한 CSV'의 근본적 한계다. 선발 기업들이 모방할 수 없는 아주 뛰어난 전략으로 CSV를 행하면, CSV는 그들만의 리그가 된다. 반면 선발 기업의 CSV 전략을 나머지 기업이 전부 따라할 수 있게 된다면, CSV는 더 이상 차별적인 가치를 만들지 못하게 되므로 이윤 창출에 기여하지 못한다. 그렇게 되면 기업이 CSV 활동에 나설 근본적인 이유가 사라질 것이고, 자연스럽게 기업 대다수는 CSV를 중단하거나 만족할 만한 성과를 내지 못하게 된다. 어느 경우건, '전략적으로 추진한 CSV 활동'이 산업 전반에 걸쳐 성과를 낼 수는 없다는 것을 그들이 스스로 인정한 셈이다. 'CSV 이론은 경영 전략 같다'는 말이 칭찬이 아닌 이유다.

기업이 CSV를 추구할 인센티브가 있는가

앞에서 여러 번 지적했듯이, 대부분의 기업에게는 단기적으로 사회적 가치를 잘 창출하면서도 비용 증가 없이 이윤 증가를 가능하게 하는 방법이 그다지 많지 않다. 그러나 CSR과 CSV 연구자들은 '낡은 자본주의의 틀에 얽매인 기업은 경제적 목표와 사회적 목표를 갈등 관계로만 보는데, 그 시각은 잘못된 것이며 둘을 함께 추구할 대상으로 봐야 한다'고 주장한다. 그렇지만 CSR이나 CSV 활동을 하면 당장의 단기 이윤이 줄어든다는 것은 이론이 아니라 '사실'이다. 이윤과 사회적 가치를 함께 추구하자고 주장한다고 해서 이 사실이 바뀌는 것은 아니다.

포터와 크레이머 역시 사회적 가치와 이윤 간의 트레이드 오프 상태를 극복해야 할 필요성에 대해 언급하기는 했다. 그런데 그들은 '이게 다 신고전학파 경제학이 만들어낸 낡은 프레임워크 framework 때문'이라며, 'CSV라는 새로운 개념으로 생각을 바꾸고 기업도 그에 맞는 전략을 실행하면 상황이 바뀔 수 있다'고 이야기하고 있다. 이렇게 새로운 이론에 맞춰 새로운 전략을 실행해서 상황을 바꿀 수만 있다면 애초부터 뭐가 문제겠는가?

포터는 그의 전략 이론에서 '전략이란 모름지기 여러 옵션 간에 트레이드 오프 관계가 있음을 인식하고 그중 어떤 것을 선택할 것인가의 문제'라고 언급한 바 있다. 예컨대 차별화를 강조하게 되면 비용 증가가 불가피하고, 비용 우위 전략을 선택하면 차별화를 희생해야 한다는 식이다.

이처럼 선택지 사이에 트레이드 오프 관계가 있음을 강조해온 포터가, 기업의 오랜 숙제인 경제적 목표와 사회적 목표 간의 트레이드 오프에 대해서는 CSV를 통해 극복 가능하다고 넘어가 버린 것은 참으로 허무한 일이다. 0.1%라도 비용 증가 요인이 발생하면 CEO들이 그걸 만회하기 위해 얼마나 노심초사하는지 누구보다 잘 알 만한 경영학의 대가가, 단지 몇 가지 사례를 제시해 놓고 'CSV 전략을 잘 실행하면 아무 걱정할 게 없다'는 식으로 주장하는 건 이해하기 힘들다.

CSV 이론에는 '투자자'가 없다

가장 중요한 문제다. 포터와 크레이머의 이론에 기업과 경영자는 있지만, 투자자는 없다. 그들은 글 곳곳에서 기업과 경영자의 행동을 비판하고, 또 기업과 경영자가 바뀌어야 할 방향, 취해야 할 전략에 대해 끊임없이 언급하고 있다.

이를테면 그들은 서론에서, '기업들이 오래된 가치 창출 방식에 얽매여 가치 창출을 좁게 정의하고, 단기적 재무 성과를 극대화하려고 하며, 그 과정에서 자신들의 장기적 성공에 미치는 더 큰 요인을 무시하고 있다'고 말한다. 그리고 기업들이 사업과 사회를 묶는 것에 앞장서야 한다고도 이야기하고 있다. 또한, 대부분의 기업이 CSR 마인드에 사로잡혀 있지만, CSV 활동을 실현하기 위해서 많은 기업의 지도자와 경영자가 새로운 기술과 지식을 개발해야 한다고 조언한다. 이처럼 처음부터 끝까지 기업의 탓, 기업 타령으로만 일관하고 있다.

그런데 그들이 말하는 기업은 도대체 누구이고, 무엇인가? 물론 법인격으로서의 기업을 지목해 그 기업의 행동을 평가할 수는 있다. 그러나 포터 정도의 대가라면, 기업이 그렇게 행동하게 되는 이유도 함께 설명해야 한다. 그러려면 기업의 지배구조를 언급하지 않을 수 없고, 특히 지배구조 정점에 있는 특정인, 또는 그룹을 언급했어야 마땅하다. 그런데 자연인을 특정한 경우에 포터는 경영자, 지도자 등의 표현을 쓸 뿐 주주나 투자자를 언급하는 경우가 없다.

포터와 크레이머의 글을 직접 인용해 본다.

"기업의 목적은 이윤 자체가 아니라 공유 가치 창출로 재정의되어야 한다."

"모든 이윤은 똑같지 않다. 그러나 단기 실적에 연연하는 자본시장이나 대부분의 경영 이론에서는 이런 생각이 사라진 지 오래다. 그럼에도 불구하고 사회적 목적을 포용하는 이윤이 더 높은 수준의 자본주의—기업과 사회의 번영이 선순환을 만들고, 그를 통해 지속가능한 이윤을 가능하게 만드는 자본주의—를 의미하는 것은 분명하다. … 공유 가치 창출은 오늘날의 기업 활동보다 훨씬 더 효과적이고 지속가능하다. 공유 가치는 기업들이 '옳은' 이윤—사회 편익을 파괴하는 것이 아니라 창조하는 이윤—에 초점을 맞추도록 한다. 물론 자본시장은 끊임없이 사회적 요구를 희생시켜가면서라도 이윤을 거두려고 할 것이다. 그러나 그런 이윤은 지속가능하지도 않고 더 많은 기회를 잃는 것으로 드러날 것이다."

CSV를 통해 자본주의를 개혁하자는 그들의 취지는 이해가 되지만, 누구에게 이런 호소를 하는지가 분명하지 않다. 앞뒤 맥락으로 보면 기업에 주문하고 있는 것 같다. 그러나 기업이, 또는 경영자가, 기업의 목적을 이윤 추구에서 CSV 추구로 바꾸겠다고 해서 바뀌는 것인가? 또 개별 기업이 잘하기만 하면 CSV는 목표를 달성하고 한 단계 더 높은 자본주의로 가게 되는가?

더욱 이해가 되지 않는 것은 현 자본주의의 문제가 '단기 이윤만을 추구하는 자본시장' 때문이라고 명시하고 있다는 사실이다. 자본시장의 특성을 이렇게 봤다면, 진심으로 포터와 크레이머는 기업 경영자가 단기 이윤에 매몰된 주주의 이익에 반하면서까지 CSV를 추구할 수 있다고 믿는 것일까? 심지어 그들은 '자본시장은 의심할 여지없이 사회적 요구를 희생시켜서라도 이윤을 거두려 할 것이지만, 그런 이윤은 오래 가지 못할 것이고 더 큰 기회의 상실로 이어질 것이다'라며 자본시장을 신랄하게 비판한다.

자본주의의 핵심인 자본시장에 대해서는 지금까지처럼 사회적 가치를 희생해가면서라도 이윤을 올리는 데 급급할 것이라고 비판하면서, 기업이 CSV 덕분에 옳은 이윤을 추구하게 될 것이라고 주장하는 것이다. 이쯤 되면 '만국의 경영자들이여, (자본가들의 탐욕에 맞서 싸우기 위해) 단결하라!'는 외침처럼 들린다.

결국, 다시 ESG를 이야기하다

자본주의 개혁 의지가 너무 강한 나머지, 현재의 자본시장과 투자자의 행태를 비난하기에 이른 것까지는 이해가 된다. 그렇다 해도 포터가 기업 활동의 혁신 방안으로 CSV를 제시하면서 기업 지배구조에서 주주의 역할이나 자본시장 문제를 전혀 고려하지 않았다는 건 잘 믿기지 않는다. 덧붙여 2011년이면 이미 ESG 또는 지속가능투자에 관한 논의나 자본시장의 움직임이 활발히 일어나고 있었을 때인데도 이를 전혀 인지하지 못한 것처럼, 혹은 ESG와 CSV의 관계를 고려하지 못한 것처럼 주장한 것도 이상한 일이다.

어쨌거나 포터의 메시지는 궁극적으로 투자자들을 향해야 했다. 그는 경영자가 아니라 투자자들을 향해 이렇게 이야기해야 했다. '당신들이 단기적 이윤이나 나쁜 이윤만을 추구하면 결국 장기적으로 망하게 될 것이다. 투자자가 장기적 이윤과 함께 사회적 가치를 고려한 이윤을 낼 수 있도록 기업 활동을 장려하지 않는 한, 기업은 자신의 행동을 바꿀 인센티브가 없다. 따라서 당신들의 투자 원칙이 바뀌어야 궁극적으로 기업의 활동도 바뀔 것이다'라고 말이다. 메시지가 원래 가야 할 사람에게 전달되지 못하고 무의미한 메아리처럼 퍼져버린 것이 아쉬울 따름이다.

***

지금까지 사회적 경제와 CSR, 그리고 포터가 주장한 공유 가치 창출 개념까지를 살펴보았다. 이들은 모두 비슷한 문제의식에서 출발했다고 할 수 있지만, 방법론적인 측면에서 혹은 현실에 대한 인식과 실현 가능성 측면에서 ESG 투자와는 분명한 차이와 한계를 보인다.

다음 장에서는 '기업의 목적은 무엇인가'라는 근본적인 질문에서부터 시작해 신고전학파 경제학자인 밀턴 프리드먼이 제기했던 주주 가치 극대화라는 개념에 대한 올바른 이해, 그리고 오늘날 그의 주장으로부터 얻을 수 있는 교훈까지를 되짚어보려 한다. 그리고 최근 ESG 투자만큼 자주 언급되는 '이해관계자 자본주의'에 대해 종합적으로 분석함으로써 ESG를 둘러싼, 혹은 그와 유사한 여러 가지 이론과 개념에 대한 정리를 일단락짓고자 한다.

5장

이해관계자 자본주의,
그리고 ESG

'이해관계자 자본주의'는 ESG와 함께 가장 자주 언급되는 용어 중 하나다. ESG 투자가 주목받은 배경에 사회 및 환경 문제를 적극적으로 해결해 자본주의의 위기를 극복하려는 의도가 있는 만큼, 비슷한 문제의식에서 논의되고 있는 이해관계자 자본주의와 ESG의 영역이 겹치는 것은 어쩌면 당연하다.

그런데 과연 이해관계자 자본주의 지지자들도 ESG와 이해관계자 자본주의가 비슷하다고 생각할까? 이를테면 'ESG 투자가 주주들에게 더 높은 투자 수익률을 가져다줄 것'이라고 말하는 블랙록 CEO 래리 핑크의 견해에 대해, '기업의 목표는 이해관계자 이익을 충족시키는 데 있다'고 믿는 이해관계자 자본주의의 주창자들은 동의할까, 아니면 반대할까? 이들과 핑크가 이야기하는 이해관계자 자본주의가 서로 같은 개념인지 다른 개념인지부터가 혼란스러운 상황이다.

ESG 투자가 본격화되고 이해관계자 자본주의를 주장하는 이들의 목소리가 커지면서 경영자들은 기업 경영의 목표, 더 나아가 기업의 궁극적인 목표가 무엇인지, 그리고 이해관계자와 주주 사이, 혹은 이해관계자들 사이에서 이해 충돌이 발생하면 어떤 선택을 해야 하는지 등 다양한 질문에 답해야 할 상황에 처해 있다. 그런데 나들 ESG를 고려하고 이해관계자 자본주의로 나아가야 한다는 식의 말만 되풀이할 뿐, 두 개념 사이의 차이점과 공통점에 대한 진지한 논의가 별로 이루어지지 않고 있는 것 같다.

ESG 투자와 이해관계자 자본주의가 지향하는 바는 기본적으로 기업의 목적이 무엇인지와 연결되어 있다. 그러므로 먼저 기업의 목적에 대한 다양한 견해들, 즉 주주 가치 극대화 이론, 주주 후생 극대화 이론, 이해관계자 자본주의 등을 두루 살펴볼 예정이다. 그리고 나서 ESG 투자의 시대에 걸맞은 기업은 어떤 모습인지 짚으며 마무리하고자 한다.

기업의 본질과 목적

~~~~~~~~

잔여재산 청구권자로서의 주주

오늘날 기업 이론에서는 대체로 기업을 '계약의 집합체'라고 정
의한다. 공동생산을 위해 이해관계자들이 자발적으로 모여 각자
의 역할을 정의한 계약을 체결하면서 이루어지는 집단이 기업이

기업에 참여한 이해관계자의 구조 기업 활동에서 각 이해관계자는 공동생산과 성과 분배를 위해 자
발적으로 각자의 계약을 체결하며, 서로 연결된 이해관계자의 특성상 특정 구성원의 계약 불이
행으로 인한 손실은 모두가 나눠 갖게 된다.

라고 본다.

공동생산을 효율적으로 진행하고 그 성과를 기여분에 따라 나누기 위해서는 필연적으로 이해관계자 각각의 기여도를 측정해야 한다. 그러나 각자에게는 당초에 약속한 역할을 충실히 이행하지 않을 인센티브가 존재한다. 근로자나 납품업자를 예로 들면, 게으름을 피우거나 불량품을 납품하는 등 약속된 계약을 어길 경우 그 편익은 오롯이 당사자만이 누릴 수 있는 데 비해, 계약 불이행으로 인해 공동생산에 차질이 생겨서 발생하는 손실은 참여자 모두에게 돌아가기 때문이다. 따라서 공동생산의 성과를 극대화하기 위해서는 모두가 계약을 충실하게 이행하는지 여부를 모니터링할 필요가 있다. 그렇다면 이 역할을 누가 담당하는 것이 좋을까? 바로 주주다.

여기서 주주는 '잔여재산 청구권자residual claimant'의 역할을 한다. 주주 외 다른 이해관계자에게는 원칙적으로 회사가 사전에 약속한 임금, 지대·임차료, 이자, 물품 대금 등 고정 금액fixed payoff이 지급된다. 그에 비해 주주들은 매출액에서 이들 이해관계자에게 고정 금액을 뺀 나머지 금액residual을 이윤으로 가져가기 때문에 잔여재산 청구권자라고 불린다. 잔여재산 청구권자는 구성원의 계약 이행 여부를 모니터링하며, 모든 구성원과 계약할 권리(즉, 모든 구성원끼리 계약을 맺을 필요는 없다), 계약 내용을 재협상할 권리, 계약을 해지할(구성원을 해고할) 권리 등을 갖는다.

다른 이해관계자와 달리 잔여재산 청구권자로서 회사 경영성과에 따라 자신의 몫이 크게 변화하는 주주는 다른 구성원을 모니터링하면서 성과를 내도록 독려할 인센티브가 있다. 주주가 갖는 이 특수한 성격과 지위 때문에 그들은 주요 의사결정권과 경영자에 대한 임면권을 갖게 된다.

물론 다른 이해관계자도 기업 파산과 같은 심각한 위험에 처하면 약속한 금액을 받지 못할 수 있고, 또 계약에 따라서는 이윤이 많이 발생하는 경우 더 많은 보상을 받을 수도 있다. 이처럼 기업 성과에 따른 보상의 변동 폭이 클수록 잔여재산 처분을 포함한 기업의 의사결정에 일정 정도 참여할 근거가 생긴다. 대표적인 예로, 근로자의 금전적·인적 자산은 상당 부분 기업의 성과와 연동되며, 그렇기에 근로자는 노조를 통한 협상 권한을 가지고 있다. 기업의 채권을 보유한 은행이 해당 기업의 경영 활동을 계속 모니터링하고 관여하는 이유도 비슷한 맥락으로 볼 수 있다.

그러나 주주와 다른 이해관계자의 잔여재산 청구권은 큰 차이가 있다. 주주의 경우 보상액(이윤)이 전적으로 사후적인 기업 성과에 달려있고, 파산에 이르면 모든 투자금을 잃기 때문이다.

주주의 대리인으로서 CEO의 역할

확실한 대주주가 있는 기업에서는 대주주가 기업을 직접 경영하거나 대리인에게 경영을 위임할 수 있다. 이런 기업의 경우 앞에서 묘사한 이해관계에서 크게 달라지지 않는다. 그런데 주식 소유가 분산된 주식회사 형태의 대기업에서는 경영을 책임지는 CEO가 무엇을 위해서, 또는 누구를 위해서 기업을 경영하는지가 복잡해진다. 일반적으로 기업 이론에서는 CEO를 '주주들의 대리인agent'으로 본다. CEO는 주주총회에서 선임되고 또 주주의 위임을 받아 중요한 의사결정을 내리는 이사회의 통제를 받기 때문이다.

이해관계자 중 CEO를 상징하는 그림 CEO는 분산된 지분을 보유한 주주들의 위임을 받아 임명되며, 주주들을 대리해 기업 활동에 중요한 의사결정을 내리게 된다.

이 관점에서 CEO는 주주의 이익, 즉 이윤을 극대화할 의무가 있다. 만약 CEO가 이 의무에서 벗어나 자신의 이익만을 위해 행동하면 그만큼 기업 가치가 줄어들게 된다. CEO가 기업 가치 극대화를 위해 행동하지 않음으로써 발생하는 기업 가치 감소분을 '대리인 비용agency costs'이라고 하는데, 어떻게 하면 이 대리인 비용을 줄일 수 있는지에 대해 학계에서 많은 연구가 이뤄져 왔다.

어떤 이들은 주식회사가 계약의 집합체이기 때문에 '소유주' 또는 '주인'이라는 개념이 없으며, 더욱이 오늘날처럼 주식 소유가 완전히 분산된 상황에서는 '기업 소유주'라는 표현이 실체를 왜곡한다고 주장한다. 이러한 논리는 그렇기 때문에 CEO가 주주의 대리인이나 주주 이익을 위해서 움직이는 사람이 아니라는 주장으로 이어지기도 한다.[1] 뒤에서 좀 더 논의하겠지만, 최근의 기업이론에서는 실제로 주주를 기업 소유주라고 인식하지 않고 있다.

사실 주주가 기업 소유주냐 아니냐 하는 논쟁은 핵심을 벗어난 것이다. 더 중요한 것은 '누가 CEO 임면권을 포함한 주요 의사결정권을 가지고 있는가'의 문제다. 즉 기업 지배구조 관점에서 다른 이해관계자와 주주는 근본적으로 성격이 다르다는 것이 핵심이다.

'기업이라면 모름지기 이래야 한다, 저래야 한다'는 논의만으로 실제로 기업의 목적이 바뀔 수 있다면 이런 문제 제기나 논의도 의미있을지 모른다. 그러나 이런 논의를 통해 기업의 행동이 바뀐다 할지라도 그것은 인위적이고 일시적인 제약을 가한 것일 뿐 본질을 바꿨다고 할 수 없다.

물론 그렇게 기업의 행동을 바꿔 얻은 결과도 분명 중요하다. 기업의 목적을 바꾸지 못한다고 해서 가치가 없다는 얘기는 아니다. 그러나 그런 규제는 기업 활동에 제약 조건으로 작용하기 때문에, 기업은 제재를 피할 수 있는 최소한만을 충족하는 데 급급하게 된다. 그 이상을 추구하게 되면 이윤이라는 목적 달성에 해가 되기 때문이다.

따라서 기업의 목적보다 '기업은 실제로 어떻게 움직이는가'라는 질문이 더 중요하다. 누가 뭐라고 지시하지 않더라도 기업이 움직인다면 그 이유는 명백하다. 기업의 목적이 이해관계자들의 인센티브와 합치하기에, 누가 간섭하지 않더라도 각자가 자신의 목적을 달성하는 방향으로 노력하기 때문이다. 즉 기업의 목적이 무엇이건, 제도의 영속성이라는 측면에서는 목적이 이해관계자들의 인센티브에 합치하는지가 더 중요하다.

프리드먼을 위한 변명

~~~~~~~

앞에서 설명했듯 경제학은 '모든 경제 주체는 이기심을 바탕으로, 합리적으로 행동한다'라는 합리성의 가정에서 출발한다. 또, 합리적인 기업은 일반적으로 이윤 극대화를 추구한다고 전제한다. 만약 소비자들과 기업이 이처럼 합리적으로 행동하기만 하면 기업과 소비자 간의 시장 거래를 통해 '사회 후생 극대화'도 달성할 수 있다고 여긴다.

물론 우리 현실을 보면 이 전제가 항상 맞아떨어지는 것은 아니다. 대주주가 이윤 극대화가 아닌 다른 목적을 위해 기업을 운영하기도 하며, 경영자를 포함해 누군가 이윤 극대화에 도움이 되지 않는 행동을 하기도 한다. 그럼에도 대부분의 행동은 이윤 극대화에 합치하는 방향으로 움직인다고 봐도 무리가 없다. 즉, 기업이 이윤 극대화를 한다는 전제하에 그들의 행동을 예측하고, 이를 바탕으로 전략을 짜거나 정책을 펴더라도 현실과 크게 어긋나지 않는다.

이처럼 경제학에서는 기업의 목적이 이윤 극대화여야 한다고 주장하려는 것이 아니라, 기업이 이윤 극대화를 위해 움직인다고 전제하고 그들의 행동을 관찰, 분석한다. 이 관점에서 기업의 이윤 극대화는 당위론적 목표가 아니라 인센티브에 합치하는 행동 방식이다. 물론 당사자들의 계약(정관, 이사회 규정, 경영자 보상 등)이나 법·제도가 '기업 목적이 곧 이윤 극대화'라는 명제를 뒷받침하도록 사후적으로 강화되었다는 점을 짚을 필요는 있겠다.

요컨대 경제학 이론은 기업이 이윤을 추구해야만 한다는 식으로 당위론적 주장을 펴지는 않는다. 다만, 기업의 이윤 추구는 자연스럽고 합리적인 행동이며 이를 허용하고 장려하는 것이 곧 효율성을 높이는 방법이라고 주장해왔다. 이 때문에 경제학이 기업의 목적이 곧 이윤 극대화라고 적극적으로 주장해 온 것처럼 이해된 측면이 있다.

프리드먼 기고문의 파장

많은 경제학자가 '기업은 이윤을 추구하는 경제 주체' 정도로 '온건한' 견해를 피력해온 데 비해, 노벨 경제학상(1976년)을 받은 시카고 대학 교수 밀턴 프리드먼Milton Friedman은 훨씬 공격적인 입장을 취했다. 그는 1970년《뉴욕 타임스 매거진The New York Times Magazine》에 기고한 '기업의 사회적 책임은 이윤 극대화The

Social Responsibility of Business is to Increase its Profits'라는 글에서 기업에 이윤 극대화 이외의 사회적 책임을 부과하는 것은 옳지 않다고 주장했다.[2]

프리드먼의 이 글은 지난 수십 년간 기업의 목적에 관한 연구와 실제 기업 경영에 강력한 영향을 미쳤다. 그러나 최근 이해관계자 자본주의 열풍이 불면서, 그의 주장을 이제는 폐기돼야 마땅한 구시대의 이론으로, 심하면 조롱의 대상으로까지 취급하는 상황이 벌어지고 있다. 또한 양 극단에서 주주 자본주의shareholder capitalism 옹호론자들에게는 숭배의 대상으로 받아들여지고, 반대로 이해관계자 자본주의 옹호론자들에게는 무조건적인 비판의 대상이 되기도 한다.

밀턴 프리드먼 미국의 경제학자로, 1912년에 태어나 2006년에 사망했다. 자유시장경제를 뒷받침하는 신자유주의 경제학 이론 정립에 큰 업적을 세웠다. 1976년 노벨 경제학상을 받았다.

그러나 이해관계자 자본주의 옹호론자인 알렉스 에드먼즈Alex Edmans가 말했듯이 "프리드먼의 글은 잘못 인용되고 잘못 이해되고 있다. 수천 명의 사람은 심지어 제목 이외에는 읽지도 않고 그의 글을 인용했을 것이다. 그들은 제목이 너무나도 명백하게 프리드먼의 입장을 보여주기 때문에 본문을 읽을 필요도 없다고 생각했을 법하다. 즉, 기업은 소비자에게 바가지를 씌우고 근로자에게는 저임금을 지급하며 환경을 오염시켜 가면서라도 이윤을 극대화해야 한다고 말이다. 그러나 프리드먼은 기업이 이해관계자를 착취하는 행동을 조금도 옹호하지 않았다."[3]

프리드먼이 주장한 것은 무엇인가

프리드먼이 기고문에서 주장한 바를 한번 살펴보도록 하자.

첫째, 기업이 사회적 책임을 갖는다는 것은 말이 되지 않으며, 책임은 오직 사람만이 진다. 표면적으로는 법인격을 가진 기업이 책임을 지는 것처럼 보여도, 실질적으로는 기업 소유주가 지게 된다. 따라서 사회적 책임 활동(기부, 봉사 등)은 기업이 아닌 주주, 경영자, 근로자가 각자 개인 자격으로 기업에서 번 돈으로 원하는 바에 따라 하면 된다.

둘째, 경영자는 주주들에 의해 임명된 대리인으로서 주주 이익, 즉 이윤 극대화를 위해 행동해야 한다. 물론 이 과정에서 기업은

법률에 규정되고 윤리적 관습으로 체화된 사회 규칙을 준수해야
한다.

셋째, 만약 경영자가 법에서 정한 것 이상으로 사회적 책임을
졌다면, 이는 자신을 고용한 주주의 이익에 합치하지 않는 방향으
로 행동했다는 뜻이다. 이를테면 법에서 정한 수준 이상으로 오염
을 막기 위해 지출하거나, 빈곤 퇴치에 기여하기 위해 적임자보다
능력이 떨어지는 실업자를 고용하는 행동은 경영자가 자기 자신
이 아닌 다른 누군가의 돈을 더 쓰는 결과를 초래한다. 다른 사람
의 돈을 활용해서 사회적 목적을 달성하는 것은 원래 정부가 하는
일이기 때문에, 이 경우에 경영자는 세금을 걷어 어디에 쓸지를
결정하는 정부 역할을 대신하는 셈이다.

그런데 이처럼 기업 내부의 의사결정이 정치적 관점에 따라 이
루어지면 시장기구가 아닌 정치적 메커니즘이 자원을 배분하는
셈이 되어 시장경제 체제의 장점이 사라진다. 프리드먼은 기업들
은 시장을 통해서 사회적 후생을 창출하고, 그 이외의 사회적 목
적은 정부가 별도의 정치적 프로세스를 통해서 해결함으로써 시
장과 정부의 영역을 분리할 것을 촉구한다.

넷째, 시장은 '만장일치의 원칙'으로 이루어진다. 시장 거래는
참여자들의 자발적인 참여를 전제로 하기 때문에, 거래를 통해 이
익을 보지 못하는 상황이라면 굳이 시장 거래에 참여할 이유가 없

다. 그러므로 시장에서 이루어지는 계약과 거래에서는 참여자들이 함께 누리는 공유 가치와 거래에서 지켜야 할 개인적 책임 이외의 사회적 책임이라는 개념은 존재할 여지가 없다.

그에 비해 정치는 '다수결의 원칙'으로 이루어진다. 즉, 개개인은 특정 사회적 이슈에 다른 의견을 가질 수는 있지만, 다수결 원칙에 따라 결정이 내려지면 거기에 따라야 한다. 물론 시장 역시 완벽한 곳은 아니기 때문에 당연히 다수결에 기반을 둔 정치적 결정이 필요한 영역도 존재한다. 그러나 프리드먼은 사회적 책임이 지나치게 강조됨으로써 거의 모든 활동이 정치 영역화하는 상황을 우려했다.

다섯째, 사회적 책임을 다하는 것이 기업의 장기 이익에 합치하는 경우도 있다. 예컨대 어떤 지역에 기반을 두고 활동하는 대기업의 경우, 그 지역사회에 사회적 기여를 함으로써 결과적으로 우수한 근로자를 채용하거나 근로자들의 파업·태업을 줄일 수 있는 등 기업 경영에 바람직한 효과를 얻을 수 있다.

그러나 프리드먼은 기업이 사회적 책임을 신경 쓸 때 긍정적 효과가 있다는 것과는 별개로, 대기업 경영자들이 '기업의 사회적 책임'이라는 발언을 남발하는 것은 '이윤 추구가 사악하고 비도덕적이기 때문에 외부의 힘에 의해 견제를 받아야 한다'는 생각을 더욱 널리 퍼뜨리고 기정사실로 만들 위험이 있다고 경고했다. 실제로는 사회가 아니라 기업에 필요한 행동을 하면서 이를 그럴듯하게 포장하기 위해 '기업의 사회적 책임'이라는 용어를 사용하는 것, 그 자체를 경계하는 것이다.

프리드먼이 주장하지 않은 것은 무엇인가

그렇다면 프리드먼이 주장한 적이 없는데 마치 그가 주장한 것처럼 잘못 알려져 있는 것들에 대해서도 살펴보도록 하자.

첫째, 프리드먼은 '주주 지상주의shareholder supremacy'를 강화해 경영자들이 단기 이윤에 몰두하도록 만들었고, 그로 인해 수많은 폐해가 발생했다는 비난을 한 몸에 받고 있다. 그러나 프리드먼의 주장 속 '이윤'은 단기 이윤이 아니라 장기 이윤을 뜻한다. 프리드먼이 '장기적인 이윤 극대화'를 의도했다는 점을 받아들인다면, 기업의 지속가능성을 위해 경영자들이 이해관계자들의 이익을 챙기는 행동도 그에게 있어서는 주주 가치 극대화라는 범주에서 벗어나지 않는 행위로 받아들여졌을 거라고 추론할 수 있다.

둘째, 첫 번째 결론은 자연스럽게 프리드먼이 이해관계자의 이익을 무시한 적이 없다는 사실로 연결된다. 그는 법률에 규정되어 있고 윤리적 관습으로 체화된 사회 규칙을 기업 모두가 준수해야 한다고 전제했다. 물론 수많은 기업이 지금까지 이를 대놓고 무시하는 행동을 해왔고, 이것이 오늘날 자본주의의 위기를 낳은 중요한 원인이 되기도 했다. 그러나 이 모든 폐해에 대해, 마치 프리드먼이 맹목적인 이윤 극대화를 주장해서 발생한 것처럼 몰아붙이는 것은 억지에 지나지 않는다.

셋째, 프리드먼은 몰염치하게 자신의 몫을 챙기는 경영자들을 지지하지 않았다. 종종 그의 이론이 경영자의 과도한 보상을 정당화했다는 식으로 오해받고 있으나, 그는 도리어 경영자가 자신의 이익만을 위해 행동하는 '대리인 문제'를 더 경계했다.

결론적으로, 프리드먼은 기업이 이해관계자 이익을 챙기는 행동에 반대하지 않았다. 다만 기업이 그런 행동을 하려면 주주들의 동의로 결정이 내려져야 한다고 주장했다. 그 외의 영역은 개인들이 자발적으로 자신의 자원을 투입해서 해결해야 할 영역이며, 경영자가 주주에게 이윤 극대화 이외의 목적 추구를 강요하면 안 된다는 게 그의 주장이었다. 모두가 자발적으로 참여한 계약의 집합체가 곧 기업이고, 따라서 한 참여자가 다른 참여자에게 손해가 되는 행동을 해서는 안 된다는 점을 받아들일 수 있다면 프리드먼의 주장 역시 같은 맥락에서 쉽게 이해될 것이다.

프리드먼 주장의 평가

프리드먼의 1970년 기고문은 경제학 이론이나 주장이 일반적으로 그러하듯이 당연히 몇몇 가정을 전제로 하고 있다. 그리고 거기에는 비현실적인 가정들도 포함되어 있기 때문에 모든 경제 활동에서 이윤 극대화가 '항상' 최선의 선택이라고 할 수 없다. 그럼 프리드먼의 주장은 비현실적인 가정에 근거하고 있으니 애초부터 틀린 주장인가? 그렇지 않다고 본다. 프리드먼의 기고문이 가치 있는 이유는, 이윤 극대화가 '항상' 최선이기 때문이 아니라 이윤 극대화 이외의 다른 행동이 어떤 상황에서 정당화되는지 이해할 수 있는 틀을 제공하기 때문이다. 따라서 그의 가정이 비현실적이기 때문에 기업이 이윤 극대화를 추구해야 한다는 주장도 무조건 틀렸다고 비판하기보다는, 어떤 조건에서 그의 주장이 정당화될 수 있는지, 정당화될 수 없다면 어떤 조건에서 그러한지, 또 그의 전제가 얼마나 현실적인지를 따져보는 것이 훨씬 더 유용할 것이다.[4]

첫째, 프리드먼은 기업이 이윤을 극대화해서 벌어들인 돈을 주주 각자가 바람직하다고 생각하는 사회적 활동에 쓰면 된다고 주장한다. 여기서 프리드먼의 주장은 '기업이 개인(주주)보다 사회적 활동을 더 잘할 이유가 없다'는 가정을 전제로 한다. 그러나 만약 개인보다 기업이 특정 사회 문제 해결을 더 잘할 수 있다면, 주주보다는 기업에 이 활동을 맡기는 것이 낫다. 이를테면 생산 활동 중에 환경오염을 일으키는 기업이 있다고 가정해 보자. 주주가 이 기업이 벌어들인 돈으로 환경 단체에 기부금을 내는 것보다, 생산 과정에서부터 환경오염을 일으키지 않는 게 훨씬 더 효과적이다.

프리드먼의 경고는 기업이 단순한 기부로 생색내느라 이윤을 축내지 말고, 그 돈을 주주에게 나누어주라는 의미를 담고 있다. 그에 더해 기업에 이런 활동을 많이 하도록 압박하지 말라는 의미도 담고 있다. 그렇지만 실제로는 기업이 다른 어느 주체들보다 특정한 사회 문제를 가장 잘 해결할 수 있는 경우가 많고, 이 경우 기업 스스로 문제를 해결하도록 장려하는 것이 바람직하다.

둘째, 프리드먼의 주장에는 외부효과 문제가 없다고 보는 전제, 혹은 정부가 세금이나 규제를 통해서 외부효과를 완벽하게 해결할 수 있다는 전제가 포함되어 있다. 그러나 기업이 일으킨 외부효과가 정부 개입을 통해서 확실하게 통제된 사례는 거의 없다. 뿐만 아니라 프리드먼의 전제와 달리, 실제로는 기업들이 규제에 고분고분하게 따르지 않기 때문에 규제가 효과적으로 이루어지지도 않는 게 현실이다. 내로라하는 세계적인 대기업들이 소비자 보호를 소홀히 하고 환경 문제를 은폐했던 사례는 수없이 많으며 지금도 계속 발생하고 있다. 이런 상황에서 이윤 극대화만이 기업의 의무라고 할 수는 없다.

셋째, 프리드먼은 완전경쟁시장을 전제하고 있지만, 실제로는 적지 않은 독과점 시장이 존재한다. 프리드먼은 그의 저서 『자본주의와 자유Capitalism and Freedom』에서, 완전경쟁시장 참여자들은 거래조건을 바꿀 힘이 없기 때문에 사회적 책임도 없지만, 독과점 기업들은 그럴 힘이 있으므로 완전경쟁시장 참여자들과 다른 상황을 적용해야 한다는 사실을 인정하고 있다.[5] 이 결론을 확장하면, 독과점 기업의 경영자나 이사회에는 사회적 책임의 수행 의무를 부여하는 것도 고려해 볼 수 있다.

넷째, 프리드먼의 주장은 기업 이해관계자 간에 완벽한 계약이 가능하다는 것을 전제로 하고 있다. 그러나 실제 계약은 불완전하다. 예컨대 주주를 제외한 참여자들에게는 계약의 핵심이 사전에 약속한 금액을 받는 것이지만, 기업이 큰 어려움을 겪어 파산에 이르면 약속과 달리 참여자가 받을 수 있는 금액이 줄어든다. 이처럼 모든 계약이 완벽하지 않은 경우에는 주주뿐 아니라 다른 모든 이해관계자도 기업의 결정에 따라 크든 작든 영향을 받는다. 즉 주주 가치 극대화가 곧 기업 가치 극대화를 의미하지는 않으며, 따라서 경영자들은 주주 가치가 아니라 기업 가치, 곧 주주를 포함한 모든 이해관계자 가치의 합을 극대화하도록 노력해야 한다.

다만 이해관계자 간의 계약이 불완전할 수밖에 없다는 점을 근거로 주식회사 형태의 기업을 다른 형태로 바꿔야 한다고 주장하기는 어렵다. 계약의 불완전성에도 불구하고 오늘날까지 거의 모든 기업이 주식회사라는 사실은 그만큼 많은 이해관계자가 주주가 의사결정권을 갖는 주식회사 체제에 동의하고 자발적으로 참여하고 있음을 뜻한다. 따라서 주식회사 형태의 기업과 주주 가치 극대화라는 행위 자체는 현실에서 용납되는 범위에 있다고 해석할 수 있지만, 다른 이해관계자의 희생을 바탕으로 한 이윤 추구는 점점 용납되지 않고 있다는 것으로 정리하고자 한다.

지금 프리드먼으로부터 배울 교훈

프리드먼의 글은 발표된 1970년 당시에도 날카롭게 날이 서 있는 주장을 담고 있었다. 그에게는 기업의 사회적 책임이니 뭐니 하는 말을 그럴듯하게 늘어놓으면서 자본주의 체제의 근본을 흔드는 데 동조하는 경영자들이 몹시 못마땅하게 보였던 것 같다.

그의 글이 《뉴욕 타임스 매거진》이 아닌 학술지에 실렸다면, 학자들 간에 진지한 토론 대상이 됐을지언정 그렇게 큰 논쟁을 불러일으키지는 않았을 것이다. 일부 비현실적 가정을 바탕으로 그의 주장이 전개되기는 했지만, 경제학에서는 일단 추상화된 현실을 가정해 이론을 정립하고, 그 가정을 보다 현실적으로 완화하면 어떤 이론적이고 실무적인 시사점이 생기는지 따지는 것이 일반적이다. 따라서 경제학자들 간의 토론이었다면 그런 비현실적 가정도 특별히 논란거리가 되지 않았을 것이다.

그러나 그는 학자들과 한가한 토론을 하기보다는, 경영자와 일반인을 대상으로 기업이 무엇을 추구해야 하는지 널리 알리고 싶었던 것 같다. 물론 앞에서 살펴보았듯 그의 주장은 몇몇 전제가 비현실적이기 때문에, 실제로는 기업이 사회 문제 해결에 나서야 할 필요도 있으며, 이를 위해 법규와 인센티브 제도를 강화할 필요도 있다. 특히 지난 50년 동안 자본주의의 많은 문제점이 드러난 상황을 고려하면 더욱 그의 주장을 해석할 때 주의가 필요하다.

하지만 그가 자신의 글에서 전달하고자 했던 다음과 같은 메시지는 지금도 생명력을 갖고 있다. "기업이 이윤 이외에 사회적 목표를 추구하는 것 자체는 아무 문제가 없다. 그러나 자발적 계약을 기초로 한 기업에서, 주주에게 정치적인 목적으로 사회적 목표가 강요된다면 옳지 않다. 그것은 시장이 아니라 정치적 프로세스에 의해 자원 배분을 결정하는 사회주의를 의미하기 때문이다."

주주 후생 극대화 이론

～～～～

주주 가치 극대화에서 주주 후생 극대화로

하버드대학의 올리버 하트Oliver Hart와 시카고대학의 루이지 징갈레스Luigi Zingales 교수는 최근 "기업의 목적은 주주 가치(이윤) 극대화가 아니라 주주 후생Shareholder Welfare 극대화"라고 주장했다.[6] 그들의 주장 역시 앞에서 살펴본 프리드먼의 전제 조건이 성립되지 않는 몇몇 경우에 대한 비판에서 시작된다.

앞에서 언급했듯 프리드먼이 내놓은 주장의 첫 번째 전제 조건은 '사회 문제 해결에 있어서 기업이 주주 개인보다 우위를 가지고 있지 못하다'는 것이다. 그러나 실제로는 사회 문제 해결에 주주보다는 기업이 더 우위를 갖는 경우가 많다. 즉, 환경 문제를 걱정하는 주주라면 이미 오염된 환경을 개선하기 위해 개인적인 선행에 힘쓸 것이 아니라, 당초에 기업이 환경오염을 시키지 않도록 독려하는 것이 더 효과적이다.

또한 기업은 이윤 극대화에만 신경 쓰고 사회 문제는 개인과 정부에 맡겨야 한다는 프리드먼의 주장과는 달리, 기업 경영과 사회 문제는 분리되지 않는 경우가 많다. 프리드먼의 주장에 내포된 두 번째 전제 조건은 '기업이 유발한 외부효과는 정부가 개입해서 해결할 수 있다'는 것인데, 당연하게도 대다수 정부는 기업에 비해 충분한 문제 해결 능력을 갖추지 못한 게 현실이다. 따라서 외부효과를 유발한 기업이 문제 해결에 직접 기여하도록 하는 것이 더 나은 대안이 될 수 있다.

하트와 징갈레스는 주주들이 기업에 특정한 사회적 책임을 수행하기를 희망하는 상황이 되면, 즉 프리드먼의 전제 조건이 충족되지 않는 상황이라면 경영자들은 주주 가치 극대화가 아니라 주주 후생 극대화를 목표로 해야 한다고 주장한다. 지금까지 기업이 이윤 극대화를 목표로 했던 이유는 기업 이윤이 곧 주주의 몫이고 따라서 주주가 이를 극대화하기를 원할 거라는 합리성의 가정 때문이었다. 그러나 개인으로서의 주주는 원래 자신의 효용(후생)을 극대화하는 목표를 가지고 있으며, 이윤 창출은 효용함수에 포함된 요소 중 하나일 뿐이다. 즉, 프리드먼 모델에서는 기업의 행위에서 이윤 이외에 주주의 효용에 영향을 미치는 요인이 없었으나, 이제 기업의 사회적 책임 역시 주주의 효용에 영향을 미치는 요인으로 받아들여야 한다는 것이다. 이렇게 되면 기업이 이윤 극대화가 아니라 주주 효용(후생) 극대화를 목표로 해야 한다는 결론이 자연스럽게 도출된다.

하트와 징갈레스의 이론은 프리드먼의 두 가지 전제 조건을 완화했지만 기본적으로 프리드먼의 이론과 맥을 같이하고 있다. 특히 두 이론 모두 기업을 참여자들 간의 자발적 계약으로 이뤄진 집합체로, 주주를 잔여재산 청구권과 주요 의사결정권을 가진 주체로 본다. 따라서 주주가 임명한 경영자는 주주 이익을 위해서 기업을 경영해야 하는데, 하트와 징갈레스 모형에서 주주 이익은 곧 주주 후생으로 표현된다.

얼핏 보면 주주 가치 극대화에서 주주 후생 극대화로의 변화는 단순한 용어 변화처럼 보일 수도 있다. 하지만 이러한 변화에 대한 사회적 합의가 이루어진다면, 기업은 이윤 극대화에 전념하고 사회 문제는 정부가 알아서 해결하면 된다는 프리드먼의 기존 주장을 대체할 새로운 이론이 될 수 있다.

또한, 주주 의견을 반영하는 의사결정 과정에도 큰 변화가 올 수 있다. 특히 ESG 투자 및 ESG 경영으로의 흐름 변화를 감안하면, 경영자들이 주주의 선호를 파악하고 이를 경영 활동에 실제로 반영하는 방법을 찾는 것이 의사결정에 필수적인 과정이 될 것이다.

주주 후생 극대화 실현의 어려움

이론에서는 기존의 주주 가치 극대화를 하트와 징갈레스의 모형으로 확장하는 게 자연스러울 수 있지만, 실제로 이를 현실에서 실행하는 데까지는 여러 난관이 있다. 단 한 명의 주주라면 모를 까, 현대 사회의 대기업처럼 분산된 소유 구조하에는 수많은 주주 가 있고 또 이들은 서로 다른 선호 체계(효용함수)를 가지고 있다. 이 다양한 선호를 조율해 계약을 체결하기에는 많은 비용이 든다. 투표로 의사결정을 한다 하더라도 수많은 사회 문제에 대해 일일 이 투표로 관여를 결정하기는 매우 번거로운 일이다. 투표 시스템 이 주주들의 복잡한 선호체계를 제대로 반영할 수 없다는 이론적 인 난점도 있다.[7]

그럼에도 하트와 징갈레스는 주주총회 투표를 중요한 문제에 국한함으로써 투표 횟수를 줄일 수 있다고 주장한다. 그리고 투표 제도의 불완전성에도 불구하고 이미 다수결에 의한 정치적 민주 주의가 구현되고 있음을 감안하면, 주주들이 선호하는 사회적 가 치들을 골라내고 이를 기업 경영에 반영하기 위한 '주주 민주주 의' 또한 가능하다는 것이 그들의 주장이다.

이처럼 기업이 투표를 통해 주주 후생 극대화의 방향을 정한다 면, 개인 투자자들은 자신의 선호를 특정해서 반영하려고 할 것 이다. 그리고 '녹색펀드'처럼 목적성이 뚜렷한 펀드 역시 투자자 의 선호를 반영하는 데 별 문제가 없다. 그러나 일반적인 펀드, 예 를 들어 연금 펀드와 같은 경우라면 펀드매니저가 투자자의 선호 를 어떻게 금융상품에 반영할 수 있을까? 예컨대 수익률이 조금

줄더라도 사회 문제를 해결하는 데 도움이 되는 결정이 있다면 펀드매니저들은 찬성을 해야 할까, 반대를 해야 할까? 투자자들의 선호를 정확하게 파악할 방법이 없다면, 주주 가치 극대화 이외의 의사결정은 수탁자 의무를 위반하는 결과가 될지도 모른다.

근본적인 방향성 면에서 주주 후생 극대화는 ESG 투자·경영과 합치되는 개념이다. 그러나 주주 후생 극대화를 구현할 수 있는 의사결정 구조를 갖추는 것은 어려운 일이다. 그 때문에 유진 파마Eugene Fama는 실행상의 난점과 높은 비용을 고려해 주주 후생 극대화를 대신할 차선책으로, 한 차원에서만 의사결정할 수 있는 주주 가치 극대화를 선택하더라도 ESG 경영이 가능하다는 견해를 피력한 바 있다.[8]

이해관계자 자본주의 이해하기

~~~~~

이해관계자 자본주의가 본격적으로 대두된 것은 글로벌 금융 위기 이후 자본시장과 대기업이 쏟아지는 비판에 직면하게 되면서부터다. 주주 가치 극대화만을 추구하는 주주 자본주의가 자본주의의 위기를 낳았다는 문제의식이 일어나며, 주주뿐 아니라 기업과 관계된 모든 이해관계자의 이익을 고려하는 '이해관계자 자본주의'를 새로운 목표로 받아들여야 한다는 견해가 대세를 이루게 됐다.

이해관계자 자본주의란 무엇인가

이해관계자 자본주의라는 용어가 공통으로 공유하는 개념이나 지향성이 없는 것은 아니나, 아직 일반적으로 받아들여지는 정의는 없는 상황이다. 따라서 여기서는 여러 기관에서 정의한 이해관계자 자본주의의 대표적인 의미들을 소개하고 간단히 비교한다. 다만 비즈니스 라운드테이블의 2019년 선언은 워낙 많은 주목을 받았고, 이해관계자 자본주의에 대한 관심을 고조시킨 결정적인 계기가 된 만큼 이를 따로 언급하기로 한다.

❶ 인베스토피아 Investopia

인베스토피아는 이해관계자 자본주의를 이렇게 설명한다. "기업이 모든 이해관계자(소비자, 근로자, 납품 기업, 주주 및 지역사회)의 이익을 위해 활동하는 시스템을 말한다. 이 시스템하에서 기업의 목적은 장기적 가치를 창출하는 것이며, 이해관계자들의 희생을 바탕으로 이윤(주주 가치) 극대화를 추구하는 것이 아니다. 이해관계자 자본주의를 지지하는 사람들은 단지 주주만이 아니라 모든 이해관계자의 이익을 충족시키는 것이 모든 기업의 장기적 성공과 건강에 필수적이라고 믿는다. 따라서 이해관계자 자본주의를 단지 윤리적인 선택이 아니라 합리적인 비즈니스 선택으로 받아들인다."[9]

❷ 기업관여연합 Enterprise Engagement Alliance

한편 이해관계자에 대한 기업의 관여·지원engagement을 증대시키려는 목적으로 2008년 설립된 기업관여연합에서는 이해관계자 자본주의를 다음과 같이 정의하고 있다.[10] "이해관계자 자본주의는 사회 전체(소비자, 근로자, 납품 기업, 지역사회와 환경)를 위한 가치 창출을 통해 주주 이익을 창출하려고 노력한다. 이해관계자 자본

주의는 주주보다 다른 이해관계자를 우선시하거나 한 이해관계
자와 다른 관계자가 대립하도록 하는 것이 아니고, 모두의 이익을
위해 파이를 키우기 위해서 그들의 이해관계를 조정·합치시키는
것이다."

❸ 세계경제포럼 World Economic Forum

2020년 1월 세계경제포럼에서는 다음과 같은 다보스 선언Davos
Manifesto을 발표했다.[11] "기업의 목적은 모든 이해관계자가 공유
및 지속 가치 창출에 참여하도록 하는 것이다. 이런 가치를 창출
하는 데 있어서, 기업은 주주만이 아니라 모든 이해관계자의 이익
을 추구한다. 모든 이해관계자의 다양한 이익을 이해하고 조정하
기 위한 가장 좋은 방법은 기업의 장기적 성장을 강화하는 정책과
결정을 위해 함께 힘을 합하는 것이다."

＊＊＊

얼핏 그 말이 그 말처럼 보이지만, 이해관계자 자본주의에 대한
기업관여연합과 세계경제포럼의 정의는 비슷한 반면 인베스토피아
의 정의는 분명한 차이가 있다. 인베스토피아는 모든 이해관계자의
욕구를 똑같이 해결하거나 균형을 맞추는 데 초점이 맞추어져 있
고, 다른 두 기관은 모든 이해관계자의 욕구를 배려함으로써 공통

의 목표를 달성하는 데 관심을 두고 있다. 전자는 이해관계자의 개별적 이익에, 후자는 공동의 이익에 초점을 맞추고 있다는 점에서 둘은 다르다.

2019년 비즈니스 라운드테이블 선언

많은 이에게 2019년 8월에 있었던 비즈니스 라운드테이블(이하 BRT) 선언은 이해관계자 자본주의의 출범을 알리는 계기로 다가왔다. 정확한 명칭은 '기업의 목적에 관한 선언Statement on the Purpose of a Corporation'으로, 미국 주요 대기업 CEO 181명의 서명과 함께 발표됐다.[12] BRT는 주기적으로 기업 지배구조의 원칙을 발표해왔는데, 과거에는 '기업은 주주 이익을 위해 존재한다'는 주주 우선주의의 원칙을 일관되게 지지해왔다. 그러나 2019년에 발표된 BRT 선언은 주주뿐 아니라 소비자, 직원, 납품 기업, 지역사회 등 모든 이해관계자를 배려하는 것이 기업의 목적이라는 새로운 원칙을 담고 있다. 보다 구체적으로, CEO들은 다음과 같이 다짐하고 있다(선언문 전문은 36쪽에서 볼 수 있다).

"우리 개별 기업들은 각각 고유의 기업 목적을 수행하지만 모든 이해관계자에게 근본적인 약속을 공유한다. 우리는 다음을 약속한다.

- 고객에게 가치를 제공한다.

- 직원들에게 투자한다.

- 납품 기업들을 공정하고 윤리적으로 대한다.

- 우리가 사업을 하는 지역사회를 지원한다.

- 주주를 위해 장기적 가치를 창출한다."

BRT 선언이 발표되자 이를 지지하는 견해도 많았지만 우려와 비판의 목소리 역시 만만치 않았다. 대표적으로, 미국 기관투자자 협의회는 BRT 선언이 발표된 날 곧바로 '우리는 이사회와 경영자가 계속해서 장기적인 주주 가치에 초점을 맞춰야 한다고 믿는다. 장기적 주주 가치 실현을 위해서 이해관계자를 존중해야 하는 것도 필요하지만, 기업 소유주에 대해서 명확한 책임을 다하는 것도 중요하다'는 성명을 발표했다.[13]

우려의 목소리가 커지자 BRT는 일주일 후 자신들의 선언에 대한 질문과 비판에 답하는 보도 자료를 추가로 배포했다.[14] 이 자료에서 그들은 'BRT 선언은 장기적인 주주 가치 창출이 필요하다는 점을 분명히 하고 있으며, 다양한 이해관계자를 배려하는 것은 주주 가치 창출을 위한 것'이라고 밝혔다. 'BRT는 기업 지배구조 변화를 지지하지 않으며, 경영자가 장기적 이윤을 창출하지 못했을 때 주주에게 책임을 다하는 것 또한 당연하다'고도 덧붙였다.

BRT가 추가 발표한 보도 자료까지 고려하면, 결국 BRT 선언의 핵심 메시지는 이렇게 정리할 수 있다. '기업은 여전히 주주 가치 창출을 위해 일할 것이며, 이해관계자를 감안한 기업 지배구조 변화에도 동의하지 않는다. 다만 이해관계자를 배려하는 것이 주주 가치를 위해 도움이 되기 때문에 이를 보다 적극적으로 추구할 것이다.' 마지막 문장은 결국 주주 가치에 도움이 되는 범위 내에서만 이해관계자를 배려하겠다는 의미처럼 읽힌다.

그런데 한 연구에 따르면, BRT 선언 서명에 대해 이사회 승인을 받은 회사는 한 개에 불과했고, 지배구조 가이드라인에 BRT 선언을 반영한 회사도 '이해관계자를 고려함으로써 주주 이익을 증진한다'는 정도로 기업 목적을 수정한 S&P Global 한 곳뿐이었다. 이 때문에 BRT 선언은 실질적인 행동을 수반하지 않은, 다분히 수사적인 보여주기식 쇼에 불과했다는 비판도 있다.[15]

정말 BRT 선언은 냉소적으로 바라보는 사람들의 견해처럼 거창한 '쇼'일 뿐이었을까? 물론 그렇지만은 않다. 대기업 경영자들이 단기적인 이윤과 기업 가치 창출에만 급급하지 않겠다고 명시적으로 선언하는 것, 그 자체만으로도 사회적 약속이라는 측면에서 가치가 있다. 이 약속을 통해 기업가들이 현재와 미래의 주주들에게 '이제 사회가 이런 방향으로 가야만 한다, 그리고 그것이 당신에게도 좋다'는 메시지를 던지는 것이다.

BRT 선언은 또한, 단기적인 목표에만 매달렸다가는 장기적으로 산업 전반과 그 산업에 속한 기업도 위태로워질 수 있고, 투자 수익 또한 현저하게 나빠질 수 있다는 점을 재계의 지도자들이 뚜렷이 인식하게 된 계기로서의 의미도 있다. 즉, ESG로 대표되는 이해관계자 가치를 추구해야만 자신의 이익이 장기적으로 보호될 수 있고 더 나아가 자본주의도 유지될 수 있으리라는 인식이 널리 공유된 선언이라 평가할 수 있다.

이해관계자 자본주의를 실행할 때의 문제

종합해보면, 이해관계자 자본주의는 크게 두 개의 버전으로 나눌 수 있다. 첫 번째 버전의 핵심은 기업 이사회 및 CEO가 장기적인 주주 가치 극대화를 달성하기 위해서 이해관계자의 이익을 잘 챙겨야 한다는 주장이다. 이 주장은 기업에 참여한 이해관계자들의 '합당한' 보상을 전제로 하는 자본주의 기업들이 원래부터 추구하는 바이기도 하다. 지난 20년에서 30년 사이 극단적인 주주 자본주의를 추구하는 흐름 속에서 이해관계자의 이익이 심각하게 침해되거나 소홀히 여겨진 사례가 빈발하기는 했지만, 이는 주주 자본주의의 이상적인 모습과는 거리가 멀다. 따라서 이 버전의 이해관계자 자본주의는 주주 자본주의의 개선 방향을 제시한 것과 크게 다르지 않다.

다른 버전의 핵심은 이해관계자의 이익 그 자체를 기업의 목표로 받아들여야 한다는 주장이다. 이 버전에서 개별 이해관계자들은 각각 독립적으로 추구하는 가치가 있고, 이들을 배려하기 위해서는 주주 이익을 희생하는 방향도 고려할 수 있다. 다만 지금까지 논의를 통해서 본 것처럼, 어떤 방식으로건 이해관계자 이익이 기업 목표에 반영됐을 때 주주의 몫이 줄어들 수 있다는 사실을 받아들일 필요는 분명히 있다. 그러나 이 버전의 이해관계자 자본주의는 이론과 현실에서의 적용 양면에서 적지 않은 이슈들이 있다.

❶ 다양한 이해관계자의 이익을 어떻게 만족시킬까?

첫 번째로 대두되는 실행상의 문제는 어떻게 다양한 이해관계자를 만족시키느냐이다. 여러 이해관계자 중 누구의 이익에 우선순위를 부여할 것인지, 이해관계자들의 이익이 충돌하는 경우에는 어떻게 할 것인지가 기업의 의사결정 과정에서 큰 부담이 될 수 있다.

예를 들어 2020년 제너럴 모터스(이하 GM)가 미국 중서부 미시간의 내연 자동차 공장을 폐쇄하고 남부에 새로 전기 자동차 공장을 건설하겠다고 제안했던 사례를 생각해보자.[16] 이 경우에 GM은 어떤 선택을 하는 게 옳을까? 미시간에 있는 공장을 폐쇄하면 그 공장의 근로자와 해당 지역 경제에는 해가 되겠지만, 공장을 닫지 않는다면 환경에 해를 끼치게 되고 남부에 생길 수 있었던 일자리가 없어진다. 이 경우에 주주 가치 극대화가 목표라면 어떤 결정이 이윤 극대화에 더 도움이 되는지만 판단하면 된다.

그렇지만 여기서 사회적 책임을 고려 대상에 넣게 되면 그 사회적 책임의 기준이 문제가 된다. 예를 들어 GM의 CEO가 미시간주에 내연 자동차 공장을 유지하기로 한 후 '나는 공장과 직원을 지켰고, 그들은 모두 만족하고 있다. 내 결정은 옳았다'고 주장할 수도 있고, 정반대의 결정을 내린 경우에도 '나는 환경을 지켰고 새로운 지역사회를 행복하게 했다. 내 결정은 대성공이었다'는 식으로 주장할 수도 있다.

사회적 책임에 대한 확실하고 명백한 기준이나 목표가 없으면 모든 경우마다 의사결정을 새롭게 내려야 한다. 이로 인해 의사결정 건수가 늘어나는 것은 말할 것도 없거니와, 누가 언제 의사결정을 하느냐에 따라 자의적이고 일관성 없는 결정이 이어질 수밖에 없다.

❷ 경영자의 성과를 어떻게 측정, 평가할 것인가?

첫 번째 문제와 연관되는 문제로서, 다양한 이해관계자 이익을 충족하는 경영 성과를 어떻게 측정, 평가할 것인가? 이윤 극대화에 비해 사회적 가치 창출은 측정하기 매우 어렵다. 측정이 어려워지면 주주나 이사회에서 경영 성과를 평가하기도 어려워져서, 사회적 가치를 추구한다는 핑계로 CEO가 자신의 이익을 챙기는 상황을 막기 어렵다. 이것이 바로 프리드먼이 경계했던 상황이다.

대체로 이해관계자 자본주의 옹호론자들도 모니터링 이슈가 존재한다는 점은 인정한다. 그러나 어렵더라도 사회적 가치를 측정하는 방법을 계속 찾아나가면서 이사회와 CEO가 사회적 가치를 추구할 수 있도록 인센티브 제도를 개발해야 한다고 주장한다.

ESG 투자 및 경영이란 관점에서도 어떤 사회적 가치를 추구할지 결정하는 기준과 창출된 사회적 가치를 측정해 평가와 연계시키는 문제는 중요하다. 측정과 평가 과정에서 현실적인 어려움이 있다고 이해관계자 이익이나 사회적 가치를 추구하지 않는 게 정당화될 수는 없다. 다만, 과도한 이상론에 빠지거나 목표 의식이 너무 앞선 나머지 실행 과제를 제대로 챙기지 못한다면 그 또한 하지 않느니만 못한 결과를 낳을 것이다.

❸ 누가 기업의 주인인가?

이해관계자 자본주의 옹호론자들은, 앞서 언급된 프리드먼의 주장에서처럼 '기업의 주인이 주주'라고 전제하는 것부터 틀렸다고 지적한다. 때문에 고용주의 이익, 그러니까 주주의 이윤 극대화를 위해 기업을 경영해야 한다는 주장도 틀렸다고 말한다. 실제로 1980년대 이후 나온 기업 이론에서는 분산된 주식을 소유한 주주들을 기업의 소유주라고 보지 않는다. 프리드먼이 1970년에 글을 썼을 당시에 이 개념에 익숙하지 않았을 수도 있고, 학자가 아닌 일반인을 대상으로 쓴 글이었기 때문에 이해를 돕기 위해 주인이라고 표현했는지도 모른다.

그러나 프리드먼의 글은 기업이 자발적 계약의 집합체이며, 주주가 잔여재산을 갖는다고 전제하고 있다. 즉, 주주가 기업의 소유주라는 프리드먼의 표현은 잘못됐으나, 그 때문에 기업이 이윤 극대화를 위해 행동하면 안 된다는 주장으로 나아가는 것도 잘못이다. 주주는 여전히 잔여재산, 즉 이윤을 청구할 권리를 가지고 있으며 이사와 CEO를 임명할 권한도 가지고 있다. 임명권자인 주주의 입장에서, CEO가 이윤 극대화를 위해 행동할 것을 기대하는 것은 모순이 아니다.

이러한 인식은 법 해석에서도 발견할 수 있다. 미국의 대다수 대기업은 '델라웨어 회사법'을 준거법으로 설립됐는데, 이 법에 따르면 기업의 이사들은 주주에 의해서 선임된다. 델라웨어 법원 판사들을 포함한 많은 전문가는 주주가 이사 선임권을 갖고 있기 때문에 이사회와 CEO가 주주의 이익을 위해 행동해야 할 의무를 갖는다고 해석하고 있다.[17] 이런 해석에 있어서 주주가 기업의 소유주인지 여부는 쟁점이 아니다.

물론 이해관계자 자본주의를 지지하는 전문가들의 해석은 조금 다르다. 이사회는 델라웨어 회사법에 따라 상당한 자율권을 부여받았기 때문에 기업과 이해관계자의 장기적 이익을 위해 경영권을 행사할 수 있다는 것이다. 그런데 이들의 주장에서 눈여겨볼 점은, 이사회가 이해관계자를 배려할 자율권이 있다는 사실을 강조하고는 있으나, 주주들의 이익에 해를 끼치면서까지 이해관계자 배려를 우선해야 한다고 주장하지는 않는다는 점이다.[18] 주주와 이해관계자 이익이 함께 창출되는 상황은 아무 문제가 없다. 쟁점은 두 이익이 충돌했을 때, 법이 어느 이익을 더 중시하고 보호하도록 정해져 있느냐의 문제다.

❹ 잔여재산 청구권과 기업 지배구조

이해관계자 자본주의 옹호론자들은, 주주를 제외한 다른 참여자들은 고정 금액을 지급받아야 하고 주주만이 잔여재산 청구권을 가진다는 주장에 대해서도 잘못됐다고 지적한다. 대표적으로, 회사에 장기적으로 자신의 인적자본을 투자하는 노동자의 인적자본 가치는 회사의 성과에 따라 변화한다. 이처럼 기업의 의사결정이나 성과에 따라 이해관계자의 몫이 달라지므로, 주주 외 이해관계자가 얻는 가치가 고정 금액만이라는 전제가 옳지 않다는 것이다. 그렇기에 기업은 주주 가치 극대화가 아니라 모든 이해관계자

가치의 합을 극대화해야 하고, 이해관계자들은 실제로 기업 경영이 그렇게 이루어지는지를 모니터링하면서 의사결정 과정에 적극적으로 참여할 필요가 있다고 주장한다.[19]

앞에서 이미 주주 외 다른 참여자들의 보상이 기업 성과와 연동될 가능성을 언급한 바 있다. 즉, 주주 이외에도 고정 금액이 아니라 기업 성과에 연동된 보상을 받는 것이 타당한 이해관계자가 있다. 따라서 그들에게는 성과에 연동해 보상하고, 보상 방식에 대한 의사결정에 참여시킬 필요도 있다. 대표적인 예로 노동에 대한 보상 방식을 들 수 있다. 이들은 대체로 약속된 성과급을 받을 수 있고, 또 임금 협상을 통해 의사결정 참여 권한을 가지고 있다.

그러나 모든 이해관계자를 기업 경영의 전반적 의사결정에 참여시키는 문제는 또 다른 이야기다. 소수의 직원 구성과 민주적인 기업문화로 잘 알려진 실리콘밸리의 스타트업조차도 직원들에게 스톡옵션은 부여하지만 기업 의사결정에 대해 투표권을 부여하지는 않는다. 만약 잔여재산 전체의 처분 과정에 모든 이해관계자가 참여해야 한다는 주장으로 넘어가게 되면, 이는 필연적으로 주식회사라는 형태의 계약이 유지될 수 있을지의 문제로 귀결된다.

특정 이해관계자가 일회성으로 예상치 못한 손실을 보았거나 큰 기여를 한 상황이라면, 주주가 자신의 몫이 줄어드는 것을 받아들일 수도 있다. 그리고 그런 선택이 주주에게 장기적으로는 이익으로 돌아올 수도 있다. 그러나 앞에서 보았듯이 주식회사에서 주주는 기업에 대해 가장 강력하고 지속적인 잔여재산 청구권을 가지고 있는 이해관계자다. 자신의 이익이 지속적으로 줄어드는 계약에 순응하라고 강요한다면, 주주는 그런 계약을 받아들이지 않을 것이고 그렇게 되면 그 기업을 이루고 있는 계약들이 결국에는 모두 깨질 수도 있다.

이해관계자 자본주의와 ESG 경영

~~~~~~~~

이해관계자 자본주의를 강하게 주장하건 온건하게 주장하건, 두 입장 모두 기존 자본주의의 문제점을 개선해야 한다는 문제의 식만큼은 맥을 같이한다. 단기 실적주의 및 이와 연동된 CEO 보상 체계가 지나치게 주주 이익만을 챙기는 방향으로 흘러왔다는 사실에도 대부분 동의한다. 기업이 단기보다는 장기 이윤을 중시해야 하고, 다른 이해관계자와 기업 성과를 공유해야 한다는 개선 방향에 대해서도 공감한다. 이런 점에서 ESG 투자와 ESG 경영은 이해관계자 자본주의가 지향하는 방향과 대체로 합치한다.

그러나 두 가지 문제에 있어서는 이해관계자 자본주의와 ESG 사이에 관점 차이가 있다. 첫 번째는 주주와 다른 이해관계자의 이익이 충돌했을 때 어디에 우선순위를 둘 것인가의 문제다. 두 번째는 둘 사이에서 이해관계의 충돌이 있을 때, 이해관계자가 기업의 주요 의사결정에 참여할 수 있는지 여부에 관련된 문제다.

앞에서 논의했듯, 적극적인 이해관계자 자본주의 옹호론자들은 주주만이 아닌 이해관계자 이익의 합을 극대화하는 쪽으로 기업이 경영되어야 한다고 주장한다. 그리고 이해관계자에 대한 배려가 주주의 시혜로 주어지는 것은 곤란하며, 다양한 이해관계자가 기업의 의사결정에 참여해야 한다고 이야기한다.

그런데 이 주장은 당위론적인 방향성으로는 이해할 수 있지만, 현행법상 실현되기 어렵다는 것이 일반적인 견해다. 즉 기업이 어떤 결정을 내릴 때 주주가 아닌 다른 이해관계자 이익을 우선해 고려한다거나, 주주총회나 이사회의 의사결정에 주주가 아닌 다른 이해관계자를 참여시키는 것은 기업 지배구조 개편에 대한 사회적 합의가 이루어지더라도 법 개정 등 후속 작업이 있어야만 가능한 일이다.

현재로서는 그러한 방향으로 개편하려는 움직임이 그리 가시적이지는 않다. 이해관계자 자본주의의 취지와 ESG 투자가 적절하게 합치되는 방향은, 이사회에서 주주들의 ESG 관련 요구를 적극 수용하는 방향으로 제도를 보완하고, CEO는 이사회의 위임을 받아 ESG 경영을 수행하는 모습이 될 것이다.

최근 미국의 한 대형 로펌이 이해관계자 자본주의와 ESG에 합치하는 이사회 의사결정 원칙들을 제시했는데, 이 원칙들이 향후 이사회 및 CEO의 행동 양식이 어떻게 바뀔지 가늠하기에 유용하다고 판단돼 옮겨 본다.[20]

원칙 1. 이사회의 법적 권한과 수탁자 의무는 기업의 장기적 가치 추구에 기반을 둔다. 이사회는 수탁자 의무를 준수하는 범위 내에서 주주 가치를 향상하고 보호할 장기적 목표를 가지고, 그들의 경영 판단 business judgement을 행사할 수 있는 권한을 가진다.

원칙 2. 이해관계자의 이익은 기업의 장기적 가치와 합치할 수 있다. 특정 이해관계자의 이익과 기업 가치 제고 사이에 연관성이 존재한다면, 이사회는 그러한 이해관계를 고려할 수 있다.

원칙 3. 이해관계자 자본주의 지지자들은 자신들의 주장이 기업의 장기적 가치와 합치한다고 믿는다. 즉, 이사회에 이해관계자의 이익을 고려하라고 촉구하는 많은 이는 그것이 기업의 장기적 지속가능성 및 기업 가치 향상과 합치하는 행동이라고 받아들이고 있다. 비즈니스 라운드테이블과 블랙록이 이러한 대표적인 예다.

원칙 4. 장기적 가치를 지지하는 이해관계자의 이익은 주주 이익과도 합치한다.

원칙 5. 이사회는 주주 이익에 관해 감독권을 행사해야 한다. 주주 이익을 보호하기 위해 감독 기능을 어떻게 수행해야 하는지, 이사회의 감독 기능 운영에 관해 어떻게 커뮤니케이션해야 할지를 정해야 한다. 그리고 이사회는 주주 이익 중 어떤 것을 평가하고 추구해야 하는지 초점을 좁히는 데 상당한 재량권을 행사할 수 있다.

원칙 6. 이사회는 주주 이익의 적합성에 초점을 맞춰야 한다. 즉, 모든 이익 항목이 모든 기업에서 똑같은 적합성을 갖지 않을 것이기 때문에, 자신의 회사에 어떤 이익을 추구하는 것이 적합한지를 따져야 한다.

원칙 7. 이사회는 주주 이익 고려 및 추구, 모니터링 및 커뮤니케이션 절차 등 주주 이익과 관련된 프로세스를 주의 깊게 관리해야 한다.

원칙 8. 주주 이익을 추구하는 과정에 사업상 제약을 받아들여야 할 수도 있다. 즉, 특정한 주주 이익이 이사회가 판단하기에 기업의 장기적 가치 증진에 필요하다고 생각되더라도, 기업과 주주의 장기적 이익을 위해서 제한받을 수 있다.

원칙 9. 이사회는 '경영 판단의 원칙business judgement rule'에 따라 보호될 것이다. 즉, 충분한 정보를 갖고 사적 이익이 개입되지 않았으며 독립적인 이사회가 앞에서 열거한 내용을 충실히 실행한다면, 그것은 델라웨어 회사법이 정한 주주 이익 추구로 간주되어 경영판단의 원칙을 적용하여 법적 보호를 받을 수 있다.

기업들이 사회적 가치와 이해관계자의 이익을 의사결정에 제대로 반영하고 실행에 옮길 수 있으려면, 이처럼 다양한 이론을 검토하고 많은 논의를 거쳐서 제도를 정비한 뒤, 실행 과정에서 많은 시행착오를 거치면서 세심하게 보완해 가야 할 것이다. 그런 의미에서 ESG 경영은 이제 막 걸음마를 뗀 것에 불과하다.

6장

실제
투자 프로세스
살펴보기

ESG 투자 과정 개관

실제 ESG 투자가 자본시장에서 어떤 식으로 이루어지는지, 그 평가 기준과 제도는 누가 만들고 어떤 식으로 운용되는지 알아보자. 기본적으로 ESG 투자는 ESG 활동을 잘하는 기업에 투자해 수익을 내는 것을 목표로 하는데, 이를 실행에 옮기기 위해서는 길고도 정교한 과정을 거쳐야 한다. 그 전체 과정을 정리하면 아래 그림과 같다.

첫째, 기업은 경영 활동을 통해 다양한 경제적 가치와 사회적 가치를 ─ 음의 사회적 가치를 포함하여 ─ 창출한다.

ESG 투자 프로세스

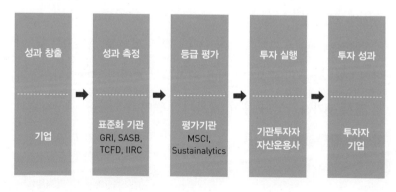

둘째, 이 중에서 ESG '가치(성과)'로 분류할 만한 항목을 측정해 이를 외부에 공개한다. 회계 기준과는 달리 ESG 성과 측정과 정보 공개 기준은 아직 표준이 없다. 현재 글로벌 보고 이니셔티브GRI: Global Reporting Initiative, 지속가능성 회계기준위원회SASB: Sustainability Accounting Standards Board, 기후 관련 재무정보 공개 태스크포스TCFD: Task Force on Climate-related Financial Disclosures가 개발한 기준이 주로 사용되고 있다.

셋째, 평가기관들은 기업이 공개한 자료를 바탕으로 개별 기업의 ESG 활동을 평가해 등급을 매기고, 이를 활용해 각종 ESG 지수index를 만든다. 이런 활동을 하는 대표적인 ESG 평가기관으로는 외국에 MSCI나 서스테이널리틱스Sustainalytics가 있고 우리나라에는 한국기업지배구조원, 서스틴베스트 등이 있다.

넷째, 기관투자자와 자산운용사들이 각자 다양한 전략으로 ESG 투자를 실행하고, 관련 금융상품을 개발해 판매한다. 또한 개별 기업에 관여하여 ESG 경영을 장려한다.

끝으로, ESG 투자가 목표로 했던 재무 성과를 거두었는지, 기업의 ESG 활동은 개선됐는지를 평가하는 과정이 남아있다. 이 과정 역시 투자자, 자산운용사, 평가기관 등이 주도하나, 연구자들의 참여도 활발하게 이뤄진다.

기업은 어떤 사회적 가치를 창출하는가

~~~~~

　기업은 여러 이해관계자와 상호작용하고 있다. 시장 내부에서는 가치사슬을 구성하는 이들과 협력해 상품을 만들어 소비자에게 판매하고, 시장 외부에서는 기업을 둘러싼 사회 공동체 및 정부와 영향을 주고 받는다. 다음 그림은 기업을 둘러싼 이해관계자와 기업 간의 상호작용을 간단히 정리한 것이다.

기업 생태계에서 일어나는 상호작용

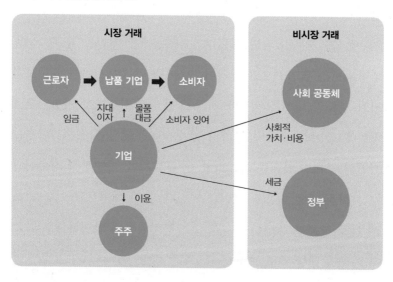

기업 생태계와 이해관계자

시장 내부 가치사슬에서의 상호작용을 먼저 정리해보자. 기업은 계약을 통해 노동력(근로자), 토지·건물(지주), 대출 및 채권 발행을 통한 자금(금융기관 및 채권자), 중간재(납품 기업) 등 생산 요소를 공급받고 그 대가로 각각 임금, 지대 혹은 임차료, 이자, 물품 대금을 지급한다. 이렇게 생산된 상품은 소비자에게 판매되고, 주주들은 매출액에서 이들 이해관계자에게 비용을 다 지급하고 남은 금액residual을 이윤으로 가져간다.

대부분의 기업 활동은 이와 같은 시장에서의 거래를 통해서 이루어지지만, 기업은 시장 거래가 아닌 방법으로도 이해관계자와 상호작용하고 있다. 그중에서 가장 대표적인 것이 시장 기구를 통하지 않고 제삼자에게 영향을 미치는 외부효과다.

부정적인 외부효과의 대표적인 예로 공장 매연을 들 수 있다. 공장에서는 필연적으로 매연이 발생하지만, 기업은 대기를 오염시킨 만큼의 대가를 시장에 지급할 필요가 없으므로 자발적으로 매연을 줄이려는 노력도 하지 않게 된다. 이런 시스템하에서는 기업의 경제적 가치는 극대화할 수 있겠지만, 자연환경 훼손이라는 사회적 비용 지출도 그만큼 커진다. 공장 매연으로 인한 피해는 인과 관계를 증명하기도 어렵고 광범위하게 발생하므로 기업에 피해에 대한 직접 보상을 요구하는 것도 쉽지 않다. 그래서 정부가 개입해 외부효과를 발생시킨 주체를 규제하거나 세금을 부과함으로써 해당 기업의 생산 과정에 사회적 비용 지출을 포함시킨다.

반대로, 기업이 혁신을 통해 개발한 기술이나 과학적 지식을 무료로 공유함으로써 사회 전체의 혁신에 기여하는 경우도 많다. 기업이 정부에 내는 세금도 정부가 창출하는 다양한 사회적 가치(공공 서비스, 사회 복지 등)를 위한 재원으로 쓰이기 때문에 간접적으로 사회적 가치 창출에 기여하는 것으로 볼 수 있다.

기업이 창출하는 사회적 가치

시장에서 기업이 창출하는 사회적 가치로는 어떤 것들이 있을까? 이윤은 기업 스스로를 위한 경제 활동의 결과로서 경제적 가치로 분류할 수 있다. 그 외 나머지는 이해관계자에게 제공하는 사회적 가치라고 볼 수 있는데, 구체적으로는 다음과 같이 분류할 수 있다.

❶ 국민 경제 기여

첫째 항목은 기업이 지불하는 임금, 이자, 지대다. 이들을 이윤, 세금과 합하면 국민소득(부가가치)의 총액이 된다. 즉 기업이 주주 이외의 이해관계자에게 지급한 대가는 국민 경제에 기여하는 사회적 가치로 볼 수 있다. 세금은 시장 외의 거래지만, 국민소득을 계산할 때 포함시키기 때문에 기업의 국민 경제 기여분으로 볼 수 있다.

한편 납품받은 중간재에 지불하는 물품 대금의 경우 지불하는 기업 입장에서는 다른 국민 경제 기여분과 같지만, 이 금액은 중간재 납품 기업이 창출한 부가가치 산출 때 고려되기 때문에 국민 경제 기여분에 포함되지 않는다.

❷ 사회적 잉여

시장가격을 지급하고 상품을 구매한 소비자가 실제로 느끼는 효용의 금전적 가치는 대체로 지급한 금액보다 큰 편이다. 이렇게 발생하는 실제 효용과 지급 금액의 차이를 소비자 잉여consumer surplus라고 한다. 구체적으로는 소비자가 해당 상품을 갖기 위해 '지급할 용의가 있는 금액WTP: Willingness To Pay에서 실제로 지급한 금액을 뺀 차액'으로 계산한다.

예컨대 어떤 소비자가 해당 상품에 대해 300원을 지급할 의사가 있는데 실제로는 200원을 지급했다면, 소비자 잉여는 100원에 해당하고 이 100원이 소비자가 추가로 누리는 가치라 할 수 있다. 이 가치는 시장 거래 과정을 통해 생겨난 가치긴 하지만, 실제로 시장에서 주고받은 금액이 아니기 때문에 시장 거래액에 포함되지 않는다. 이처럼 개별 소비자가 누리는 잉여를 모두 합해 시장에서 발생한 '사회적 잉여social surplus' 또는 '사회 후생social welfare'이라고 한다.

❸ 외부효과로 인한 사회적 가치

시장이 아예 존재하지 않아 거래를 통해 해결할 수 없는 대표적인 사회적 문제가 환경오염이라면, 불완전 정보나 비대칭 정보 때문에, 즉 시장의 완전경쟁 조건이 달성되지 않을 때 발생하는 대표적인 문제는 소비자 보호 문제다. 탄소 배출량을 줄여가거나 소비자 보호에 힘쓰는 등 부정적 외부효과로 발생한 문제를 기업이 해결하는 것 역시 사회적 가치 창출에 해당한다고 볼 수 있다.

***

지금까지의 이야기를 종합해 기업이 창출하는 가치를 정리하면, 크게 경제적 가치와 사회적 가치로 나뉜다. 이윤은 기업이 자신을 위해서 창출한 경제적 가치로 분류된다. 사회적 가치는 세 가지로 구분할 수 있다. ① 기업 활동에 참여한 이해당사자가 얻는 부가가치(임금, 이자, 지대, 세금), ② 소비자가 누리는 사회적 잉여, ③ 시장을 통하지 않는 외부효과로 인해 창출되는 사회적 가치가 그것이다.

기업이 창출하는 경제적 & 사회적 가치

가치 구분	세부 분류	정의 및 예시
경제적 가치	재무 성과(이윤)	• 기업 활동을 통해서 창출한 이윤
사회적 가치	국민 경제 기여	• 기업 활동을 통해서 창출한 이윤 이외의 부가가치 (임금, 이자, 지대, 세금)
	소비자 잉여 (사회적 잉여)	• 소비자가 누리는 순 효용(= WTP − 가격)

	시장을 거치지 않은 사회적 가치	• 기업 활동을 통한 공공 가치 창출
		  ex) 탄소 배출 축소, 장애인 고용 확대 등
		• 본원적 기업 활동 이외의 사회 공헌 활동
		  ex) 사회 공헌 기부금, 구성원의 사회 공헌 활동 등

사실 ①번과 ②번 항목의 정의 및 분류는 명확한 데 비해, ③번은 정의, 범위, 분류 모두 분명하지 않다. 여기에는 긍정적 외부효과를 통해서 창출된 사회적 가치(예: 기술 혁신의 파급 효과), 또는 부정적 외부효과 때문에 발생한 사회적 비용을 줄이는 과정에서 사회적 가치를 창출하는 경우(예: 탄소 배출량 감축, 소비자 보호)가 다 포함된다.

또 기업 활동을 통해서 사회적 가치를 창출하는 경우(예: 양성 평등, 장애인 고용 확대), 기업 활동 이외의 공헌 활동(예: 학교 설립, 사회 공헌 기부금)으로 나눠 볼 수도 있다. 이 활동 중 기업이 자발적으로 실행하는 것도 있을 테고, 정부 규제를 충족하기 위해서 하는 것도 있겠지만, 어떻게 시작된 것이건 결국 사회적 필요를 충족한다는 점에서 구분하는 게 의미가 없다.

많은 사람이 방금까지 살펴본 사회적 가치와 ESG 성과에 대해 유사하다고 생각하지만, 범주가 조금 다르다. 예컨대 사회적 가치 중에서 사회적 잉여는 일반적으로 ESG 성과로 간주하지 않는다. 다른 한편으로, ESG 성과에 포함되는 지배구조 개선 활동은 앞에서 언급한 사회적 가치에 포함되지 않을 수도 있다. 그러나 기업이 창출한 사회적 가치를 기반으로 해당 기업의 ESG 성과를 측정하는 것은 사실이므로, 사회적 가치를 포괄적으로 정의해 ESG 성과와 유사한 것으로 보아도 무방하겠다.

ESG 성과 측정 및 정보 공개

왜 기업의 ESG 활동 성과를 측정하는가?

앞에서 기업이 창출한 경제적 가치와 사회적 가치는 어떤 것이 있는지 살펴보았다. 우리가 기업이 창출한 사회적 가치에 주목하는 이유는, 그 기업의 어떤 행위가 얼마나 자신의 경쟁력을 높이고 더 나아가 기업 가치를 올리는 데 기여했는지 알고자 하기 때문이다. 예를 들어 화석 연료를 많이 사용하는 기업이 1천억 원을 들여 장학재단을 설립하는 것은 칭찬받을 일이기는 하나, 같은 금액을 들여 탄소 배출 감축 시설을 설치하는 것이 더 바람직한 일일 것이다. 이처럼 '어떤 항목에서 사회적 가치가 얼마나 발생했는지' 파악하는 것은 제대로 된 ESG 성과 측정의 출발점이다.

특히 ESG 투자는 기업의 ESG 활동 평가에서 시작한다. 누가 어떤 분야에서 얼마나 잘하는지, 또는 못하는지를 알아야 다른 기업이 아닌 그 기업에 투자할지 여부를 결정할 수 있고, 그 기업의 ESG 활동에 대해서도 영향력을 행사할 수 있기 때문이다. 한편 기업 입장에서도 '측정할 수 있으면 관리할 수 있다'는 말처럼, '측정

→관리(극대화, 최소화 등)→최종 목표 달성(ESG 성과 창출 및 기업 가치 극대화)'이라는 과정을 통해서 기업 활동을 보다 효율화할 수 있다.

이 과정에 대해, 정성적이고 주관적인 사회적 가치 특성상 이를 화폐 가치로 환산하거나 정량화된 지표로 측정하는 것이 너무 자의적이라고 비판하는 시각도 있다. 더 나아가 이런 자의적인 결과를 바탕으로 기업 성과를 평가하는 것이 무의미하다거나 위험하다는 지적도 있다.

분명 일리 있는 지적이다. 그러나 재무제표가 표준화되지 않았던 시대를 상상할 수 있는 사람이라면 평가 기준의 필요성에 대해 공감할 것이다. 제멋대로 정리된 장부를 가지고 주먹구구식 투자를 해야 했던 투자자들은, 표준화된 재무제표를 통해 특정 기업에 대한 투자 여부를 결정함에 있어서 가장 중요한 지표(매출이나 이익, 현금 흐름 등)를 전보다 명확히 알 수 있게 됐다. 기업의 재무 상태와 기업 가치 평가가 전보다 용이해졌고, 전 세계적으로 동일한 회계 기준이 사용되면서 자본시장의 활성화로 이어지게 된 것이다. 마찬가지로 ESG 투자가 활성화하기 위해서는 ESG 활동을 잘하는 기업을 쉽게, 그리고 정확하게 골라내는 방법이 먼저 정립되어야 한다.

ESG 성과를 객관적인 지표로 만드는 작업은 재무 성과의 지표화보다 어려운 일이며, 이 지표를 기업 가치와 연계시키는 것은 더욱 어렵다. 그럼에도 기업의 ESG 성과를 독려하기 위해서라도 지표를 마련하는 선행 작업은 필수적이다. 아직은 불완전한 면이 많지만, 이런 시도는 시간이 갈수록 성과가 개선되고 있다.

어떤 방식으로 ESG 성과를 보고하는가?

기업들은 대개 ESG 성과를 매년 '지속가능경영 보고서' 형태로 발간하고 있다. 2020년 기준으로 전 세계 매출액 상위 250개 기업 중 96%, 52개국의 상위 100개 기업 총 5천2백개 중 80%가 지속가능경영 보고서를 발간했다. 2002년에는 각각 45%, 18%만이 보고서를 발간했던 것과 비교하면 증가세가 상당히 빠르다.[1]

한편 우리나라에서는 2020년에 114개 기업이 지속가능경영 보고서를 발간했다.[2] 그런데 현재는 보고서 발간이 의무가 아니기에 한국거래소에 보고서를 공시한 기업은 38곳 뿐이다. 정부가 2021년 1월에 발표한 '기업 공시제도 종합 개선 방안'에 따르면 2025년부터는 한국거래소에 상장된 일정 규모 이상의 기업에 ESG 정보 공개를 의무화하고, 2030년에는 대상을 모든 한국거래소 상장사로 확대할 예정이다.[3]

기업의 ESG 성과를 측정하기 위해서는 어떤 정보를, 어떤 방식으로, 얼마나 자세히 공개하라고 요구할지 기준을 정해야 한다. 그러나 ESG 활동 성과를 공개하는 표준적인 방법은 아직 마련되지 않은 상황이다. 대부분 기업은 앞서 언급한 GRI가 제시한 표준을 따르고 있으나, 최근에 SASB, TCFD 등에서 내놓은 기준을 함께 반영하는 기업이 늘고 있다.

또 다른 문제는 기업에서 발간하는 지속가능경영 보고서가 주로 다양한 이해관계자에 초점을 맞추어서 작성되기 때문에, 투자자 입장에서 해당 기업의 ESG 성과가 수익성이나 기업 가치에 어떤 영향을 미치는지 파악하는 데 별 도움이 안 될 때가 많다는 것이다. 보고서에 여러 지속가능성 이슈가 제시되어 있기는 하지만, 이들의 재무적 중요성을 제대로 평가하지 않은 경우가 대부분이다. 그뿐만 아니라 기업의 전략, 비즈니스 모델 관점에서 자료를 분석하지 않아 지속가능성과 재무 성과 간의 관계 파악이 매우 어렵다는 비판이 많다.

이런 문제의식을 바탕으로 2010년 전 세계의 정부, 표준 제정 기구, 투자자 등이 참여한 국제 통합 보고 위원회, IIRCInternational Integrated Reporting Council가 설립됐다. 2013년 IIRC는 재무 및 비재무 정보를 통합적으로 제공하자는 취지의 '통합 보고IR: Integrated report 프레임워크'를 제시했다. 그런데 여기서 제시한 통합 보고는 단순히 재무 실적 보고와 지속가능경영 보고서를 기계적으로 합친 개념이 아니다.

통합 보고서는 기업의 비재무적 정보가 재무 성과 예측에 도움이 된다는 점, 그리고 재무제표에 포함되지 않은 다양한 무형자산

(인적, 지적, 사회적)이 기업 가치를 상승시킨다는 점에 주목한다. 즉 이 통합 보고서는 '재무적 정보와 비재무적 정보를 통합적으로 제공함으로써, 기업의 전략, 지배구조, 비즈니스 모델, 기회 및 위협 요인 등이 어떻게 가치를 창출할 수 있는지' 제시하는 것을 목표로 한다.

최근에는 이런 움직임에 동조하는 기업이 늘어나면서 현재 70개국 2천5백 곳이 넘는 기업이 통합 보고서를 발간하고 있다.[4] 투자자 중에서도 특히 장기 투자자가 기업의 통합 보고에 대해 긍정적인 반응을 보이고 있다. 미국 및 캐나다 기업을 대상으로 한 연구에 따르면, 통합 보고를 잘하는 기업일수록 장기 투자자 비율이 높아지는 것으로 나타났다.[5] 이 결과는 ESG 정보를 투자자에게 더 적극적으로 제공하는 기업일수록 ESG 활동에 우호적인 주주를 늘릴 수 있다는 중요한 시사점을 제공한다.

ESG 정보 공개 기준 1: GRI 표준

GRI는 기업의 지속가능경영 보고서에 대한 가이드라인을 제시하는 비영리 기구로서 1997년에 설립됐다. 2000년 지속가능성 보고를 위한 GRI 가이드라인을 최초로 제시한 이래 계속 업데이트해 2016년 'GRI 표준Standards'으로 명칭을 바꾸었다. 오늘날에는 100여 개국, 1만 5천여 개 기업이 GRI 표준에 따라 지속가능경영 보고서를 작성하고 있을 정도로 널리 쓰이고 있는데, 보다 구체적으로는 전 세계 상위 250개 기업의 73%, 52개국 상위 100개 기업의 67%가 이 표준을 따르고 있다.

GRI 표준의 구조는 아래 그림과 같다.

GRI 표준의 구조

출처: GRI, 「Sustainability reporting standards 2020」 재구성

먼저 100번대 항목을 보면, 101은 일종의 작성 지침이고, 102, 103은 모든 기업이 공통으로 작성해야 하는 항목이다. 102는 조직에 관한 일반적인 사항과 지배구조에 관한 항목을 포함하고 있다. 103은 중요한 주제material topic에 포함되는 항목과 이들을 관리하는 경영 방침 등에 대한 항목이다. 나머지 200, 300, 400번대 기준은 각각 경제, 환경, 사회 성과에 대한 항목으로서 각각 7, 8, 19개 항목, 총 34개 항목으로 구성돼 있고, 각 항목은 다시 여

러 개의 세부 항목을 포함하고 있다. 세부 항목이 워낙 방대하기 때문에 개별 기업은 이 항목 중 자신에게 해당하는 항목에 대해서만 보고하면 된다.

ESG 정보 공개 기준 2: SASB 표준

SASB는 2011년, 상장기업이 미국 증권거래위원회의 요구에 맞게 공시할 '중요한' ESG 항목의 기준을 개발하기 위해서 설립됐다.[6] GRI가 다양한 이해관계자에게 초점을 맞춰 다양한 항목을 보고하도록 권장하는 편이라면, SASB는 투자자 관점에서 중요한 정보를 제공하는 데 초점을 맞추고 있다. 즉, 어디에 투자해야 할지 결정하는 데 도움을 줄 수 있는 비교 가능한 비재무적 중요 정보를 제공하며, 산업별로 중요한 ESG 이슈에 대해 기업 간 성과를 비교할 수 있도록 하는 게 주된 목적이다.

이런 목적을 달성하기 위해 SASB는 2018년에 77개 산업별로 보고 표준을 발표했다. 이 표준은 중요성 지도materiality map를 제시하는 것으로 시작한다. SASB는 먼저 중요하다고 판단되는 이슈를 환경 6개, 사회 자본 7개, 인적 자본 3개, 비즈니스 모델 및 혁신 5개, 리더십 및 지배구조 5개를 선정했다. 그리고 이 중에서 어떤 항목들이 중요한지 결정한 후, 77개 산업별로 정보를 공개해야 할 중요 이슈materiality 리스트와 측정 방법을 제시하고 있다.

예시로 다음의 표에서 전자기기 산업의 보고 표준을 확인할 수 있다. SASB는 각 산업 분야에서 중요하다고 생각되는 비재무적인 이슈만을 공개하도록 하기 때문에 GRI보다 항목 수가 훨씬 적

전자기기(Hardware) 산업 보고 표준

주제	항목	범주	측정 단위
제품 안전	제품의 데이터 보안 리스크를 발견하고 대처하는 방법 설명	논의 및 분석	N/A
직원 다양성 및 포용성	(1) 경영진, (2) 기술진, (3) 그 외 임직원별로 성별, 인종별, 민족별 비율	정량적	%
제품 수명 주기 관리	IEC 62474 국제표준을 충족하는 물질을 포함하고 있는 제품의 매출액 비율	정량적	%
	EPEAT 등록 기준이나 이와 동등한 수준의 기준을 충족하는 제품의 매출액 비율	정량적	%
	ENERGY STAR 기준을 충족하는 제품의 매출액 비율	정량적	%
	회수된 폐전자제품의 중량과 재활용률	정량적	메트릭 톤, %
공급망 관리	1차 협력회사 중 RBA(Responsible Business Alliance)의 VAP(Validated Audit Process) 또는 이와 동등한 수준의 절차에 따라 감사를 받은 비율을 (a) 모든 시설 및 (b) 고위험 시설에 대해 각각 제시	정량적	%
	1차 협력회사가 (1) RBA의 VAP 또는 이와 동등한 수준의 기준에 따라 부적합 판정을 받은 비율과, (2) 부적합 사항들을 시정하기 위한 조치의 실행률을 (a) 우선적으로 고려해야 할 부적합 사항과 (b) 기타 부적합 사항들을 구분하여 제시	정량적	비율
원료 조달	중요 광물의 사용과 그에 관련된 리스크 관리에 대한 설명	논의 및 분석	N/A

출처: SASB, 「Hardware standard 2018」 재구성

다. 전자기기 산업에서는 제품 안전, 직원 다양성 및 포용성, 제품 수명주기 관리, 공급망 관리, 원료 조달의 5개 이슈에서 총 9개가 보고 항목으로 제시되어 있다.

SASB는 GRI에 비해 훨씬 늦게 표준을 제시했지만, 초점을 재무 실적 통합 보고에 맞추고 재무 성과 측면에서 중요하게 여겨지는 ESG 요소를 반영해 지침을 만들었기 때문에 투자자에게 더 빠르게 수용되고 있다. 특히 블랙록 CEO 래리 핑크가 2020년 초 CEO들에게 보낸 연례 서한에서 SASB와 TCFD의 보고 기준에 따른 정보 공개를 요구하며 더욱 주목받게 됐다.

실제 투자자 사이에서도 SASB 표준이 산업별로 중요한 ESG 이슈에 대해 기업 간 성과를 비교할 수 있게 만들어줘서, 더 유용하다고 판단하고 있는 듯하다. 한 연구에 따르면, SASB 정보를 제공하지 않는 기업들의 주가는 개별적으로 움직이기보다는 증권시장 및 산업 전체 주가와 연동해 움직이는 데 반해, SASB 정보를 많이 공개한 기업들의 주가는 해당 기업의 ESG 성과와 연동해 변화하는 폭이 큰 것으로 나타났다.[7] 반면 SASB 표준에 포함되지 않은 ESG 정보는 개별 기업 주가의 변동을 설명하는 데 유의미한 영향을 미치지 않은 것으로 나타났다.

ESG 성과를 재무적으로 평가하는 데 필요한 기업 고유firm-specific의 정보를 SASB 표준이 제공한다는 사실은 향후 ESG 정보 공개 표준의 진화 방향을 설정하는 데 도움이 되리라 생각한다.

ESG 정보 공개 기준 3: TCFD 권고안

TCFD는 G20 재무장관과 중앙은행총재회의 산하 금융안정위원회FSB: Financial Stability Board에서 기업의 재무 성과에 기후변화가 미치는 영향을 공개하기 위한 권고안을 만들기 위해 2015년에 설립한 조직이다.

TCFD는 2017년에 최종 권고안을 발표했는데, 기후변화 관련 위험과 기회 요인을 파악하고, 이들의 재무적 영향을 기업들이 자발적으로 공시하도록 해 투명한 정보 공유를 유도한다. 이 권고안은 크게 기후 관련 위험 및 기회, 권고안 및 지침, 시나리오 분석의 세 가지 부분으로 구성된다. 이 중 권고안 및 지침 부분은 지배구조, 전략, 위험 관리, 지표와 감축 목표 등 4대 영역, 11개 항목으로 이루어져 있다.[8]

TCFD는 2020년 말 기준 1천5백개 이상 기관의 지지를 받고 있으며, 52개국의 매출액 상위 100위 기업 중 거의 20%가 자신들의 지속가능경영 보고서에 TCFD 권고안 내용을 반영했다.

ESG 정보 공개 기준의 통합 움직임

지난 몇 년 사이에 ESG 정보의 양과 질은 현저히 개선됐고, 이

TCFD 권고안의 기후변화 관련 정보 공시 항목

영역	정보공시 주요 항목
지배구조	① 기후변화 관련 위험과 기회에 대한 이사회의 감독 ② 기후변화 관련 위험과 기회를 평가 및 관리하는 경영진의 역할
전략	③ 단기·중기·장기적 관점에서 확인한 기후변화 관련 위험과 기회 ④ 기후변화 관련 위험과 기회가 조직이 사업, 전략 및 재무계획에 미치는 영향 ⑤ 2℃ 이내 상승 등 각종 기후변화 시나리오상 조직 전략과 재무계획에 미치는 영향
위험관리	⑥ 기후변화 관련 위험의 식별 및 평가를 위한 조직의 프로세스 ⑦ 기후변화 관련 위험을 관리하기 위한 조직의 프로세스 ⑧ 기후변화 관련 위험의 식별, 평가 및 관리 프로세스를 조직의 전반적인 리스크 관리 체계에 통합관리하는 방법
지표와 감축 목표	⑨ 조직이 전략 및 리스크 관리 프로세스에 따라 기후변화 관련 위험과 기회를 평가하기 위해 사용하는 지표 ⑩ 온실가스 배출량 및 관련 위험 ⑪ 기후변화 관련 위험과 기회를 관리하기 위해 사용하는 조직의 목표 및 목표 대비 성과

출처: TCFD, 재구성

것이 ESG 투자 활성화에 기여해 왔다는 사실은 분명하다. 그럼에도 투자자들은 여전히 ESG 투자에 있어 '정보 부족'을 가장 심각한 장애 요인으로 꼽는다. 과거 ESG 투자의 가장 흔한 장애 요인으로 꼽혔던 낮은 재무 성과, 수탁자 의무 위반 등에 대한 기관투자자의 우려는 많이 해소된 데 비해, 이제는 신뢰할 수 있는 표준화, 정량화한 ESG 정보의 부족을 투자 시 가장 큰 애로 사항으로 느끼고 있다.[9]

물론 앞서 언급한 대로 GRI, SASB, TCFD 등을 통해 표준화가 진행되고 있으며 각자 중요한 정보를 제공하려고 노력하고는 있다. 하지만 다 강제력이 없는 기준이며 이 기준에 맞춰 제공되는 정보도 신뢰도 면에서 한계가 많다. 가장 심각한 문제는 너무 다양한 표준이 제시되고 있어서 공통의 기준으로 기업을 평가하기가 매우 어렵다는 점이다.

다행히도 이런 문제의식에 공감한 전 세계 여러 기관이 공통 표준 제정에 나섰다. 우선 ESG 정보 공개 표준을 정하는 5개 기관, GRI, SASB, IIRC, CDSBClimate Disclosure Standards Board, CDPCarbon Disclosure Project가 2020년 9월 공통 표준 제정에 합의했고 12월에 초안을 공개했다.[10] 이와 연계해 SASB와 IIRC 두 기관은 합병을 통해 '가치공시재단Value Reporting Foundation'을 설립할 예정이라고 밝혔다.[11]

글로벌 회계 기준을 제정하고 관리하는 '국제회계기준IFRS: International Financial Reporting Standards 재단'의 움직임 또한 주목할 만하다. IFRS 재단은 지속가능성 정보 공시를 위한 글로벌 기준의 필요성에 공감하며 이에 기여하기 위해 2021년 중에 '지속가능성 기준 위원회SSB: Sustainability Standards Board'를 설립할 계획이라고 밝힌 바 있다.[12] 이런 IFRS 재단의 계획은 많은 기관의 지지를 받고 있다. 예컨대 SASB도 SSB 설립을 지지하면서, 이미 공통 표준 제정 작업을 하고 있는 5개 기관과 글로벌 기준 제정을 위해 협력할 것을 제안했다.[13] 이렇게 통합을 위한 노력이 구체적인 결실로 이어진다면 ESG 정보의 품질도 크게 향상될 수 있으리라 기대한다.

ESG 성과의 평가

～～～

개별 기업의 ESG 성과 보고 기준이 갖추어지면 다음 문제는 '이 기준을 어떻게 평가에 활용할 것인가'일 것이다. 재무제표가 있다고 해서 바로 기업의 재무 실적에 대한 평가표가 나오는 것도 아니고, 재무제표가 기업 평가를 위한 유일무이한 자료라고 할 수도 없다. 때문에 투자자, 애널리스트, 신용평가기관 등은 재무제표 외에도 다양한 정보를 활용해 해당 기업에 대한 투자 여부와 적정 주가, 신용등급 등을 결정한다. 마찬가지로 ESG 평가기관들은 각 기업이 공개한 ESG 성과 자료를 활용해 각자의 목적에 맞게 성과를 평가하고, 그 결과를 바탕으로 기업별 ESG 등급을 발표한다.

ESG 평가기관은 2018년 기준으로 전 세계에 약 600개 이상 존재했으며 계속 증가하는 추세다.[14] 그중 약 30개 정도가 의미 있는 규모를 갖춘 공신력 있는 평가기관으로 인식되고 있다.[15] 여기서는 미국의 대표적 ESG 등급 평가기관인 MSCI, 그리고 우리나라의 서스틴베스트의 ESG 평가 방법에 대해 간단히 살펴보려고 한다.

미국 MSCI의 ESG 등급 평가

기업의 ESG 등급 평가 논리와 과정은 일반적으로 다음과 같다.[16]

① 평가는 데이터 수집부터 시작된다. 평가기관들은 기업들이 공개한 자료는 물론이고, 개별 기업 면담, 미디어, 정부, NGO 자료 등 활용 가능한 모든 자료를 수집한다.

② 데이터를 분석해 한 기업의 ESG 관련 리스크 요인이 동종의 타 기업과 비교할 때 어느 정도 수준인지exposure scores 그리고 그 기업의 상대적인 ESG 관리 역량은 어느 수준인지management scores를 정량적인 지수metrics로 나타낸다. 리스크 요인 항목은 80개 지수, 관리 역량 항목은 600개의 정책 및 프로그램 지수와 240개 성과 지수로 구성돼 있다.

③ 리스크 요인 및 관리 역량 지수를 37개의 ESG 이슈별로 묶어서 각 이슈에 대해서 0부터 10까지의 범위로 평가 점수를 매긴다.

37개의 ESG 이슈 상세 내역은 다음 표에 제시돼 있다. 여기에 따르면 ESG 이슈는 3가지 필러Pillars와 10가지 주제Themes, 37가지 핵심 이슈Key Issues의 계위로 구성돼 있다. 예컨대, 환경 필러에는 기후변화를 포함한 4개의 주제가 있으며, 다시 기후변화 주제는 탄소 배출, 탄소 발자국 등 4개의 핵심 이슈로 구성돼 있다. 이들 이슈에 대한 평가는 대체로 1년 주기로 업데이트한다.

MSCI의 ESG 등급 평가 기준

3 필러	10 테마	37 ESG 핵심 이슈	
환경	기후변화	탄소 배출 탄소 발자국	환경 친화적 자금 공급 기후변화 취약성
	천연 자원	물 부족 생물 다양성 및 토지 사용	원자재 조달
	오염과 폐기물	유독성 물질 배출 및 폐기물 포장재 및 폐기물	전자제품 폐기물
	친환경 기회	클린 테크 기회 그린 빌딩 기회	재생에너지 기회
사회	인적 자본	노무 관리 건강 및 안전	인적 자원 개발 공급망 노동 표준
	제조물 책임	제품 안전 및 품질 화학물 안전 금융상품 안전성	개인정보 및 정보 보안 책임 투자 건강 및 인구구조 위험
	이해관계자 반대	논란이 많은 조달	
	사회적 기회	커뮤니케이션 접근성 금융에 대한 접근성	헬스케어 접근성 영양 및 건강 기회
지배구조	기업 지배 구조	이사회 보상액	소유구조 회계
	기업 행동	기업윤리 반경쟁적 행위 세금 투명성	부패 및 불안전성 금융 시스템 불안정성

출처: MSCI, 「ESG Ratings Methodology 2019」 재구성

37개 핵심 이슈별로 평가 점수를 매기면, 10개 주제별로 해당 이슈의 점수를 가중 평균한다. 이때 각 이슈에 부여되는 점수의 가중치는 그 이슈가 해당 산업에서 얼마나 중요한지, 시기적으로 얼마나 빠르게 나타날지 등을 고려해 결정한다. 이렇게 해서 10개 주제에 대해 주어진 평가 점수는 다시 주제별 가중치를 감안해 환경, 사회, 지배구조 필러의 평가 점수를 결정하는 데 사용한다. 마지막으로 이 세 점수를 가중 평균하면 하나의 숫자로 표시된 해당 기업의 ESG 점수가 산출된다.

④ 이 점수를 기반으로 ESG 등급을 최고 등급 AAA부터 최저 등급 CCC까지 표시한다.

MSCI는 이러한 과정을 거쳐 7천5백여 개 기업에 평가 등급을 부여하고 있다. 그리고 이 자료를 활용해 다양한 산출물과 서비스를 제공하는데, 대표적으로 기업 및 산업 리포트 발간, 포트폴리오 분석, 데이터 제공 서비스, 다양한 ESG 포트폴리오 인덱스 개발 등을 들 수 있다.

한국 서스틴베스트의 ESG 등급 평가

서스틴베스트는 우리나라 최초로 2006년부터 ESG 등급 평가를 시작한 곳으로서 ESG 정보 분석, 제공 및 자문에 특화된 전문 기업이다. 우리나라 상장기업 999곳을 대상으로 매년 2회 ESG

서스틴베스트의 ESG 등급 평가 기준

환경		사회		지배구조	
평가 항목	평가 지표	평가 항목	평가 지표	평가 항목	평가 지표
혁신 활동	친환경 혁신역량	인적 자원 관리	근로 조건	주주의 권리	경영권 보호장치
			고용평등 및 다양성		주주총회
	환경성 개선 성과		노사관계 관리		주주 가치 환원
				정보의 투명성	공정공시
	환경경영 시스템 인증		근로자 보건 및 안전		공시위반
					회계투명성
생산 공정	환경사고 예방 및 대응	공급망 관리	공정거래	이사회의 구성과 활동	이사의 선임
			상생협력		이사회의 구성
	공정관리				이사회의 활동
					감사 및 감사위원회
	온실가스			이사의 보수	이사 보수의 적정성
			공급사슬 관리		보상위원회
공급망 관리	친환경 공급망 관리	고객 관리	고객정보 보호	관계사 위험	관계사 우발채무
			소비자 만족 경영		관계사 거래
			품질 관리		내부거래 위반
고객 관리	그린마케팅	사회 공헌 및 지역 사회	국제 이니셔티브 가입 및 활동	지속가능 경영 인프라	지속가능경영 거버넌스
			사회공헌 활동		지속가능경영 보고
			지역사회 관계		윤리경영

출처: 서스틴베스트, 「2020 상장기업 ESG 분석 보고서」

성과를 평가하고 등급을 발표하고 있다.[17]

　서스틴베스트의 기업 평가 방법은 기본적으로 MSCI와 같아서, '정보 수집 → 주요 지표 측정 → 지표별 점수 부여 → 최종 등급 부여'의 과정을 거친다. 평가 항목은 환경, 사회, 지배구조 3개 영역으로 나뉘는데, 환경 영역은 4개 항목, 8개 지표, 20개 세부 지표로 구성되어 있고, 사회 영역은 4개 항목, 13개 지표, 34개 세부 지표, 그리고 지배구조 영역은 6개 항목, 18개 지표, 41개 세부 지표로 이루어져 있다.

　서스틴베스트의 평가 지표를 MSCI와 비교하면, 큰 방향성은 같지만 환경이나 사회 영역보다는 지배구조 영역을 더 세밀하게 분류했다는 차이가 있다. 이는 서스틴베스트가 ESG 문제를 바라보는 시각이기도 하겠지만, 한국 사회에서 특히 지배구조 문제가(적어도 현재까지는) 가장 중요하다고 판단하는 관련 전문가들의 시각도 어느 정도 반영되어 있는 듯하다.

　ESG 등급은 AA, A, BB, B, C, D, E 7개 등급으로 나뉘고, D등급 이하는 투자 배제 종목으로 분류하고 있다. 그 결과에 따르면, 999개 기업 중에서 80개 기업이 AA, 164개 기업이 A 등급을 받았다. 업종별 우수 기업은 오른쪽 표와 같다.

섹터별 ESG 등급 우수 기업

섹터	종목명	등급	섹터	종목명	등급
가정 및 개인용품	LG생활건강	AA	운송	한솔로지스틱스	A
	애경산업	A		한국공항	A
	아모레퍼시픽	A		KSS해운	A
	네오팜	A		동양고속	A
건강관리 서비스 및 장비	뷰웍스	A		인터지스	A
내구소비재 및 의류	코웨이	A	유틸리티	한전산업	AA
	유니켐	A		지역난방공사	A
	한섬	A	은행	신한지주	AA
다각화된 금융	미래에셋대우	A		BNK금융지주	A
	NH투자증권	A		하나금융지주	A
미디어와 엔터테인먼트	쇼박스	A		KB금융	A
	아프리카TV	A		기업은행	A
	현대에이치씨엔	A	음식료·담배	빙그레	AA
	나스미디어	A		MH에탄올	AA
	지니뮤직	A		롯데푸드	AA
반도체 및 반도체 장비	한솔테크닉스	AA		하림	A
	테스	AA		KT&G	A
	해성디에스	AA	음식료·소매	BGF리테일	A
	DB하이텍	AA	일반지주	풀무원	AA
	KEC	AA		한국전자홀딩스	AA
보험	삼성화재	A		한솔홀딩스	AA

섹터	종목명	등급	섹터	종목명	등급
상업 전문서비스	한전KPS	AA	일반지주	BGF	AA
	퍼시스	AA		KC그린홀딩스	AA
	코아스	AA	자동차 및 부품	동양피스톤	AA
	모나미	A		두올	AA
	인선이엔티	A		동일고무벨트	A
소매	현대홈쇼핑	A		모토닉	A
	신세계인터내셔널	A		현대차	A
소비자 서비스	비상교육	A	자본재	한국종합기술	AA
	해마로푸드서비스	A		KC코트렐	AA
	강원랜드	A		한전기술	AA
소재	연우	AA		HSD엔진	AA
	영보화학	AA		STX중공업	AA
	한솔홈데코	AA	제약, 생명공학 및 생명과학	대원제약	AA
	애경유화	AA		종근당바이오	AA
	경농	AA		케어젠	AA
소프트웨어 및 IT서비스	신세계 I&C	AA		동화약품	A
	한솔PNS	AA		에스티팜	A
	현대오토에버	AA	통신서비스	KT	AA
	롯데정보통신	AA	하드웨어 및 IT장비	두산솔루스	AA
	더존비즈온	AA		엘앤에프	AA
에너지	한국쉘석유	AA		대덕	AA
	SK이노베이션	A		케이엠더블유	AA
				와이솔	AA

출처: 서스틴베스트, 「2020 상장기업 ESG 분석 보고서」 재구성

평가 등급의 차이와 신뢰도 문제

대부분의 투자 결정은 표준화된 정량적 정보에 의존한다. 그러나 앞에서 지적했듯이 표준화, 신뢰도, 정량화 등 모든 관점에서 ESG 정보는 여전히 많은 한계를 안고 있다. 그러다 보니 정보 제공 기업들도 정보를 그러모아 ESG 활동 평가 및 등급 평가에 사용하지만, 업체마다 각기 다른 고유의 방법을 사용하고 있는 탓에 같은 기업의 ESG 등급도 평가기관에 따라 큰 차이를 보이는 것으로 나타났다.[18]

한 예로, 823개 미국 기업에 대해 5개 평가기관이 부여한 ESG 평가 점수를 사용해 두 평가기관 간의 평가 점수 상관계수를 비교한 연구에 따르면, 상관계수는 0.42에서 0.73 범위의 값으로 나타났고 평균값도 0.61에 불과했다. 한 마디로 평가기관에 따라 결과가 천차만별로 나타났다는 의미다.[19] 그에 비해 기업의 신용등급을 평가하는 대표적인 기관인 무디스와 S&P가 부여한 기업의 일반 신용등급 사이의 상관계수는 0.986으로 매우 높다.

이처럼 신용등급에 비해 ESG 등급은 평가기관과 기준에 따라 워낙 편차가 크기 때문에 투자자 입장에서 보면 이 자료를 근거로 투자 결정을 하기 어려울 것이다. 그리고 평가받는 기업 입장에서도, ESG 성과를 개선하기 위해 어떤 행동을 해야 하는지 혼란스럽기는 마찬가지일 것이다.

왜 이렇게 큰 차이가 발생할까? 같은 연구에 따르면, 평가 결과의 차이는 '통합 차이aggregate divergence', '측정 차이measurement divergence'라는 두 가지 문제 때문에 발생한다.

통합 차이는 다시 범위scope 차이, 가중치weight 차이로 나눌 수 있다. 범위 차이는 평가기관에 따라 예컨대 '관계사 거래'를 평가 항목에 포함시키는지의 차이에 기인하고, 가중치 차이는 각 항목의 상대적 중요성에 대한 인식 차이에 기인한다. 그에 비해 측정 차이는 같은 항목을 어떻게 측정할 것이냐의 차이에서 발생한다. 예컨대 '근로 조건' 항목을 측정하면서 종업원 이직률을 사용할 수도 있고, 노동 관련 분쟁 건수를 사용할 수도 있는데 어떤 것을 쓰느냐에 따라 결과도 달라진다.

실증 분석에 따르면, 평가 결과의 차이 중에서 범위 차이 문제가 44%, 가중치 차이가 3%, 그리고 측정 차이가 53%를 설명하는 것으로 나타났다. 요약하면 범위와 가중치를 합친 '통합 차이'는 주로 평가기관의 주관적 판단에 따른 차이를 반영하고, '측정 차이'는 주로 기술적 판단에 따른 차이를 반영하는 것인데 이 두 가지 요인이 거의 비슷한 비중으로 평가 결과의 차이를 설명하는 원인이다.

이처럼 ESG 정보 중에서 어떤 항목을 어떻게 평가할 것인지에 대한 의견 차이가 크다는 연구를 보면, 'ESG 자료가 많다는 것이 반드시 투자에 도움이 될까' 하는 의구심이 들 수 있다. 실제로 최근 한 연구에서, 일반적인 예상과는 달리 ESG 정보를 많이 공개할수록 ESG 평가기관 사이에 큰 편차가 나타난다는 사실이 확인된 바 있다.[20] 이는 많은 정보를 제공하면 할수록 앞에서 언급한 통합 차이와 측정 차이가 더 크게 벌어진다는 의미다. 따라서 무작정 많은 정보를 얻는 것보다는 공통으로 중요한 정보가 무엇인지 선별하는 것이 더 중요하다는 사실을 확인할 수 있다.

한편 평가 결과는 평가기관 자체에 내재한 편향성에도 영향을 받는다. 그중 대표적인 것이 '평가자 효과rater effect'인데, 평가기관이 특정 기업을 긍정적으로 보면 여러 항목에 걸쳐서 좋은 평가를 하게 된다는 뜻이다. 실제로 한 평가기관이 특정 기업을 평가할 때 항목 간 평가 점수 사이에 뚜렷한 상관관계가 있다는 사실을 실증 분석을 통해 증명한 연구가 있는데, 이는 평가자 효과의 존재, 즉 평가자의 성향 또는 편견이 평가 결과에 영향을 미친다는 사실을 확인해주는 결과다.[21] 이처럼 평가자 효과가 존재한다는 사실은 평가기관이 지배구조나 평가 과정에서 기관의 독립성과 객관성을 확보하는 것이 중요하다는 시사점을 제공한다.

평가기관의 또 다른 편향성은 시가총액이 큰 기업일수록 ESG 등급이 높다는 사실이다.[22] 이는 상대적으로 많은 자원을 가지고 있는 대기업이 자신에게 유리한 데이터를 자주, 더 많이 공개할 수 있을 뿐 아니라, 내부에 규모도 크고 노하우도 많은 CSR 전담 부서가 있어 ESG 평가기관에 더 잘 대응할 수 있기 때문이다. 이처럼 ESG 등급에 기업 규모 편향성이 존재한다는 비판은 지금까지 많이 제기된 바 있다. ESG 등급이 기업 규모와 같은 기존 재무지표의 영향을 받는다면, ESG 등급을 별도 변수로 투자 모형에 반영하는 것이 왜곡된 결과로 이어질 수 있다.

ESG 평가 결과가 꼭 수렴돼야 하나

앞에서 평가기관의 주관적 판단이 ESG 자료의 선택과 가중치 설정에 영향을 미친다고 지적했는데, 그럼 주관적 판단의 차이는 어디서 기인한 것인가?

일단 일정 부분은 주요 평가기관의 설립 배경 차이로 설명할 수 있다.[23] 예컨대 평가기관 사이에서도 비영리 기관과 영리 기관 간 차이가 있을 수 있다. 또 어떤 기관들은 ESG 항목 전반을 반영하려고 하는 데 비해, 각자가 판단하는 중요도에 따라, 기후 문제나 인권 문제 등 특정 이슈에 초점을 맞추는 기관도 있다. 어느 국가에 설립됐느냐에 따라서 문화적 차이가 발생하기도 한다. 이러한 차이는 결과적으로 평가기관이 사회적 가치에 더 중점을 두느냐, 아니면 경제적 가치에 초점을 맞추느냐 하는 지향점에도 영향을 미치게 된다.

그런데 최근, 이들 ESG 평가기관 중 중소형 기관을 중심으로 인수 합병이 활발하게 이루어지면서 소수의 대형 기관으로 통합되는 추세가 나타나고 있다.[24] 이러한 추세는 탄생 배경의 차이로 인해 발생한 평가기관들의 특성을 둔화시킬 가능성이 크다. 또한, ESG 평가 등급 자료를 투자 목적으로 활용하려는 수요가 급증하면서 ESG 등급 평가가 특정 사회적 가치보다는 재무적 가치와의 연계성에 더 무게를 두는 쪽으로 변하게 될 전망이다.

그러나 이러한 변화가 평가기관 간의 차이를 완전히 없애는 방향으로 가지는 않을 것 같다. 여전히 각 기관의 특성 차이가 있는데다, 재무 이슈와 달리 ESG 문제는 그 자체로 다양한 시각과 문제의식을 전제로 하기 때문이다. 따라서 다양한 평가 결과를 놓고 이들을 비교하고 종합하면서 기업 평가에 반영하는 것도 좋은 방법이다. '그 간단한 도량형 기준도 통일하지 못했는데, 하물며 ESG 평가야 말해 무엇하랴' 하고 생각하는 것도 나쁘지 않을 것이다.

이처럼 다양한 기준과 결과가 혼재하는 상황에서는 ESG 평가기관의 투명성 제고가 반드시 필요하다. 현재는 그들이 어떤 자료를 활용했는지, 각 항목에 계량적이거나 비계량적인 지표를 어떤 식으로 분석에 반영하고 있는지, 가중치는 얼마인지 등의 정보는 외부에 거의 공개되지 않는다. 물론 평가기관의 평가 노하우가 있는 만큼 전부 공개할 수는 없겠지만, 지나친 보안은 결과에 대한 신뢰도를 떨어뜨리고 결과적으로 정보 활용도까지 떨어뜨린다는 점을 고려해야 한다.[25]

ESG 투자 전략

〰〰〰

일반적인 투자와 마찬가지로, ESG 투자 방식은 각종 ESG 인덱스에 기초한 펀드에 투자하는 '패시브 투자 방식'이 있고, 자산운용자가 투자 분석 모형에 ESG 요인을 통합해 투자를 결정하는 '액티브 투자 방식'이 있다. 한편 기관투자자나 자산운용사들은 특정 기업에 대한 투자 여부를 결정할 뿐 아니라, 자신이 지분을 가진 기업의 의사결정 과정에서 ESG 활동을 장려하기 위해 영향력을 행사하기도 하는데, 그 방법과 효과에 대해서도 알아볼 예정이다.

ESG 인덱스 펀드 투자

일반 투자에서도 신용평가기관들은 S&P 500, 다우존스 산업지수Dow Jones Industrial Index 등 많은 인덱스를 개발해 다양한 목적으로 활용한다. 마찬가지로 ESG 평가기관들도 기업들의 ESG 등급 정보를 활용해 다양한 인덱스를 구성하고 있다. 일반 투자에서처럼, ESG 인덱스는 주로 개인투자자 등 패시브 ESG 투자자들이 가입하는 ESG 인덱스 펀드를 만드는 데 활용되고 있다. 자산운용사들이 판매하는 ESG ETF 상품들이 패시브 인덱스 펀드에 해당한다.

MSCI의 사례를 통해 ESG 인덱스 구성 방법 및 종류에 대해서 알아보자.[26] MSCI는 세계 주식시장 지수ACWI Index: All Country World Index를 대표 지수 중 하나로 사용하는데, ESG 인덱스는 벤치마크 인덱스로 삼은 ACWI에 ESG 요인을 다양한 방법으로 반영해 만들어지는 ACWI의 '변형'이라 할 수 있다. 인덱스를 만들 때 ESG 요인을 고려하는 방법은 다음의 네 가지가 있다.

❶ 배제적 스크리닝exclusionary screening

앞에서 언급한 스크리닝 투자와 마찬가지로 특정 기업을 벤치마크 인덱스에서 제외하는 방법이다. 특정 기업을 배제하는 이유는 다양한데, 주류, 담배 판매 기업과 같이 가치관에 근거하는 경우, 무기 제조 업체에 투자를 금지하는 규정 때문에 투자하지 못하는 경우, 화석 연료를 기반으로 하는 기업처럼 경제적 리스크가 큰 경우 등이 있다. 투자 배제가 기업 레벨이 아니라 산업 레벨에서 행해지는 경우도 있다. 'MSCI ESG Screened Index'는 벤치마크 인덱스에서 투자 배제할 종목을 빼고 나머지 종목들을 시가총액 기준으로 가중 평균하여 포트폴리오를 구성한다.

❷ 동종 최상 기업 선택best-in-class selection

'MSCI ESG Leaders Index'는 벤치마크 인덱스 포트폴리오에서 ESG 등급 순서로 유동주식 시가총액을 가중치로 상위 50%까지를 채우는 인덱스다. 'MSCI SRI Index'는 같은 방식으로 상위 25%를 채운 인덱스다. 두 인덱스는 ACWI 전체 기업을 기준으로 할 수도 있으나, 산업과 지역의 편중 현상을 피하기 위해 특정 산업 또는 지역에서의 최상 기업들을 선택해 인덱스를 만드는 경우가 일반적이다.

❸ 비중 조정weight tilt

벤치마크 인덱스 포트폴리오를 구성하는 각 기업에 ESG 등급 수준과 등급 추이를 감안해 각 기업의 비중에 가중치를 주는 방식이다. 예컨대 'MSCI ESG Universal Index'는 ESG 등급이 높고 상승 추세이면 가중치를 2로, 등급이 낮으며 하락하는 상황이라면 가중치를 0.5로 줄이는 식으로 구성한다.

❹ 최적화optimization

'MSCI ESG Focus Index'는 트래킹 에러tracking error를 일정 수준 이하로 유지하는 선에서 벤치마크 인덱스 대비 ESG 점수를 극대화할 수 있도록 포트폴리오를 구성한다. 트래킹 에러는 '벤치마크 인덱스와 새롭게 만들어진 인덱스의 투자 수익률 차이의 표준편차'를 의미한다. 이를 수식으로 표시하면 다음과 같다.

$$Tracking\ Error = Standard\ Deviation\ of\ (P - B),$$

$$P = 포트폴리오\ 수익률 / B = 벤치마크\ 수익률$$

트래킹 에러 수치가 크다는 것은 새롭게 만든 포트폴리오가 벤치마크 인덱스의 성과와 편차가 크다는 뜻이다. 만약 새 포트폴리오와 벤치마크의 평균 수익률은 비슷한데 트래킹 에러가 크게 나

ESG 인덱스의 종류와 구성 방법

인덱스	인덱스 구성 방법
MSCI ESG Screened	배제할 종목을 제외한 나머지 종목들을 시가총액 기준 가중평균
MSCI ESG Universal	벤치마크 인덱스 포트폴리오를 기준으로, ESG 등급 수준과 등급 추이를 감안하여 각 기업의 비중에 0.5~2.0까지의 가중치 부여
MSCI ESG Focus	트래킹 에러(tracking error)를 일정 수준 이하로 유지하는 제약을 두고 벤치마크 인덱스 대비 ESG 점수를 극대화할 수 있도록 인덱스 구성
MSCI ESG Leaders	ESG 등급 순서로 유동주식 시가총액을 가중치로 상위 50%까지를 채우는 방식으로 구성하되 특정 산업 및 지역별로 최상 기업들 선택
MSCI SRI	ESG 등급 순서로 유동주식 시가총액을 가중치로 상위 25%까지를 채우는 방식으로 구성하되 특정 산업 및 지역별로 최상 기업들을 선택

출처: MSCI, 재구성

타난다면, 이는 이 포트폴리오가 시장 평균보다 수익성은 신통치 않은데 변동성이 더 크다는 것을 의미한다.

이런 경우 굳이 새 포트폴리오를 만들어 투자하느니 그냥 벤치마크 인덱스에 투자하는 것이 더 낫다. 따라서 벤치마크를 기준으로 하는 새 인덱스를 만들 때 ESG 평가 점수가 좋은 기업들을 고르되, 이러한 변동성을 일정 수준 이하로 통제하는 경우가 많다.

액티브 ESG 통합 투자

전문적인 자산운용자들은 인덱스 펀드에 투자하는 패시브 투자 방식보다는 주식 가치를 산정하는 모형을 통해 포트폴리오를 구성하는 액티브 투자 방식을 사용한다. ESG 요인을 통합하는 방식은 다양할 수 있겠으나, 일반적으로는 다음에 소개할 세 가지 방법을 주로 사용한다.[27] 이들에 대한 자세한 설명은 이 책에서 다루는 범위를 벗어나므로 생략한다.

❶ 펀더멘털fundamental 전략

펀더멘털 전략은 전통적인 기업 가치 산정 모형에 ESG 요인을 고려해 기업 가치, 즉 주가를 조정하는 전략이다. 기업 가치를 산정할 때 현금흐름 할인DCF: Discounted Cash Flow 방식이 가장 일반적으로 사용되는데, 이 방식은 앞으로의 영업활동을 통해 기대할 수 있는 순현금의 흐름을 미래 할인율로 할인해 기업 가치를 산출하는 방법이다. 만약 ESG 요인을 고려하여 DCF 방식으로 기업 가치를 산정한다면, ESG 요인으로 인한 기회 및 위험을 평가해 재무제표상에 매출액, 매출 성장률, 영업 비용, 현금흐름 전망치를 가감하거나 자산 가치를 변경하는 방식으로 ESG 요인을 통합할 수 있다. 일례로, 작업장 사고 비율 및 사망률이 높은 회사의 경우 예상되는 관련 비용의 증가를 반영하여 영업이익 전망치를 하향 조정할 수 있다.

❷ 퀀트quantitative 전략

퀀트 전략은 주가에 영향을 미치는 요인들로 구성된 주가 산정 모형asset pricing model을 사용한 통계 기법을 통해, 어떤 요인이 주가에 가장 큰 영향을 미치는지 파악하고 더 나아가 주가를 예측하는 방법이다. 이 모형에 흔히 포함되는 요인은 기업 규모, 수익성, 성장성, 변동성, 배당 등이다. 통계 분석을 통해 주가에 긍정적인 영향을 미치는 것으로 나타난 요인을 찾아내고, 그러한 특성이 있는 주식을 포트폴리오에 편입시킴으로써 높은 수익률을 기대하는 전략이라고 할 수 있다.

퀀트 전략에서는 다양한 방법으로 ESG 요인을 모형에 반영하고 있다. 예컨대 한 자산운용사는 ESG 요인과 주가 수익 비율PER:

price earnings ratio 간의 관계를 분석해 기업별 ESG 점수를 산정한 후, 포트폴리오를 구성할 때 이 점수를 가중치로 활용한다.

❸ 스마트 베타 smart beta 전략

스마트 베타 투자 전략은 패시브 투자와 액티브 투자를 혼용한 방식이다. 인덱스를 구성할 때 흔히 시가총액 비율대로 주식을 편입시키는 데 비해, 스마트 베타 전략에서는 기업의 내재 가치나 성장 모멘텀, 낮은 변동성, 고배당 등 다른 요인도 가중치로 고려함으로써 벤치마크 인덱스보다 높은 수익률을 올리는 것을 목표로 한다. 예컨대 주가 수익 비율을 가중치로 활용하면 상대적으로 주가 수익 비율이 낮은 주식이 포트폴리오에 많이 편입되어 향후 수익률을 개선하는 효과가 있을 수 있다.

스마트 베타 전략에서도 ESG 요인과 점수를 포트폴리오 구성에 활용함으로써, 위험 조정 수익률을 올리고 내재적 위험을 줄이는 방법이 사용된다.

***

비교적 정형화된 전통적 모형과는 달리 ESG 통합 투자 전략에서 어떤 ESG 요인을 어떻게 포함할 것인지에 대해서는 아직 확립된 이론이 부족한 상황이다. 이는 정량화된 ESG 정보를 구하기 쉽지 않고, 중요한 ESG 요인이 무엇인지에 대한 이론적·실증적 증거가 부족한 데다가 ESG 요인과 기존 재무적 요인의 관계에 대해서도 많은 논란이 있는 등 여러 어려움이 산적해 있기 때문이다. 이런 어려움으로 인해, ESG 분석은 기존의 정량적 모형을 보완하는 정성적 요인을 추가하는 경우도 많다.

기업에 대한 영향력 행사

투자자들은 일반적으로 자신의 선호에 따라 특정 기업의 주식을 매입 또는 매도함으로써 그 기업의 주가, 나아가 기업 활동에 영향을 미칠 수 있다. 그러나 '유니버설 오너'급 초대형 기관투자자나 자산운용사 경우에는 어떤 기업의 활동이 마음에 들지 않는다고 해서 해당 기업의 주식을 전부 매도하기 쉽지 않다. 특히 인덱스 펀드에 편입된 주식은 예외적인 경우를 제외하고는 매도가 어렵고, 특정 기업의 지분율을 크게 올리거나 낮추는 것도 그들의 투자 원칙에서 어긋날 수 있다.

연기금과 같은 기관투자자들 또한 주식을 장기 보유한다는 특성상 지분율 변화를 통해 기업에 적극적으로 영향력을 행사하는 게 쉽지 않다. 그래서 과거에는 기업 경영자들이 이들 기관투자자를 '지분율은 높지만 경영에는 관여하지 않는, 비활동적이고 다루기 편한 주주' 정도로 간주하는 경향이 있었다. 이런 사정들로 인해, 기업의 ESG 활동 성과를 투자 결정에 반영한다고 해도 이것만으로는 ESG 투자가 기업의 ESG 활동 수준을 획기적으로 바꿀 것이라고 기대하기는 어려웠다.

그러나 ESG 투자가 화두가 되면서 이들의 투자 전략이 바뀌기 시작했다.[28] 이제 대형 투자자들은 기업의 바람직한 ESG 활동을 유도하기 위해 다양한 형태로 기업 활동에 관여하고 있다. 많은 연구에 따르면, 이러한 관여가 투자 수익률에도 긍정적인 영향을 미치는 것으로 나타났다. 투자자가 영향력을 행사하는 방법 또한 다양해졌는데, 상황에 따라 경영진과의 직접 대화, 주주 제안, 주주총회 표결proxy voting, 지분 매각, 공공 정책 참여 같은 방법을 활용하고 있다.

물론 주주 제안이 주주총회 표결을 통해서 통과되는 경우는 드물다. 그러나 주주 제안이 다수의 지지를 받지 못하더라도, 이런 주주 제안이 있었다는 사실만으로도 기업의 관련 ESG 활동이 개선되어 주가 상승으로 이어지는 경향이 있다.[29] 특히 기업에 대한 투자자의 관여가 성공적으로 이루어진 경우, 이것이 해당 기업의 수익성 개선이나 주가 상승으로 이어졌다는 연구 결과도 있다.[30]

ESG 투자가 단순 투자 행위를 넘어 실질적인 성과로 이어지려면 연기금 등 대형 투자자, 자산운용사의 적극적인 역할이 필수다. 그러나 투자자가 특정한 사회적 가치 추구를 위해 주주 제안을 하고 의결권 자문기관이 이를 지원하는 경우, 그것이 다른 주주의 이익에는 반하는 경우도 있을 수 있다는 점에는 주의할 필요가 있다.

한 연구에 따르면, 의결권 자문기관의 지지를 받는 주주 제안은 통과될 확률이 높은 데 반해, 연기금이 제안하고 의결권 자문기관의 지지를 받는 사회·정치적 이슈 관련 제안은 도리어 주가에 부정적인 영향을 미치는 것으로 나타났다.[31] 이 문제에 대해 컨센서스(사회적 합의)를 이루기에는 아직 충분한 연구 결과가 없지만, 기관투자자의 이익이 소액주주의 이익과 합치하지 않을 수 있다는 점, 그리고 기관투자자의 관여가 항상 긍정적이지만은 않을 수 있다는 점은 짚을 필요가 있겠다.

ESG 투자의 재무 성과

~~~~~~

정교한 투자 전략을 바탕으로 한 ESG 투자는 기대했던 만큼 좋은 수익률을 낼까? 이미 살펴보았듯이, ESG 요인을 고려하지 않은 투자에 비해 최소한 더 나빠지는 않은 실적을 보여주고 있다. 물론 지역별, 투자 상품별로 차이가 있고, 고려하는 기간과 측정하고자 하는 성과 등에 따라 다르기 때문에 결과 해석에 주의가 필요하다. ESG 투자 성과에 대한 연구는 매우 전문적인 분야지만, 여기서는 몇 가지 관점에 한정해 ESG 투자 성과를 소개한다.

ESG 성과는 어떻게 투자 성과에 영향을 미치는가?

가장 종합적으로 ESG 투자의 재무 성과를 분석한 논문은 3장에서 언급한 바 있는 프리데, 부시, 바센G. Friede, T. Busch and A. Bassen의 2015년 논문이다. ESG 투자가 투자 수익률에 부정적인 영향을 미친 것으로 나타난 연구 결과는 8%에 불과했고, 무려 63% 연구가 긍정적인 영향을, 나머지는 특별한 영향을 미치지 않은 것으로 나타났다.[32]

최근에도 ESG 투자 성과를 실증적으로 분석한 연구가 쏟아져 나오고 있는데, 이들 연구에 따르면 ESG 투자는 다음과 같은 경로를 통해서 재무 성과에 긍정적인 영향을 미치고 있다.[33]

첫째, 포트폴리오 구성 시 ESG 요인을 반영하면 개별 기업 고유의 위험idiosyncratic risk을 줄이는 데 도움이 되는 것으로 나타났다. 이 결과는 직관적으로도 쉽게 이해할 수 있는데, ESG 평가가 좋다는 건 곧 ESG 관련 사고 같은 위험을 관리하고 줄이는 역량이 뛰어나다는 의미와도 같기 때문이다.

둘째, ESG 평가가 좋은 기업은 평가가 낮은 기업에 비해 상대적으로 낮은 수준의 체계적 위험도systematic risk를 보였다.[34] 이는 주식시장의 상황이 크게 변동하더라도 해당 기업 주가 변동률은 상대적으로 크지 않다는 뜻인데, 이 또한 직관적으로 이해할 만하다. ESG 성과가 뛰어난 기업은 금융시장의 급격한 변화나 규제 환경의 변화 등 시장 환경에 직면했을 때도 회복력, 즉 위기 대처 능력이 뛰어나기 때문이다.

셋째, ESG 등급이 높은 기업은 대체로 영업이익률이 높고 그만큼 배당도 많이 하는 것으로 나타났다. ESG 등급이 좋은 기업은 기업을 경영하는 방식 또한 좋을 것이기 때문에 자연스럽게 좋은 인력이 모이기 쉽고, 뛰어난 혁신 능력을 바탕으로 소비자를 만족시킬 수 있다. 이는 결국 높은 경쟁력과 우수한 성과로 이어진다.

넷째, ESG 요인을 장기간에 걸쳐 더 높은 투자 수익률을 가져다주는 새로운 요인factor으로 볼 수 있느냐에 대해서는 실증 분석 결과가 엇갈린다. 전통적인 투자 모형에서는 기업 규모, 수익성, 성장성, 변동성, 배당 등이 높은 수익률에 기여하는 요인으로 꼽힌다. 그런데 아직까지 ESG 요인은 수익률을 높이는 추가 요인으로 보기 어렵다는 연구 결과가 더 많은 편이고, ESG 성과가 새로운 요인이라는 결과를 보이는 연구에서도 그 영향력은 매우 미미한 것으로 나타나고 있다.[35]

다섯째, ESG 성과가 개선되는 기업의 주가는 대체로 1년 정도 후에 뚜렷하게 상승하는 것으로 나타났다. ESG 성과가 나빠지는 경우에도 주가가 반응해 하락하는 경향이 나타나기는 했으나, 성과 개선의 경우에 비해 그리 뚜렷한 상관관계를 보이지는 않았다.[36]

상품별·지역별·요인별 성과 차이

한편 ESG 투자의 재무 성과는 패시브, 액티브 투자 방식에서 모두 비슷하게 나타났다. 예컨대 2010년부터 2017년까지 ESG 요인을 통합한 글로벌 인덱스 펀드의 재무 실적을 추적한 바에 따르면 벤치마크 인덱스 펀드, 그러니까 ESG 요인을 고려해서 포트폴리오를 조정하기 전 기존 펀드와 비교했을 때 리스크는 더 작고 수익률은 약간 더 좋은 것으로 나타났다.[37]

지역별로 ESG 투자 실적은 어떤 차이를 보일까? 연구마다 조금씩 다른 결과를 보이기는 하지만, 대체로 다음과 같이 종합할 수 있다.[38]

유럽 지역은 ESG 성과가 기업 주가에 가장 뚜렷하게 반영되는 편이다. 유럽 기업은 대체로 ESG 평가가 고르게 좋은 편이고 일부 기업이 매우 낮은 평가를 받는 편인데, 그 기업을 배제함으로써 포트폴리오 실적이 개선되는 효과가 뚜렷하게 나타난다.

신흥국 시장에서는 유럽만큼 뚜렷하지는 않지만, ESG 성과가 좋은 기업이 투자 수익률도 좋은 것으로 나타나고 있다. 유럽과 비교하면 신흥국 기업의 ESG 평가는 낮은 편이고 일부 기업만이 뛰어난 평가를 받고 있는데, 이들 기업이 포함된 포트폴리오가 상대적으로 좋은 실적을 거두는 편이다.

미국은 유럽보다 ESG 성과가 주가에 덜 영향을 미치는 편이고 심지어는 ESG 성과를 고려했다는 포트폴리오가 더 나쁜 재무 성과를 보이는 경우도 있다. 기술적인 측면에서 원인을 찾자면, 지난 몇 년간 애플, 아마존, 페이스북 같은 대형 기술주의 주가 상승률이 매우 높았는데 공교롭게도 이 기업들의 ESG 평점이 평균 이하여서 이들을 제외한 ESG 포트폴리오에서 벤치마크 포트폴리오 대비 높은 수익률을 기대할 수 없었다. 좀 더 근본적으로는 미국 투자자가 유럽 투자자보다 환경이나 사회적 요인에 대한 관심이 부족했고, 따라서 ESG 성과가 기업 가치에 덜 반영된 면이 있다고 할 수 있겠다. 물론 최근에는 많이 달라진 경향을 보이고는 있다.

마지막으로, ESG 성과를 환경Environmental, 사회Social, 지배구조Governance 요인으로 나누어 살펴본다면 각각의 요인이 재무 성과에 어떤 영향을 미칠까? 일반적으로는 지배구조가 주가에 가장 큰 영향을 미칠 것으로 생각하기 쉽지만, 글로벌 기업을 대상으로 한 연구에 따르면 지배구조 요인이 미치는 영향은 비중이 작고, 영향을 미치는 기간도 1년 이하로 짧게 나타났다. 이는 지배구조에 영향을 미치는 사건이 발생하면 그 시점에는 주가가 영향을 많이 받지만, 그 영향이 그리 지속적이지는 않다는 것을 의미한다. 그에 비해 환경과 사회 요인은 도리어 단기 주가에는 별 영향을 미치지 않고, 연구 기간 전체에 걸쳐 지속적인 영향을 미쳤으며 그 비중도 큰 것으로 나타났다.[39]

ESG 성과가 좋은 기업은 위기에 강하다

2020년 주식시장은 신종 코로나바이러스 감염증(코로나19)의 등장으로 인해 롤러코스터를 타는 듯했다. 첫 3개월간은 주가가 폭락했고, 그 후 9개월 동안은 주가가 지속적으로 올라서 2020년 초 수준을 넘는 상황이 됐다.

MSCI가 조사한 바에 따르면, 이 기간 글로벌 ESG 지수는 모두 벤치마크 지수보다 성과가 좋았는데 특히 초기 3개월간 더 큰 차이를 보였으며,[40] ESG 지수 중에서도 ESG 상위 등급 기업 편입 비율이 높은 지수(MSCI SRI, MSCI ESG FOCUS 등)가 특히 더 높은 주가 상승률을 보였다. 물론 이런 주가 상승이 모두 ESG 요인 덕분이라고 할 수는 없겠지만, 다른 요인만으로는 설명할 수 없는 방식으로 ESG 성과가 주가 상승에 기여했다고 해석할 수 있다.

어쩌면 최근 ESG 투자에 대한 관심이 급격하게 올라가고 있기 때문에, '혹시 ESG 포트폴리오에 대한 단순 수요 증가가 주가 상승을 견인한 것은 아닌가' 하는 의구심을 가질 수도 있다. 그러나 ESG 포트폴리오에 대한 수요 증가 때문에 주가가 올랐다고 볼 만한 근거는 아직 발견되지 않았다. 그보다는 ESG 성과가 영업 실적에 반영되면서 주가에도 긍정적인 영향을 미친 것으로 보는 게 더 타당해 보인다.

한편 ESG 요인은 2008년과 2009년에 있었던 국제 금융위기 때도 주가 상승에 긍정적으로 기여했다. 한 연구에 따르면, 금융위기 기간에 CSR 지표가 좋았던 기업들의 주식이 낮았던 기업보다 약 4~7% 포인트 더 높은 주가 수익률을 보인 것으로 나타났다.[41]

이런 결과를 통해, 사회 문제 해결에 적극적으로 나섰던 기업들이 그를 통해 신뢰라는 사회적 자본을 축적해 왔다는 사실, 그리고 위기 상황일수록 특히 신뢰가 중요한 가치로 부각됐다는 사실을 유추할 수 있다.

중요한 ESG 이슈를 해결하는 기업에 투자하라

이처럼 많은 연구에서 ESG 투자 수익률이 더 나쁘지 않다는 사실이 증명됐는데도 실제로 투자 업무에 종사하는 사람들은 여전히 ESG 투자 성과에 대한 불안감을 떨치지 못하고 있다. 왜 그럴까?[42]

우선, '무늬만 ESG' 투자의 성과가 좋지 않기 때문이다. 스크리닝 투자가 대표적인 예인데, 이 투자는 사회적 책임을 강조하는 투자이기 때문에 재무 성과가 좋지 않은 건 어찌 보면 당연하다. 스크리닝 투자처럼 명백한 경우는 제외하더라도 적절한 ESG 요인을 선정해 투자 분석 모형에 통합ESG integration함으로써 ESG로 인한 위험은 줄이고 새로운 기회는 잘 포착해 투자 수익을 올리는 것이 분명 쉬운 일은 아니다. 상황이 이렇다 보니, 어정쩡하게 ESG 투자를 하면 차라리 안 하느니만 못하다는 'ESG 통합 투자 패러독스ESG integration paradox'라는 용어까지 등장한 상황이다.[43]

ESG 투자를 제대로 하려면 먼저 중요한 ESG 이슈가 무엇인지 파악할 필요가 있다. 산업마다 중요한 ESG 이슈는 분명 다르다. 예컨대 온실가스 배출이 전력 산업에서는 중요한 이슈지만, 금융 산업에서는 그렇지 않다. 특정 기업이 모든 ESG 이슈를 잘 해결하겠다고 덤벼든다면 ESG 등급은 잘 받을지도 모르지만, 그로 인해 발생하는 비용에 비해 실제 수익성 제고 효과는 미미할 것이다. 반면 중요한 이슈만을 골라서 집중적으로 대응하는 기업은 좋은 성과를 얻을 가능성이 크다.

실제로 한 연구에 따르면, 중요한 ESG 이슈에서 좋은 등급을 받은 기업은 낮은 등급을 받은 기업보다 투자 수익률이 높았지만, 중요하지 않은 ESG 이슈에서 좋은 등급을 받은 기업은 그렇지 않은 기업에 비해 투자 수익률이 높게 나타나지 않았다.[44] 이제 투자자는 지속가능성을 위해 최선을 다하겠다는 식으로 막연하게 이야기하는 기업보다는, 재무 성과에 영향을 미치는 중요한 ESG 이슈에 전념하겠다는 기업을 투자 포트폴리오에 편입시키기 위해 노력하고 있다.

ESG 투자 장애 요인: 여전한 단기 실적주의

자산운용자에 대한 평가 주기와 ESG 투자 성과가 실제로 나타나는 시기 사이에는 괴리가 있다 보니 자산운용자의 입장에서는 긴 호흡으로 투자하는 데 어려움이 있다. 일반적으로 ESG 투자가 재무 성과를 내는 데는 최소한 5~7년이 필요하다고 본다.

한 설문조사 결과에 따르면, 실제로 투자 성과를 내는 데 필요한 기간과 투자자가 성과를 평가하는 기간 사이에는 유의미한 차이가 있는 것으로 나타났다.[45] 자산보유자의 47%, 자산운용자의 43% 정도는 제대로 ESG 투자가 성과를 내려면 5년 이상 걸린다고 믿고 있었지만, 실제로 투자 성과를 평가하는 주기가 5년 이상이라고 답한 투자자는 10~20%에 불과했다. 특히 10년 이상의 주기로 운용 성과를 평가하는 투자자는 2~3%에 불과했다. 현실이 이렇다 보니 자산운용자가 긴 호흡을 가지기가 어렵다.

미래의 ESG 투자 수익률을 그려보자

마지막으로, '아주 장기적으로, 예컨대 30년 후의 투자자(자본가)의 몫, 즉 투자 수익률이 어떻게 될 것인가'라는 질문에 대해 생각해보자. 물론 지금 ESG 투자 분위기를 주도하는 세력은 ESG 투자 수익률이 ESG 투자를 하지 않은 '현재' 수익률보다 높게 나올 것을 기대하고 있고, 또 ESG 투자를 제대로 하면 최소한 그 정도의 수익률은 나온다고 보고 있다.

그러나 ESG 투자를 하지 않았을 때 '장기적인 미래'의 자본 수익률이 어떤 추세를 그릴지는 그 누구도 예측하기 어렵다. 분명한 건 투자자가 적극적으로 ESG 투자를 하지 않으면 기업이나 경영

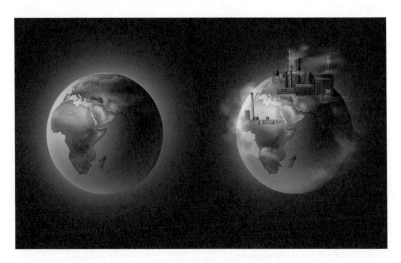

지구의 두 가지 미래 전 세계가 ESG 프로젝트를 성공시킬 수 있느냐 없느냐에 따라 우리의 미래가 극단적으로 달라질 가능성이 있다.

자도 ESG 활동을 제대로 할 동력을 얻기 어렵다는 것이다. 그런 상태로 시간이 흘러 지구 온난화로 인한 미래, 극도로 양극화한 자본주의의 미래가 어떤 모습일지를 한번 상상해 보자. 매우 비관적인 모습이 그려지지 않는가? 따라서 ESG 투자를 하지 않은 상황에서의 수익률이 훨씬 더 하락해 있을 가능성이 크다.

한편 ESG 투자가 아주 일반화되어 모든 기업이 ESG 활동을 잘하는 상황이 되면 어떻게 될까? 일부 기업만이 ESG 활동을 잘하는 경우라면 해당 기업은 이러한 차별적 경영 활동을 통해서 더 많은 이윤을 올릴 수 있다. 그러나 모든 기업이 ESG 활동을 잘하는 상황이 되었다면, 이는 곧 ESG가 보편적이고 자연스러운 경영 활동의 일부가 됐다는 것을 의미한다. 그렇게 되면 모든 경영 활동이 그렇듯, ESG 활동을 아주 잘하는 일부 기업을 제외한 대부분의 기업은 ESG 활동에서 추가적인 이윤을 획득하기가 어려워진다. 즉, 환경 개선, 이해관계자 가치 창출 등 ESG 활동을 위해 집행한 비용에 비해 그에 상응하는 초과 이윤은 발생하지 않을 가능성이 크다는 뜻이다.

종합하면, 단기적으로는 ESG 투자 수익률도 하락하고, ESG 투자를 하지 않았을 때의 수익률 또한 하락할 가능성이 크지 않을까 하고 조심스럽게 예상해본다. 투자자가 ESG 활동을 적극적으로 지원했을 때 자신의 몫이 줄어든다는 불만이 나올 수 있고, 이것이 ESG 투자 활성화에 장애 요인으로 작용할 수도 있다. 그러나 아주 장기적으로 새로운 균형 상태에 도달했을 때, ESG 투자 수익률은 시장 수익률을 웃돌거나 비슷한 수준이 될 가능성이 크다. 그리고 무엇보다도 그때가 되면 전 세계적인 ESG 문제와 더불어 자본주의 시스템도 지금보다 훨씬 개선된 상대를 기대할 수 있을 것이다.

ESG 투자 활성화의 걸림돌, 그린워싱

〰〰

제품 및 기업 활동에서 금융상품까지 스며든 그린워싱

'그린워싱greenwashing'이란 말은 1990년대부터 쓰이기 시작했는데, 자신의 제품이나 활동이 친환경적이지 않고, 심지어는 환경오염을 일으키는데도 마치 친환경적인 것처럼 위장하는 기업 행태를 가리킨다. 뚜렷한 근거도 없이, 또는 일부 효능이나 재료를 과장하여 '클린 에너지', '그린 IT', '100퍼센트 천연' 등의 표현을 제품에 붙이는 경우가 대표적인 예다. 그리고 어떤 기업의 사업영역이 환경오염을 많이 유발하는데도 불구하고, 환경에 도움이 되는 사소한 사회공헌 활동을 하고는 마치 친환경 기업인 것처럼 대대적으로 홍보하는 것도 이에 해당한다.

최근 ESG 투자가 관심을 끌기 시작하면서, 이 그린워싱 현상이 금융상품의 영역에서도 나타나 큰 문제를 낳고 있다. ESG에 관심을 보이는 투자자가 늘어나자 자산운용사들은 기존 펀드에 ESG 요소를 살짝 덧칠한 ESG 펀드를 앞다투어 출시하고 있으며 은행이나 기업들도 녹색채권, 사회적 채권 등으로 불리는 ESG 채권을 활발하게 발행하고 있다.

이처럼 어떤 금융상품을 ESG 상품이라고 부를 것인지 명확한 정의나 지침이 없다보니 ESG가 새로운 마케팅 용어로 활용되는 상황이 되었다. 게다가 사회 문제 해결에 기여하는 것처럼 포장하는 '소셜워싱social washing'에 대한 우려도 커지고 있다. 그린워싱, 소셜워싱은 ESG 투자의 의미를 훼손하고 ESG에 대한 부정적 시각을 갖게 함으로써 ESG 투자 활성화에 큰 걸림돌이 된다.

실제로 금융시장에 나와 있는 많은 ESG 펀드를 보면, 펀드에 포함되어 있는 종목들이 기존 펀드와 별로 다르지 않다는 사실을 알 수 있다.[46] 우리나라에 나와 있는 ESG ETF 상품들 중, ESG 평가 상위 종목만을 선별하여 구성한 일부 ETF를 제외한 대부분의 ESG 펀드들은 코덱스200 펀드(한국을 대표하는 200개 기업으로 구성한 인덱스 펀드)와의 상관관계가 무려 0.96으로 나타났다. 이는 두 펀드의 구성 종목과 편입 비중이 매우 유사하여, ESG 펀드 투자가 코덱스200 펀드에 투자하는 것과 다를 게 없다는 뜻이다.

이런 상황은 ESG 통합 모형으로 포트폴리오를 구성한 액티브 ESG 펀드에서도 똑같이 나타나고 있다. ESG 펀드는 일반 펀드와 마찬가지로 총자산의 60% 이상이 대형주에 편중되어 있고, 특히 시가총액 상위 10위 종목의 편입 비중은 ESG가 일반 펀드보다 4.2% 포인트 높았다. 일반적인 주식형 펀드들이 포트폴리오를 적은 수의 대형주 위주로 구성하여 시장 대비 초과수익을 추구하는 방식으로 운용하는데, 국내 ESG 펀드의 운용 방식도 이와 다르지 않다.

이러다 보니, ESG 펀드에 포함된 기업들의 ESG 수준도 일반 펀드와 유사한 것은 당연한 결과다. ESG 상위 등급 기업만을 골라 구성한 일부 ESG ETF를 제외하고는, 대부분의 패시브, 액티브 ESG 펀드들은 일반 펀드와 비교해 ESG 수준이 유의미하게 높지 않았다. 펀드 가입자들은 자신의 행동이 ESG 문제 해결에 기여한다고 뿌듯하게 생각하면서 ESG 펀드를 선택했을 텐데, 괜한 헛수고를 한 셈이 되어 버렸다.

그러나 일반적인 ESG 펀드 구성 방식을 생각해보면 이들 자산운용사가 부도덕하다고 비난할 일만은 아니다. 앞에서 설명한 MSCI ESG 인덱스 중에서 예컨대 ESG Screened 인덱스는 무기, 화력발전 등 ESG 기준에 맞지 않는 몇몇 종목만을 배제한 것을 제외하고는 벤치마크 인덱스와 동일하다. ESG Universal 인덱스는 여기에 ESG 상위 등급 종목의 비중을 늘리고 하위 종목 비중을 줄였을 뿐이니 일반 펀드와 크게 달라질 여지가 없다.

ESG 통합 투자에서도 사정은 다르지 않다. ESG 통합 투자는 기존의 기업 가치 산정 방식에 ESG 요인을 추가로 반영하는 방식으로 포트폴리오를 구성하는 것이기 때문에, ESG 요인을 감안함으로써 일부 종목이 추가 혹은 배제되거나 종목별 비중이 조정될 수는 있겠지만 포트폴리오에 큰 변화가 있을 여지가 없다.

ESG 요인만 고려하거나 최소한 ESG 요인 반영 비율을 크게 올려서 포트폴리오를 구성하면 되지 않느냐고 생각할 수 있다. MSCI ESG 인덱스 중에서 ESG Leaders, MSCI SRI 인덱스는 ESG 상위 등급 기업만을 편입한 사례로, 일부 ETF 상품들이 이에 해당한다. 그러나 ESG 요인만을 고려해 ESG 등급이 낮지만 성장성이 좋은 기업들을 다 배제함으로써 펀드 수익률이 시장 수익률에 못 미치는 상황이 되면 ESG 투자가 급격하게 위축될 수 있다.

결국 수익성과 ESG 문제 둘 다 해결해야 하는 고민이 여기서도 나타나는데, 포트폴리오 구성만으로 두 과제를 다 달성하라고 주문하는 것은 무리다. 그렇기 때문에 포트폴리오에 포함된 기업 중 ESG 활동이 부진한 기업들에 대해서는 경고하고, 때로는 격려하면서 ESG 목표달성을 추구하는 것이 중요하다. 포트폴리오 전략만이 아니라 적극적인 주주 관여가 필요한 이유다.

그린워싱을 막으려는 시도, EU 분류체계

그린워싱은 어떤 기업이나 금융상품이 ESG 투자에 더 적합한지 판단할 수 있는 객관적이고 합리적인 기준이 없기 때문에 발생하는 것이다. 주요국 정부와 규제기관들은 ESG 금융상품에 대해 투명성을 확보하려는 노력을 기울이기 시작했고, EU 분류체계Taxonomy는 그 과정에서 탄생한 세계 최초의 가시적인 결과물이다.

EU는 경제, 사회, 환경의 지속가능성을 확보하기 위해 금융의 역할이 중요하다고 판단하고, 2018년 지속가능금융 확대를 위한 열 가지 행동 계획을 발표했는데 EU 분류체계 수립은 그중 하나다. EU 분류체계는 지구 환경을 위해 지속가능한 경제 활동을 정의하고 판단하는 기준을 제시함으로써, 지속가능한 경제 활동에 자금이 흘러가는 것을 촉진하려는 목적이 있다.

2020년 7월 확정된 EU 분류체계의 내용을 살펴보면, 기후변화 완화, 기후변화 적응 등 여섯 개의 환경 목표를 제시하면서, 이 중 하나 이상의 목표 달성에 기여하고, 다른 목표에 피해를 주지 않는 등 네 가지 판단 조건을 모두 충족할 경우에만 친환경 경제 활동으로 인정한다. EU 집행위원회는 후속 작업의 일환으로 2021년 4월 21일 환경을 위한 지속가능한 경제 활동을 판별할 수 있는 구체적 기술 선별기준TSC: Technical Screening Criteria 초안을 제시했다.

향후 EU는 기후변화 완화 및 기후변화 적응 목표 기준을 2021년 회계연도부터 적용해 2022년 기업공시부터 반영, 나머지 4개 목표 기준은 2021년까지 법제화를 마친 뒤 2022년 회계연도부터 적용할 예정이다.[47]

EU 분류체계 규정의 환경 목표 및 판단 조건

환경 목표	판단 조건
① 기후변화 완화 (온실가스 감축) ② 기후변화 적응 ③ 수자원, 해양자원의 지속가능한 이용·보호 ④ 순환경제로의 전환 ⑤ 오염 방지 및 관리 ⑥ 생물 다양성과 생태계 보호 및 복원	① 하나 이상의 환경 목표 달성에 상당한 기여 ② 다른 환경 목표에 중대한 피해를 주지 않을 것 ③ 최소한의 사회적 안전장치 준수 ④ 기술 선별 기준에 부합

출처: KDB산업은행, 「EU 분류체계의 현황과 시사점」, 2020. 8. 18.

EU 분류체계가 발효되면 EU 규정에 따라 기업들은 이 분류체계에 따른 ESG 활동 및 성과 정보를 공개해야 한다. 예컨대 여러 종류의 사업을 수행하는 기업은 그중 EU 분류체계상 환경 목표에 부합하는 사업 분야가 있는지 확인하고, 그 사업 분야가 앞에서 언급한 네 가지 판단 조건을 충족하는지 점검하여, 그 사업 분야의 매출액 비중 및 조건 충족 여부 등을 공시해야 한다.

금융기관도 EU 분류체계 규정을 기준으로 금융상품이나 기업의 친환경 수준을 평가하고 결과를 반영하여 투자 여부 및 투자 규모를 결정한 후 그 사실을 공시해야 한다. 즉, 자사 펀드에 편입되는 기업들이 EU 분류체계에 부합하는 매출액 비중이 각각 얼마인지, 각 기업에 가중치를 적용한 전체 포트폴리오에서 EU 분류체계에 적합한 매출액 비중이 얼마인지를 공시해야 한다.

EU 분류체계가 시행되기 시작하면 지구 환경을 위해 지속가능한 기업 활동의 개념을 확립하는 데 도움이 되고, 특히 금융기관 및 민간의 친환경 투자를 촉진할 것으로 기대된다.

한편 우리나라도 환경부를 중심으로 2021년 상반기까지 녹색 경제활동의 판단 기준이 되는 분류체계를 마련할 예정이다. 2020년 12월 발표된 '한국형 녹색채권 안내서'에 대략적인 내용이 공개되었는데, 큰 골격은 EU 분류체계와 대동소이하다.[48]

7장

세계와 기업이
움직이고 있다

ESG의 현안: 무엇이 문제인가?

UN 지속가능발전목표로 본 ESG 문제

사회적 가치, 또는 사회적 문제 해결에 대해 고민하는 사람 대부분에게 2015년 UN 총회에서 설정된 지속가능발전목표SDG: Sustainable Development Goals(이하 UN SDG)는 중요한 지침서 역할을 하고 있다. UN SDG는 보다 더 나은, 그리고 보다 더 지속가능한 미래를 가져오는 데 필요한 17개의 목표로 구성되어 있으며, 2030년까지 달성하는 것을 목표로 하고 있다.[1]

17개 UN 지속가능발전목표 출처: 「UN 지속가능발전목표」, 환경부

앞의 그림은 17개의 UN SDG를 나타낸다. 이러한 목표들은 투자자나 평가기관이 기업을 ESG 관점에서 평가하는 지표에도 상당 부분 녹아 들어 있다. 6장에서 살펴본 MSCI나 서스틴베스트의 환경 및 사회 지표들이 UN SDG와 방향성을 함께하고 있음을 쉽게 확인할 수 있다.

환경 문제

오늘날 대부분의 환경 문제는 온실가스로 인한 지구 온난화 문제에 얽혀있다. 정부 당국, 투자자, 그리고 소비자가 ESG 문제에 관심을 기울이게 만든 가장 직접적인 문제기도 하다. 그 때문에 현재 각국 정부와 국제사회, 투자자, 그리고 기업들의 움직임이 가장 활발하게 일어나는 분야도 온실가스 감축 문제다. 생물 다양성 문제나 식물성 대체육 개발 등도 각각 독자적 영역에서 대중의 관심을 끌고 있지만, 크게 보면 이들도 모두 지구 온난화와 깊게 연관되어 있다.

과다한 플라스틱 사용 문제 또한 해양 오염, 대지 오염을 발생시키는 것은 물론이고, 생산 과정 중의 온실가스 배출이 우리의 건강을 심각하게 위협하고 있어서 지구 온난화에 이어 국제 사회의 관심을 끌 중요한 화두가 될 것으로 보인다.

사회 문제

ESG 문제 중에서 활동 목표를 설정하고 성과를 평가하기 가장 어려운 영역이 사회 문제다. ESG 투자 관점에서의 사회 문제는, 주로 기업이 이해관계자와의 관계나 ESG로 인한 위험을 얼마나 잘 관리하느냐의 문제와 연관되어 있다. 우리는 기업이 사회에 긍정적인 가치를 창출하고 기업 이익에 기여하기를 기대하지만, 실제로 근로자의 인권, 다양성과 포용성 같은 목표들은 개념화하고 지표화하기가 너무 어렵다. 빈곤 퇴치, 기아 종식, 경제 성장, 사회 기반시설 확충 등과 같은 과제들은 기업보다는 국가, 사회가 나서서 해결해야 할 성격의 과제에 가깝다.

우리는 기업 수준에서 실행에 옮길 만한 과제들, 최근 이슈가 된 몇 가지 사회 문제를 집중적으로 살펴보고자 한다.

첫째는 코로나19로 더욱 심각해지고 있는 사회적 불평등 완화, 그리고 다양성 및 포용성 확대를 위해서 ESG 투자 및 경영이 어떤 기여를 할 수 있는지, 그리고 최근 어떤 이슈들이 쟁점으로 부각되고 있는지 살펴본다.

둘째로, 기업 생산 활동에 참여하는 이해관계자, 즉 근로자 및 납품 기업과의 관계에서 발생하는 중요한 문제들을 논의한다. 핵심은 기업의 경제적 성과를 어떤 원칙으로 나눌지의 문제다. 최근 큰 관심을 끌고 있는 산업 현장에서의 안전과 인권 문제도 간략히 살펴보고자 한다.

기업 지배구조 문제

투자자와 이사회, CEO가 ESG를 촉진하기 위해 어떻게 연결되고 협력해야 할지를 다루는 것이 곧 기업 지배구조 문제다.

투자자와 관련해서는 장기 투자자들이 ESG 투자를 활성화하기 위해서 어떤 활동을 하고 있는지, 어떤 방향으로 나아가야 할지를 주로 살펴본다. 주주의 위임을 받아 CEO를 감독하여 ESG 경영을 잘 해내야 할 책무를 가진 이사회가 이를 위해 어떻게 강화되어야 하는지 논의한다. 마지막으로 CEO와 주주의 이익을 합치시키기 위한 CEO 보상체계의 개편 방향을 살펴본다.

ESG 문제 및 최근 이슈

ESG 구분	핵심 문제 및 이슈
환경	지구 온난화와 온실가스 감축
	플라스틱 오염 규제
사회	사회적 불평등 완화, 다양성 및 포용성 확대
	근로자 및 납품 기업 가치 증대, 산업 안전 및 인권
지배구조	투자자의 ESG 활동 촉진
	이사회 강화 및 최고경영자-주주 이익 일치

온실가스 넷제로 달성

~~~~~~

온실가스: '510억에서 0으로'

"기후변화와 관련하여 당신이 기억해야 할 숫자가 두 개 있다. 하나는 510억이고 다른 하나는 제로(0)다."[2]

빌 게이츠가 2021년 2월 발간한 『빌 게이츠, 기후재앙을 피하는 법』의 서문은 이렇게 시작한다. 이 문장은 우리가 처한 환경 문제와 나아가야 할 방향을 함축적으로 잘 표현하고 있다. 우리는 매년 510억 톤의 온실가스를 대기권에 배출하고 있으며, 이제는 이 온실가스가 얼마나 심각한 재앙으로 다가오는지 다들 느끼기 시작했다. 지구 온난화가 불러올 최악의 상황을 피하려면 인류는 온실가스 배출을 제로(0)로 줄여야 한다.

산업혁명 이후 인류가 배출한 온실가스로 인해 현재까지 지구 온도는 약 1℃ 정도 상승했다. 2015년부터 연속 5년간은 인류가 기온 측정을 시작한 이래 가장 높은 숫자를 기록했다. 지역별로 이미 2℃ 이상 상승한 곳들도 있는데, 세계 인구의 20~40% 정도가 이런 지역에 살고 있다.

또한, 우리는 이미 지구 온난화로 인한 이상기후 현상을 자주 경험하고 있다. 우선 기온이 올라갈수록 파괴적인 폭풍 발생 빈도가 증가하고 있으며 그에 따른 인명 및 재산 피해도 심각하다. 예컨대 2017년 푸에르토리코를 강타한 허리케인 마리아는 4천여 명의 생명을 앗아갔고, 기반시설을 20년 이상 후퇴시켰다. 지구 온난화로 인해 어떤 지역에서는 홍수가 날 정도로 강수량이 늘어난 반면 다른 곳에서는 가뭄의 빈도와 강도가 증가하고 있으며 산불도 더 자주 발생한다. 미국 캘리포니아 지역에서 거의 매년 발생하고 있는 대형 산불은 근본적으로 지구 온난화 때문이다. 지난 20년간 기후변화로 인한 재해 때문에 120만 명이 사망하고 40억 명이 피해를 입었다는 조사 결과도 있다.[3]

기온이 상승하면 해수면도 상승한다. 지난 20세기에 해수면은 10~20센티미터 정도 올라갔으며, 앞으로도 계속해서 상승할 것으로 예상된다. 그렇게 되면 방글라데시처럼 인구가 해변에 밀집한 국가에서는 바닷물 범람으로 심각한 피해를 입게 될 것이며, 몰디브 같은 작은 섬나라는 아예 지도상에서 사라질 수도 있다. 전 세계의 대도시 대부분이 해안가에 위치하고, 세계 인구의 약 3분의 1이 해안 지역에 거주하는 사실을 감안하면 해수면 상승의 영향은 한두 나라만의 문제라고 할 수 없다.

온실가스 증가는 생태계 전체에도 큰 영향을 미친다. 환경 변화로 인해 거의 모든 생물 종은 생존을 위협받게 되고 멸종도 가속화한다. 예컨대 기온이 2℃ 상승하게 되면 척추동물의 서식 범위가 8%, 식물의 서식 범위가 16%, 곤충의 서식 범위는 18% 줄어들 것으로 예상된다.[4] 당연히 작물 재배에도 영향을 미쳐서 인류의 식량 생산에도 어려움이 닥칠 것으로 보인다.

여기까지만 봐도 온실가스를 줄여야 할 이유는 명백하다. 온실가스 감축 대책을 제대로 세우기 위해, 먼저 누가 얼마나 많은 온실가스를 배출하고 있는지 알아야 한다.

다시 빌 게이츠의 책으로 돌아가 보자. 각 장의 제목은 4장부터 8장까지 '전기 생산: 연간 배출량 510억 톤의 27%', '제조: 연간 배출량 510억 톤의 31%', '냉방과 난방: 연간 배출량 510억 톤의

영역별 온실가스 배출량

영역	온실가스 배출량(억 톤)	온실가스 배출 비중(%)
전기 생산	138	27
제조	158	31
사육 및 재배	97	19
교통 운송	81	16
냉난방	36	7
합계	**510**	**100**

출처: 빌 게이츠, 『빌 게이츠, 기후 재앙을 피하는 법』, 김영사, 2021

7%' 이런 식이다. 즉, 이 책은 온실가스가 주로 어느 영역에서 배출되는지 분명하게 보여주면서 각 영역에서 어떤 활동을 통해서 온실가스를 줄일 수 있는지를 상세하게 기술하고 있다.

한편 2019년 기준 국가별 화석연료로 인한 이산화탄소 배출량은 아래 표에 정리되어 있는데, 중국이 30.3%로 압도적인 비중을

국가별 화석연료 이산화탄소 배출량

국가	이산화탄소 배출량(억 톤)	이산화탄소 배출 비중(%)
중국	115	30.3
미국	51	13.4
EU+영국	33	8.7
인도	26	6.8
러시아	18	4.7
일본	12	3.0
이란	7.0	1.8
한국	6.5	1.7
인도네시아	6.3	1.6
국제 해운	7.3	1.9
국제 항공	6.3	1.7
기타	92	24.4
합계	**380**	**100**

출처: European Commission, 「Fossil CO_2 emissions of all world countries」, 2020

차지하고 있다.[5] 한국은 6.5억 톤의 이산화탄소를 배출하여 상위 여덟 번째에 위치한다.

잠깐 온실가스와 이산화탄소, 또는 탄소와의 관계를 정리해 보자. 이산화탄소는 온실가스의 거의 80%를 차지하며, 메탄, 아산화질소, 프레온 가스 등이 그 나머지를 구성한다. 기후 문제를 언급할 때 탄소는 곧 이산화탄소를 의미한다.

그런데 온실가스 배출량을 줄여야 한다면 과연 얼마나 줄이는 게 좋을까? 정말 온실가스 배출을 100% 없애야 하는가? 혹시 50% 정도로 줄여도 괜찮지 않을까?

파리협정만으로는 부족하다

국제사회는 기후변화 문제에 대응하기 위해 1992년 유엔기후변화협약United Nations Framework Convention on Climate Change, 1997년 교토 의정서보다 더 강력하고 강제력이 있는 파리협정을 2015년 12월 체결했다.[6] 이 협정을 통해 산업혁명 이후 지구 평균온도 상승폭을 2℃보다 훨씬 아래로 유지하고 1.5℃까지 제한하도록 노력한다는 구체적인 목표가 설정된 바 있다.

2016년 4월 기준 이 목표 달성을 위해 189개 국가가 각자 구체적인 온실가스 감축 목표NDC: Nationally Determined Contribution를 제시했다.[7] 미국은 2025년까지 2005년 대비 26~28%의 감축을 약속했고, EU는 2030년까지 1990년 대비 40%의 감축을, 일본은 2013년 대비 26%의 감축 목표를 제출했다.

중국은 2030년까지 탄소집약도CO₂/GDP를 2005년 대비 60~65% 감축하겠다고 약속했는데, 이는 감축 절대치를 제시한 미국, EU 등에 비해 덜 적극적인 목표라는 비판을 받았다. 한편 한국은 2030년 배출전망치BAU: Business As Usual 대비 37%를 감축하겠다는 목표를 제출했는데, 이에 대해서도 감축 의지가 불충분하다는 평가가 있었다.

잘 알려졌듯이 트럼프 전 미국 대통령이 2019년 11월 4일 파리협정 탈퇴를 선언함으로써 협약의 지속성에 심각한 의문이 제기되었지만, 바이든 미국 대통령이 취임 첫날인 2021년 1월 20일에 다시 협약에 가입하면서 불확실성이 제거되었고 국제적인 온실가스 감축 노력이 다시 탄력을 받게 됐다.

그러나 전문가들은 적지 않은 국가들이 목표 달성을 위해 충분히 노력하지 않고 있으며, 설사 모든 국가가 약속한 목표를 이행하더라도 '산업혁명 이후 기온 상승 2℃ 이하로 제한'이라는 목표는 현실적으로 달성하기 어렵다는 비관적인 전망을 내놓고 있다.[8] 현재 각국이 약속한 내용을 2030년까지 달성하더라도 2100년의 기온은 2.6~3.2℃ 상승할 것으로 예상된다.[9]

결국 탄소 배출량을 50% 줄인다 해도 기온 상승을 멈출 수는 없다. 기온이 상승하는 속도를 낮춰 기후재앙을 조금이나마 늦추는 것이지, 그 자체를 막지는 못한다는 뜻이다. 심지어 기적적으로 당장 탄소 배출을 제로(0)로 만든다 하더라도 당분간 기온은 계속 상승하게 된다. 배출되는 온실가스 가운데 5분의 1은 1만 년이 지난 후에도 계속 대기권에 남아있기 때문이다.[10]

온실가스 배출 제로를 목표로 해야 한다는 목소리가 언뜻 지나치게 이상적이고 비현실적으로 들림에도 설득력을 얻으며 실현되고 있는 이유다.

넷제로, 그리고 탄소중립

처음 '넷제로Net-Zero' 감축 목표가 공식적으로 언급된 것은 '기후변화에 관한 정부 간 협의체IPCC: Intergovernmental Panel on Climate Change'가 2018년 발간한 「지구 온난화 1.5℃ 특별보고서」에서다. IPCC는 이 보고서에서 파리협정의 '기온 상승폭 1.5℃ 이하로 제한'이라는 목표를 달성하기 위해 2030년까지 온실가스 배출량을 2010년 대비 45% 이상 축소해야 하고, 2050년에는 넷제로를 달성해야 한다고 주장했다.[11]

1.5℃라는 목표를 달성하더라도 지금보다 0.5℃ 정도의 상승은 피할 수 없기 때문에, IPCC는 거주 지역 대부분에서 극한 고온이 발생하고 폭우 및 가뭄 또한 증가할 것이라고 예상했다. 그럼에도

온실가스 배출량에 따른 2050년 기온 경로

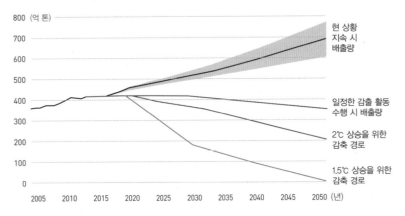

'2100년까지 기온 상승 1.5℃ 이하로 제한' 목표를 달성하려면 2050년에는 온실가스 배출량을 제로로 줄여야 한다.
출처: McKinsey, 「Climate math: What a 1.5℃ pathway would take」 2020, 재구성.

기온이 2℃ 상승했을 때에 비해 많은 지역에서 기후변화 위험이 줄어들게 되고, 해수면 상승도 10센티미터 정도 더 낮아지리라 전망했다. 이는 약 1천만 명의 인류가 해수면 상승의 위험에서 벗어날 수 있음을 의미한다. 또한, 기온이 2℃ 상승하면 북극의 빙하가 최소 10년에 한 번꼴로 녹아 사라지게 되지만, 1.5℃ 상승 시에는 100년에 한 번꼴로 사라지는 것으로 예상했다.

넷제로는 탄소중립Carbon Neutrality과 혼용되어 쓰이고 있다. 두 개념 모두 배출한 만큼의 온실가스를 포집, 활용, 저장함으로써 온실가스 순 증가분을 제로로 만드는 것이 목표라는 점에서 비슷하게 취급되지만, 엄연히 다른 개념으로 보는 견해도 있다.[12] 둘이 다르다는 견해는 다시 둘로 나뉜다. 첫 번째는 탄소중립이 이산화탄소만을 대상으로 하는 것에 비해, 넷제로는 모든 온실가스를 대상으로 한 것이므로 넷제로가 더 엄격하다는 것이다. 두 번째 견해는, 자신이 배출한 온실가스만큼을 자신이 직접 감축해야 하는 넷제로에 비해 탄소중립은 탄소배출권을 사거나 재생에너지 생산을 지원해 배출분을 상쇄하는 경우까지 포함한다는 입장이다.

개별 기업이나 국가 단위에서 보면 두 개념이 다를 수도 있지만, 인류 전체로 보면 어차피 누군가가 배출한 온실가스만큼 누군가는 상쇄할 활동을 해야 하기 때문에 결국 같은 개념으로 귀결된다. 둘이 지향하는 바는 같지만, 배출과 감축이라는 측면에서 넷제로의 의미가 좀 더 명확하기 때문에 여기서는 주로 넷제로를 사용하도록 하겠다.

주요국 대부분은 넷제로 대열에 속속 합류하여, 이제 넷제로를 선언한 국가가 120여 곳이 넘는 상황에 이르렀다.[13] EU는 주요국 중 가장 먼저 2019년 12월 '유럽 그린 딜European Green Deal'을 발표하며 2050년 넷제로 달성을 목표로 내세웠다. 그리고 감축 의지를 보다 강력히 하는 차원에서, 애초 설정했던 1990년 대비 온실가스 배출량 40% 감축 목표(2030년까지)를 55%로 상향했다.

최대 온실가스 배출국인 중국의 시진핑 국가주석도 2020년 10

월 UN 총회 연설에서 2060년까지 넷제로를 달성하겠다고 선언했다. 파리협정 당시의 목표보다 10년이 늦고 구체적인 계획도 빠져 있어 아직은 반신반의하는 상황이지만, 중국도 국제 합의의 큰 틀 안에 들어왔다는 점에서 일단은 환영하는 분위기다.

미국의 바이든 대통령은 후보 시절부터 2050년까지 넷제로를 달성하겠다고 공언한 바 있다. 바이든 대통령은 2021년 4월 22일 지구의 날에 맞춰 40개국 정상을 초청하여 개최한 화상 회의에서 넷제로 계획을 재확인하며 2030년까지 미국의 온실가스 배출량을 2005년 수준 대비 50~52%까지 줄이겠다고 밝혔다. 오바마 행정부가 2025년까지 26~28% 감축을 선언했던 것과 비교하면 훨씬 공격적인 목표를 제시한 셈이다.

한국도 이에 발맞춰 2050년에 넷제로를 달성하겠다는 목표를 2020년 10월 발표했다. 그러면서 2030년까지 2017년 대비 24.4%를 감축하겠다는 계획을 제시했다. 이 목표는 절대치 목표를 제시했다는 점에서 2015년에 제시한 배출 전망치 대비 감축 계획보다 진일보한 것이다. 또한 바이든 미국 대통령이 개최한 기후정상회의에서 감축 목표를 상향해 2021년 안에 UN에 제출하겠다고 약속했다.

2050년 이전에 넷제로를 달성하겠다는 계획을 발표한 나라들도 있는데, 노르웨이(2030년), 핀란드(2035년), 오스트리아(2040년),

주요국 2030년 국가 온실가스 감축 목표(NDC) 상향 추이

국가	비교 기준	기존 감축 목표	최근 조정안
한국	2017년	24.4%	2021년 말 상향 예정
미국	2005년	26~28%	50~52%
EU	1990년	40%	55%
영국	1990년	40%	68%
일본	2013년	26%	46%
중국	2005년	탄소집약도 60~65% 감축	검토 중

아이슬란드(2040년), 스웨덴(2045년)은 2030~2045년에 넷제로 달성을 계획하고 있다.

넷제로를 위한 정부 정책 1: 기술 개발 지원

모든 국가에 넷제로 달성은 엄청난 도전이다. 제조업을 포함한 많은 기업에서 온실가스 배출을 줄이고, 제품의 에너지 효율을 높이는 것이 급선무다. 이를 위해 자동차 연비 향상, 반도체 공정 개선, 제철 공법 혁신 등 수많은 기술 개선의 과제가 남아있다.

에너지원 또한 화석연료에서 태양광, 풍력 등 재생에너지로 전환해야 한다. 주요 에너지 소비 기업들이 100% 재생에너지 사용이라는 기치를 내걸고 자발적으로 참여하고 있는 'RE100Renewable Energy 100' 이니셔티브는 분명 의미가 있긴 하지만, 보다 근본적으로는 에너지 생산 기업들의 재생에너지 생산 비율이 획기적으로 증가해야 한다. 재생에너지 생산비용이 과거에 비해 많이 줄어들었다고는 하나, 이는 여전히 에너지 생산 기업들에 매우 힘겨운 과제다.

한편 현실적으로 아무리 온실가스 배출량을 감축하더라도 0으로 만들 수는 없다. 따라서 탄소를 포집, 활용 및 지장CCUS: Carbon Capture, Utilization & Storage하는 기술이 필요하다. 이를 위해서는 원천기술 개발, 경제성 확보, 대규모 상용화까지 먼 과정을 거쳐야 한다. 즉 기술 개발이 선행되어야 하는데, 개별 기업이 수행하기에는 부담스러운 프로젝트들이다. 예컨대 재생에너지 개발이나 탄소 제거·포집·저장 기술은 성공 여부가 불투명하고, 개발 기간도 길며, 개발에 성공하더라도 상용화하는 데 대규모 자금이 필요하며 제도도 뒷받침돼야 한다. 이런 민간 기업들이 투자를 꺼리는 연구 개발 프로젝트를 주도하는 것은 당연히 정부가 해야 할 몫이다.

넷제로를 위한 정부 정책 2: 탄소세와 탄소 배출권 거래제

정부는 온실가스 배출을 줄이기 위해 각종 규제를 도입하기도 한다. 기술 개발 지원 정책이 탄소 배출 감축을 쉽게 하거나 탄소 제로 제품을 싸게 만들게 하는 정책이라면, 온실가스 배출 규제는 탄소 집약적 제품을 더 비싸게 하는 정책이다.

기업은 큰 사회적 비용을 발생시키는 온실가스를 비용 지불 없이 과다하게 배출하고 있다. 이 사회적 비용을 감안하여 탄소세를 부과하는 것이 대표적인 규제 정책이다. 1990년 세계 최초로 핀란드가 탄소세를 도입한 이후, 1990년대 초반 덴마크, 스웨덴, 노르웨이 등의 다른 북유럽 국가들이 탄소세를 도입했고, 2019년 기준으로 25개국, 4곳의 주 정부에서 탄소세를 시행하고 있다.[14]

탄소 배출권 거래제 또한 탄소세와 비슷한 취지로 도입된 제도다. 개별 기업에 일정한 탄소 배출권을 유상으로 할당하고, 할당량보다 탄소를 덜 배출한 기업은 탄소 배출권 시장에서 그 잉여분을 할당량보다 더 많이 배출한 기업에 판매함으로써 탄소 배출을 줄일 인센티브를 부여하는 방식이다. 현재 범국가 단위(EU) 1곳, 국가 단위(한국, 스위스, 뉴질랜드, 카자흐스탄) 4곳, 지역 단위 15곳에서 배출권 거래가 시행 중이다.

우리나라는 탄소 배출권 거래제를 2015년부터 시행했는데, 2021년부터 제3차 배출권 거래제가 시작됐다. 국가 온실가스 감축 로드맵을 기준으로 매년 배출 총량을 정하고 이를 기업별로 할당한다. 제3차 거래제가 시행되면서, 그 전에 비해 대상 업종 확대, 유상 할당 대상 및 비율 확대, 이전보다 엄격한 할당량 책정 기준 적용 등 기업 입장에서는 부담이 상당히 늘었다.[15] 예컨대,

탄소 배출이 많은 발전, 철강, 정유 기업들의 경우, 할당량은 줄어들고 유상 할당이 늘어남에 따라 영업이익의 1% 이상을 관련 비용으로 지출하게 될 것으로 추정된다.[16]

현재 시행되는 탄소세와 탄소 배출권 거래제를 합하더라도 전세계 온실가스의 약 20%만이 규제를 받고 있는데, 이는 중국, 미국, 인도, 러시아 등 탄소 다량 배출 국가들의 참여가 부족하기 때문이다. 미국은 두 제도 모두 도입하지 않았고, 중국도 일부 지역(베이징 등 8개 도시)에서만 탄소 배출권 거래제를 시행하고 있다.

넷제로를 위한 정부 정책 3: 미래 유망 산업 육성

탄소를 줄이는 새로운 기술이 개발되고 이를 적용한 제품이 출시되더라도, 출시 초기에 이런 제품들은 기존의 탄소 집약적인 제품에 비해 경쟁력이 없다. 그러면 민간 기업들은 이런 제품을 출시할 유인이 없고, 설사 출시했다 하더라도 시장 정착에 실패할 가능성이 크다. 따라서 정부는 새로운 시장 형성을 위해서 다양한 형태의 금전적, 제도적 지원을 아끼지 않는다. 전기자동차에 보조금을 지급한다거나, 태양광 발전 설비 설치의 비용 일부를 지원해주는 것 등이 대표적인 예다.

국가 경제 관점에서, 탄소중립이라는 험난한 도전은 산업 경쟁력 강화라는 새로운 기회가 열리는 것을 의미한다. 이런 지원 정책들은 탄소중립 산업구조로 개편되는 과정에서 자국의 산업 경쟁력을 올리는 노력이기도 하다.

각국은 탄소중립 추진과 아울러 산업, 경제, 사회 구조를 새롭게 만들기 위한 다양한 정책을 준비 중이다.[17] EU는 2019년 12월에 2050 탄소중립 목표 달성을 위한 정책 이니셔티브로 '유럽 그린 딜'을 발표했다. 주요 정책 과제로 전 분야의 온실가스 감축 방안, 저탄소 경제로의 전환을 지원하고 장려하는 산업 전략 추진, 농식품 및 생물 다양성 보존 방안 등을 제시했다. 그리고 과제 추진을 위해 향후 10년간 약 1조 유로 규모의 재원을 조성해 투자하겠다고 밝혔다.

미국의 바이든 대통령도 후보 시절에 2050 탄소중립 달성을 대선 공약으로 발표하면서, 미래형 친환경 산업 육성, 친환경 에너지 혁신 등에 2조 달러를 투자하겠다고 밝혔다.

우리나라 정부도 2020년 12월 '2050 탄소중립 추진 전략'을 확정했는데, 경제구조의 저탄소화, 유망 저탄소 산업 및 기술 생태계 조성, 기후위기 적응 등 3대 정책 방향을 제시했다. 이처럼 우리나라도 탄소중립을 달성하는 과정에서 새로운 기술을 개발하고 관련 산업을 육성함으로써, 새롭게 형성될 국제경제 질서에서 우위를 차지하겠다는 의지를 보이고 있다.[18] 탄소중립 추진 전략에는 구체적인 재원 마련 계획이 제시되어 있지 않으나, 2020년

7월에 발표된 한국판 그린뉴딜 정책에는 2025년까지 총 73조 원 (국비 43조 원)을 투입하겠다는 계획이 포함되어 있다.

탄소 국경세: 새로운 무역 장벽?

당연한 수순으로 기후변화에 대한 각국의 대응은 공동 목표 달성을 넘어서 자국 이익 추구로 향하고 있다. 탄소 국경세를 신설해 타국의 탄소 배출에 대해 경제적 제재를 가하겠다는 것이 대표적이다. 탄소 국경세는 탄소 규제가 느슨한 국가에서 수입하는 상품에 일종의 관세를 부과하는 것으로, 온실가스 규제에 따른 자국의 경쟁력 약화를 막기 위한 제도다.

EU는 가장 먼저 2023년에 탄소 국경세를 도입하겠다고 발표했고 부과 대상 및 수준 등에 대한 최종 결정을 앞두고 있다. EU는 탄소 배출 감축으로 비용 부담이 커진 자국 기업을 보호하기 위해 반드시 탄소 국경세 도입이 필요하다고 보고 있다.

미국도 2025년 탄소 국경세 도입 방침을 밝혔다. 보다 구체적으로, 수입 제품에 대한 탄소 조정 비용carbon adjustment fees을 설정하여 개발도상국을 포함한 타 국가에도 온실가스 감축 의무를 부과한다는 계획이다. 아직 어떤 업종부터 탄소 국경세를 부과할지, 그 수준은 얼마가 될지 구체적으로 밝히지는 않았으나 조만간 미국을 주요 수출국으로 둔 수출 기업들의 부담은 커질 것으로 예상된다.

한 조사에 따르면 EU, 미국 및 중국이 탄소 국경세를 도입할 경우, 우리나라는 2023년 철강, 석유, 전자, 자동차 등 주요 업종에서 해마다 5억 3천만 달러, 2030년에는 16억 3천만 달러를 세금으로 지불해야 할 것으로 추정됐다.[19] 해당 업종의 수출 금액을 감안하면 그리 크지 않게 느껴질 수 있으나, 이 비용이 관세 장벽으로 작용하여 수출액 감소로 이어질 수 있고, 이미 탄소 감축 기술에 적응을 마친 EU 및 미국의 기업들에 경쟁 우위를 빼앗기게 될 가능성도 있다.

넷제로에 합류한 투자자들

투자자들 또한 넷제로 달성에 적극적으로 나서고 있다. 블랙록의 CEO인 래리 핑크는 기회가 있을 때마다 기후변화에 대한 대응을 강조해왔는데, 투자기업 CEO에게 보내는 2021년 서한에서는 2050년까지 넷제로를 달성할 계획을 공개하라고 구체적으로 요구했다.[20]

이런 요구는 말로만 그치지 않았다. 블랙록은 2020년에는 440개 투자기업의 기후변화 대응 전략에 관여하였으며, 제대로 대응하지 못하고 있다고 판단한 191개 기업을 '감시 대상' 리스트에 올렸다. 그리고 이들이 기후변화 리스크 관리에 진전이 없으면 주주총회에서 경영진에 반대표를 던질 것이라고 경고했다. 2021년에는 기후변화에 더 적극적으로 대응하기 위해서 관여 기업 수를 1천여 개 이상으로 늘리겠다고 밝혔는데, 이들의 온실가스 배출량은 블랙록의 투자기업이 배출하는 전체 온실가스의 90%를 차지한다.[21]

한편 전 세계 배출량의 80% 이상을 차지하는 167개 기업을 선정하여 2018년부터 '감시'해온 '기후행동 100+'는 2021년 3월 기후대응 전략과 행동을 기업별로 상세하게 평가한 웹사이트를 개설했다.[22] 여기서는 10개 평가 기준에 맞춰 개별 기업의 넷제로 선언 여부, 실행 전략, 추진 체계, 자료 공개 등을 종합적으로 평가하고 있다. 2021년부터는 제대로 진전을 보이지 않는 기업들을 대상으로, 주주 제안, 공개서한, 주주총회 발언, 이사진에 대한 반대 투표 등 다양한 방법을 통해 이들이 넷제로 추진에 동참하도록 압박할 것으로 예상된다.[23]

167개 기업 중 최근 포함된 8개 기업을 제외한 159개 기업을 점검한 바에 따르면, 83개 기업은 2050년 이전에 넷제로를 달성할 의지를 표명하였으나, 그 가운데 44개 기업은 납품 기업을 포함한 전체 가치사슬에서의 온실가스 배출은 포함시키지 않고 있다. 참고로 167개 기업에 포함된 한국전력, 포스코, SK이노베이션 중 포스코는 2050년 넷제로를 목표로 하는 83개 기업 중 하나로 분류됐고, 나머지 두 기업은 하지 않은 그룹에 포함돼 있다.

한편 미국 최대 연금인 '캘리포니아 주정부 공무원연금기금 CalPERS'를 포함한 37개 기관투자자로 이루어진 '넷제로를 위한 투자자 연합Net-Zero Asset Owner Alliance'도 UN 주도로 2019년에 발족하여, 넷제로 달성을 위해 기업들의 행동 변화를 유도하고 있다. 이들은 2025년까지 자신들이 투자하는 기업에 투자자별로 온실가스 배출을 16~29% 감축하라고 요구할 계획이다. 이를 위해 각 투자자는 포트폴리오에 속한 상위 20개 또는 65%의 탄소 배출 기업들에 대해 직접적인 관리 목표를 설정하겠다고 밝혔다.[24]

요즘처럼 여러 투자자가 체계적으로 투자 대상 기업의 행동을 유도하는 것은 전례가 없던 일이다. 그리고 정부 정책이 모든 기업을 대상으로 하는 데 비해 투자자들은 특정 기업을 콕 찍어서 행동 변화를 유도한다. ESG가 투자자들의 변화로부터 시작되었기 때문에 기업 행동에 직접 영향을 미칠 수 있다는 점을 잘 보여주는 사례다.

스크리닝을 통해 석탄 투자를 배제하는 경향도 세계적으로 뚜렷하다. 다소 소극적이던 국내 연기금과 금융사들도 석탄 투자를 배제하겠다고 나섰다. 2018년 사학연금과 공무원연금이 석탄을 투자 대상에서 배제한 데 이어, 2020년 민간 금융사로는 최초로 KB금융이 국내외 석탄 발전소 건설과 관련된 신규 프로젝트 파이낸싱·채권 인수를 전면 중단하기로 했다. 우리금융그룹도 '탈석탄 금융 가이드라인'을 수립해 석탄과 거리 두기를 시작했다.

일반 기업들의 탈석탄 선언도 이어졌다. 한국전력은 베트남 석탄 발전 사업에 참여한다는 이유로 환경단체와 글로벌 투자자들에게 꾸준히 비판을 받아왔다. 2021년 1월 세계 최대 자산운용사인 블랙록으로부터 투자 중단 경고를 받은 바 있으며, 네덜란드 연기금은 실제로 지분을 매각하기도 했다. 베트남 석탄 발전에 참여한 삼성물산도 '앞으로 석탄 관련 신규 사업엔 일절 참여하지 않겠다'고 선언한 바 있다. 이러한 움직임은 계속 강화될 전망이다.[25]

기업들의 대응 현황

정부와 주주가 이렇게 몰아붙이니 기업 또한 이를 외면할 방법이 없다. 글로벌 기업들이 온실가스 감축을 위해 참여하는 대표적 활동이 'RE100' 이니셔티브다. RE100은 필요한 에너지 100%를 재생에너지로 대체하겠다는 주요 에너지 소비 기업들의 자발적 약속이다. 2021년 4월 기준 308개 기업이 참여하고 있는데, 미국과 유럽 기업이 3분의 2를 차지하며 아시아에서는 일본을 제외하고는 참여가 저조한 편이다. 우리나라 기업 중에서는 SK(주), SK하이닉스 등 SK그룹 6개 사가 최초로 가입하였으며, 이외에 아모

레퍼시픽, LG에너지솔루션, 한국수자원공사 등도 참여했다.

이처럼 지역별 참여도가 큰 차이를 보이는 이유는 국가별 재생에너지 생산비용의 차이 때문이다. 유럽과 미주에서 해상 및 육상 풍력, 태양광 발전 비용은 대체로 석탄 발전보다 저렴하다. 그에 반해 우리나라 재생에너지 생산비용은 1MWh당 태양광 106달러, 육상풍력 105달러로서, 각각의 세계 평균 50달러, 44달러와 비교하면 두 배 이상이고, 석탄 화력발전 62달러와 비교해도 크게 높다.[26] 우리나라 온실가스 배출에서 에너지 산업의 비중이 무려 43%라는 사실을 감안하면, 우리나라 기업들은 이처럼 크게 불리한 환경에서 새로운 게임을 시작해야 하는 형편이다.

이에 비해 글로벌 기업들의 움직임은 더 빨라지고 있다. 대표적으로 애플은 2030년까지 자사를 포함해 전 세계 제조 공급망에서 탄소 중립화를 달성하겠다고 발표했다.[27] 애플은 직접 생산 활동을 수행하지 않기 때문에 애플 본사는 이미 탄소 중립화를 달성했다. 따라서 이번 발표는 모든 애플 기기 생산 과정에서 배출하는 온실가스를 2030년까지 제로(0)로 줄일 것임을 의미한다. 애플은 이미 자사 제품 생산에 참여하는 17개국 71개 업체가 100% 재생에너지 사용을 약속했다고 덧붙였다. 71개 기업에는 대만의 반도체 위탁생산 업체 티에스엠씨TSMC와 아이폰 조립 업체 폭스콘Foxconn이 포함돼 있다. 이 원칙은 애플에 많은 부품을 납품하고 있는 한국 기업들에도 적용될 예정이고 애플 이외의 다른 기업으로도 확대될 전망이어서, 우리나라의 전기·전자, 소재·화학 기업들은 선택의 여지 없이 곧바로 넷제로 목표 달성에 동참해야 할 형편이다.

우리나라의 산업별 온실가스 배출 비중은 에너지 43%, 제조업 28%, 수송이 15%를 차지히며, 제조입에서는 철강, 화학, 정유 산업의 비중이 압도적으로 크다. 이는 우리나라 주력 산업들이 온실가스 감축이라는 지금까지와는 전혀 성격이 다른 변화를 이겨내야 한다는 뜻이다. 자동차 산업은 전기차로의 전환, 철강 업체들은 수소환원 제철 공법 등을 준비 중이고, 화학 산업의 경우 재생에너지 생산과 같은 근본적인 비즈니스 전환을 추진하고 있다. 그런 점에서 이차전지, 신재생에너지 사업을 확대하는 기업들이 주로 화학 업체라는 사실은 우연이 아니다.

이처럼 생산방식과 에너지원의 변화 과정에서 기업들은 천문학적인 비용 마련과 첨단 기술 확보라는 큰 어려움에 직면해 있다. 이 변화는 지금까지의 어떤 변화보다 빠르고 강하게, 그리고 약간의 예외도 없이 진행되고 있어서 피할 방법이 없다. 변화에 성공해서 미래로 도약하는 기업이 되느냐, 변화에 적응하지 못하고 도태되느냐의 선택만 있을 뿐이다.

이 모든 것은 결국 기업이 해내야 할 과제지만 정부와 투자자,

그리고 자본시장이 힘을 합해 도와주지 않으면 달성이 불가능한
일이다.

플라스틱 규제: 지구 온난화 이후의 핵심 어젠다

~~~~~~~

플라스틱 오염: 우리는 얼마나 알고 있을까?

환경오염을 가중하는 여러 위협 요인 중에서 플라스틱에 대한 우려가 점점 커지고 있다. 세계 플라스틱 생산량은 지난 10년간 42%나 증가해 2018년 4억 5천만 톤을 기록했으며 20년 후에는 두 배로 증가할 전망이다. 그런데 그중 분리수거되거나 재활용되는 비율은 30%에 불과해서, 해마다 버려지는 플라스틱의 양은 2016년 기준으로 거의 2억 5천만 톤에 달한다.

플라스틱은 포장용으로 가장 많이 쓰이는데, 이는 전체 플라스틱 생산량의 약 36%를 차지한다. 그런데 포장용 플라스틱은 활용 주기가 짧아서 전체 폐플라스틱의 46%에 이른다. 버려진 플라스틱이 분해되려면 최소한 400년 이상 걸린다. 이 분해 과정에서 플라스틱은 온실가스 배출, 해양 오염 등 심각한 환경 문제를 일으키고 있다.

버려진 플라스틱으로 인한 해양 오염은 이미 재앙 수준이다. 매년 800만 톤의 폐플라스틱이 바다에 버려지고 있고, 20년 후에는 무려 세 배로 증가할 전망이다. 800만 톤이면 전 세계 모든 해안 한 발자국마다 가득 찬 쓰레기봉투 다섯 개를 놓아둘 수 있는 분량이라고 한다.[28] 플라스틱은 전체 해양 폐기물의 약 85%를 차지하고 있으며 현재 최소 1억 5천만 톤의 플라스틱이 바다에 있는 것으로 추정된다.[29] 해양 플라스틱 폐기물이 생태계에 미치는 악영향을 계산했을 때, 인류가 해양 생태계로부터 얻을 수 있는 경제적 혜택에서 무려 0.5~2.5조 달러의 손실이 발생하는 것으로 나타났다(2011년 한 해 기준).[30]

이중 가장 심각한 것은 해양 생물과 인간에게 직접적으로 미치

플라스틱 쓰레기로 가득 메워진 바다의 모습

는 피해다. 해양 플라스틱 폐기물은 미세 플라스틱으로 분해되는데, 이는 다시 플라스틱과 먹이를 구별하지 못하는 해양 생명체들이 먹게 된다. 이렇게 미세 플라스틱을 섭취한 플랑크톤은 먹이사슬을 거쳐 모든 해양 생태계를 파괴하고 있다. 그리고 이렇게 미세 플라스틱이 축적된 어패류를 먹은 우리들의 몸속에도 미세 플라스틱이 쌓이고 있다.

각국 정부도 플라스틱 규제에 나섰다

그전부터 플라스틱 규제가 없었던 것은 아니지만, 이런 움직임이 본격화된 것은 전 세계 폐플라스틱의 약 40% 이상을 수입하던 중국이 2018년부터 이를 전면 금지하면서부터다. 중국 정부의 갑작스러운 플라스틱 정책 변화로 인해 전 세계 폐플라스틱 시장은 대혼란에 빠지게 되었고, 세계 각국은 대응책 마련에 고심해야 했다.[31]

2020년 기준으로 플라스틱 봉지나 일회용 플라스틱 제품을 규제하는 국가는 최소 115곳에 달하고, 유사한 제도 도입 계획을 발표한 국가도 22곳에 이른다.

❶ EU

플라스틱 관련 규제 도입에 가장 적극적인 국가들은 유럽 국가들이다. EU는 2014년부터 일회용 비닐봉지 사용을 제한하는 규제를 시행해 왔다. 이어서 2018년에는 '순환 경제를 위한 유럽의 플라스틱 배출 전략'을 통해 종합적인 플라스틱 규제 방안을 확정했다. 2030년까지 유럽에서 발생한 플라스틱 폐기물 중 절반 이상을 재활용하는 것을 큰 목표로, 이를 달성하기 위한 세부 추진 방안을 제시했다.

대표적인 목표들은 다음과 같다. ① 2021년부터 접시, 컵, 빨대를 비롯한 모든 식음료 용기, 면봉, 풍선 등 일회용 플라스틱 제품 사용을 금지하고, ② 2025년부터는 일회용 음료수병의 90%를 회수한다. ③ 플라스틱병에 재활용 재료 함량을 2025년에 25% 이상, 2030년에 30% 이상 포함해 제조한다. ④ 2030년에는 유럽 내 모든 플라스틱 포장재를 재사용 가능한 것으로 교체한다. ⑤ 2030년에는 유럽에서 발생한 플라스틱 폐기물 중 절반 이상을 재활용한다.

❷ 미국

미국은 지방정부 차원에서 비닐봉지와 스티로폼, 빨대 등 일회용 플라스틱 사용 금지 조치가 확대 시행되고 있다. 2015년 7월부터 미국 최초로 캘리포니아주가 대형 소매상점에서 일회용 비닐봉지 사용을 금지하고 있으며, 2019년 1월부터는 역시 미국 최초로 패스트푸드점을 제외한 모든 식당에서 플라스틱 빨대 사용을 금지했다. 그 이후 뉴욕, 워싱턴 등 8개 주가 일회용 플라스틱 봉지에 대한 금지령을 제정했으며, 시애틀, 샌프란시스코를 포함한 몇몇 주요 도시들도 플라스틱 빨대를 금지하는 법령을 발포했다. 그러나 EU에 비하면 미국은 플라스틱 규제 속도나 범위가 매우 느린 편이다.

❸ 중국

중국은 2018년 폐플라스틱의 수입을 금지했으며, 2020년 1월 발표한 '플라스틱 오염 대책 강화에 관한 의견'에서는 2023년부터 일회용 플라스틱 사용을 현저히 줄이고 대체품을 보급하기로 했다. 구체적으로 4대 직할시 등 주요 도시에서 2021년부터 일회용 플라스틱 봉지 사용을 금지하고, 2025년부터는 전국적으로도 금지할 예정이다. 일회용 식기, 면봉은 2023년부터는 사용하지 못하도록 했다.

❹ 한국

우리나라는 1994년에 도입한 분리수거 제도를 통해 일회용품 사용을 억제해왔다. 그러다 2019년 4월부터 전국 대규모 점포 및 슈퍼마켓에서 일회용 플라스틱 봉지 사용을 금지 조치했다. 또한,

2019년 11월 발표한 '일회용품 함께 줄이기 계획'에 따라, 컵, 접시, 일회용 응원도구, 세면도구, 플라스틱 광고물 사용을 점진적으로 제한하거나 금지할 예정이다. 곧 배송용 포장재 및 제품 포장재를 줄이기 위한 계획도 구체화할 예정이다.

EU가 도입하는 플라스틱 세금

2021년 1월 1일부터 EU는 재활용이 불가능한 플라스틱 포장재 폐기물에 대한 세금을 도입했다. 재활용이 불가능한 플라스틱 폐기물에는 1킬로그램당 0.8유로의 세금이 부과된다. EU 집행위원회의 추산에 따르면, 약 57억 유로의 플라스틱 세금이 거둬질 것으로 전망된다. 플라스틱 제품은 한국의 EU 대상 5대 수출 품목으로, 2019년 기준 21억 4천만 달러에 달한다. 규제를 피하기 위해 생분해 플라스틱 등 친환경 소재 개발을 서둘러야 한다.

그뿐만 아니라, EU 규제에 따라 플라스틱병 제조에서 재활용 원료 사용률이 2025년에 25% 이상, 2030년에 30% 이상을 넘어야 하는데, 이러한 규제는 조만간 미국 등 다른 나라로 확대될 것으로 예상된다. 이 조건을 충족하기 위해서는 무엇보다도 우리나라에서 재활용 플라스틱 생산이 늘어나야 한다. 최근 플라스틱 병에 붙어있는 스티커 라벨을 제거한 후 분리 배출하도록 바뀐 정책 또한 플라스틱 재활용을 높이기 위한 조치다.

국제적 노력도 가시화될 전망

2020년 기준 115개 국가가 플라스틱 관련 규제를 시행하고 있다고 했지만, 이 중 60%의 국가들은 일회용 플라스틱 봉지만을 규제하고 있다. 플라스틱 봉지가 일상생활에 많이 쓰이기 때문에 상징적인 측면은 있지만, 전체 플라스틱이 유발하는 환경오염의 관점에서 보면 사실 작은 문제다. 단적으로, 해변을 청소하는 과정에서 발견되는 플라스틱 제품 중 약 7%만이 플라스틱 봉지라고 한다. 그러나 플라스틱 봉지 이외의 항목들에 대한 규제, 예컨대 플라스틱 병 사용 금지, 세금 부과, 재활용 보증금 제도 등을 도입한 국가는 48개국에 불과하다. 대부분의 국가에서 좀 더 실효성 있고 포괄적인 플라스틱 규제 정책이 필요한 상황이다.

특히, 가장 심각한 문제인 해양에서 발견되는 폐플라스틱 품목의 50% 이상을 규제 범위에 포함시킨 나라는 17개국에 불과하고, 이들 국가가 유발하는 해양 폐플라스틱은 6%에 지나지 않는다. 해양 폐플라스틱의 83%를 배출하는 상위 20개국 중에서는 오직 스리랑카만이 해양 폐플라스틱 50% 이상을 차지하는 품목에 대한 규제를 시행하고 있는데, 스리랑카가 배출하는 해양 폐플라스틱의 비중은 전체의 5%에 불과하다. 적어도 해양 오염에 관한 한, 국제적인 노력은 부재했다고 봐도 무방한 셈이다.[32]

그러나 지구 온난화 문제 해결을 위해서 국제기구와 각국 정부가 협력했듯이, 이제 플라스틱 오염 문제도 국제적 논의의 장에서 다뤄야 한다는 주장이 점점 더 힘을 얻고 있다. 지구 온난화 문제에 대해 큰 틀의 합의가 마련되고 실행력도 확보되어 가는 단계에 이르렀으니, 이제는 플라스틱 문제에 대한 논의도 가속화할 것으로 예상한다.

사회적 불평등과 ESG 투자의 역할

~~~~~~

코로나19 대유행과 투자자들의 대응

코로나19 대유행은 그렇지 않아도 심각했던 사회계층 간 자본의 격차를 더욱 벌리는 결과를 가져왔다. 그 때문에 역설적으로 ESG의 세 영역 중 사회Social 영역이 투자자들에게 중요한 과제로 대두되고 있다.[33] 전통적으로 투자자들은 사회적 불평등 문제를 정부의 영역 또는 개별 기업들이 비즈니스 관행을 변화시킴으로써 대처해야 할 영역으로 간주해왔다. 그러나 사회 전체 시스템에 관한 문제는 대부분 개별 기업의 힘만으로는 제대로 해결할 수 없다.

ESG에서 사회 영역의 이슈는 환경이나 지배구조 이슈와는 성격이 좀 다르다. 기업 지배구조 문제는 스캔들이나 갑작스러운 최고경영자 사임과 같은 부정적 사건으로 구체화하는 경향이 있고, 환경 문제의 경우에는 제대로 관리하지 못했을 때 경쟁력이 점차 약화하고 기업 가치도 따라서 하락하는 면이 있다. 그에 비해 노사 문제 같은 이슈는 소송이나 파업 등 부정적 사건을 사후적으로 발생시키기도 하지만, 근본적으로 기업의 경쟁력과 혁신 역량을 약화시키는 원인이 되기도 한다.

한편, 사회 전체 시스템 수준에서의 사회적 불평등 이슈는 폭발하기 전까지는 조용히 악화될 수 있다. 예컨대 미국의 인종주의는 개인과 기업, 그리고 경제 전체의 장기 잠재력을 지속해서 갉아먹어왔다. 그러다가 최근 팬데믹 상황에서 인종주의 문제가 폭력적인 시위로 폭발했다.

다행히 최근에는 투자자들도 재무적 수단을 활용해서 사회적 불평등 완화에 기여할 방법을 찾고 있다. 먼저 투자자들은 'UN

인종차별에 반대하는 시위대의 모습 '인종주의도 전염병이다'라고 적혀있는 시위 피켓이 인상적이다.

SDG'와 부합하는 방향으로 투자를 늘리고 있다.[34] SDG 중에서도 불평등 감소 자체를 직접적인 목표로 하는 것은 'SDG10'이지만, '빈곤 퇴치SDG1', '기아 종식SDG2', '건강과 웰빙SDG3', '양질의 교육 SDG4', '성평등SDG5', '양질의 일자리와 경제성장SDG8'도 모두 불평등 감소와 관련 있는 목표들이다.

개별 기업들의 자료를 분석하면 이들이 어떤 SDG와 합치하거나 불합치하는 행동을 하는지 측정할 수 있다.[35] 투자자들은 이 자료를 활용하여 지속가능 채권Sustainability Bond, 사회적 채권Social Bond 등을 발행하거나 매입할 수 있고, 또 특정 SDG와 합치하는 기업들로 구성된 인덱스 펀드나 포트폴리오를 구성할 수도 있다. 실제로 여러 종류의 SDG 기반 채권, 인덱스 펀드, 뮤츄얼 펀드들이 자본시장에서 판매되고 있다.

둘째로, 최근 코로나19 대유행의 부정적 영향을 완화하는 데 초점을 맞춘 사회적 채권 발행이 급증하고 있으며, 이에 대한 투자자들의 반응도 좋은 편이다. 예컨대 2020년 10월, EU는 지금까지 발행된 사회적 채권에서 가장 큰 규모인 170억 유로의 사회적 채권을 발행했는데, 이 채권은 명시적으로 건강과 웰빙SDG3, 양질의 일자리와 경제성장SDG8에 초점을 맞춰 발행됐다. 이 채권은 무려 2천330억 유로의 청약이 몰릴 정도로 인기를 끌었다. 2020년에는 지속가능채권, 녹색채권, 사회적 채권의 합계에서 사회적 채권의 비중이 15%에 달했는데, 지난 3~4년간은 그 비중이 4~5%에 불과했던 것과 비교하면 사회 문제 해결에 대한 투자자의 관심이 상당히 높아졌음을 알 수 있다.

기업들도 앞다투어 사회적 채권 발행에 뛰어들었다. 예컨대 뱅크 오브 아메리카는 헬스케어 산업 지원, 인종 간 불평등 감소를 목적으로 사회적 채권을 두 차례 발행했다. 그 밖에 화이자도 코로나19 백신 개발을 위해 12억 5천만 달러 규모의 사회적 채권을 발행했다. 한편 우리나라에서도 올해 들어 산업은행(1조 원), 국민은행(4천억 원), 신한은행(5천만 달러)이 코로나19 피해 지원을 목적으로 사회적 채권을 발행한 바 있다.

투자자들의 입장에서는 채권 발행으로 조달된 자금이 당초 목적대로 사회적 불평등 해소에 기여할 수 있는지, 아니면 그저 '소셜워싱Social washing'으로 악용되는 데 그칠지에 대한 불확실성이 없는 것은 아니다. 그러나 최근처럼 빈부 격차가 심각해지고, 또 그것이 코로나19로 더욱 확대되면서 사회 안정과 번영을 위협하는 상황을 방치할 수도 없는 일이다. 2021년 이후 사회 문제 관련 투자가 크게 확대되면서 투자 전반의 프로세스가 아직 제대로 정립되지 않아 어려움이 있는 것은 사실이지만, 이 또한 ESG 투자가 사회 문제 해결에 기여하기 위해서 겪어야 할 과정이다.

다양성과 포용성: 기업 경쟁력의 원천

사회적 불평등은 다양성 및 포용성과도 밀접한 연관이 있다. 다양성은 성별, 인종, 종교, 성 정체성 등과 같은 개인적 특성의 차이를 의미하며, 포용성은 그런 차이를 감싸주거나 받아들이는 것이라고 할 수 있다. 실제로 다양성은 포용성과 한 묶음으로 받아들여진다. 얼마나 다양한가의 문제보다는, 소수자를 차별하지 않고 어떻게 포용하는지가 더 강조된다는 점에서 방점은 포용성에 찍힌다.

국가별로 조금씩 차이는 있지만, 세계 어디서나 중요하게 인식되는 것은 성별 다양성이다. 즉, 특정 국가나 기업에서 성별 제한 없이 능력을 발휘하고 평가받을 수 있는지가 중요하다는 뜻이다. 정도의 차이는 있지만 모든 나라에서는 여전히 남녀 간 임금 격차가 존재하고, 상위 직급으로 갈수록 여성의 비율이 줄어드는 양상을 보인다.[36] 게다가 경제 위기가 닥치면 여성 근로자들이 더 큰 피해를 보는 경우가 많았다. 이번 코로나19 상황에서도 전 세계 노동자의 39%가 여성인 데 비해, 2020년 5월 기준 전체 실직자 중 여성의 비율은 54%로 훨씬 더 높게 나타났다.

국가나 기업들은 이러한 격차를 줄이기 위해서 다양한 노력을 해왔다. 특히 2012년 EU를 시작으로 이사회에 여성을 포함하도록 권고하거나 의무화하는 나라가 늘었다. 여성 이사의 비율이 그만큼 쉽게 측정할 수 있는 다양성 지표이기 때문이기도 하겠지만, 그보다는 여성 이사를 시발점으로 회사에서 여성의 역할에 대한 인식이 변화함으로써, 임원급과 매니저급에서도 자연스럽게 여성 비율이 늘기를 기대하려는 목적이 더 크다.

우리나라는 여성 차별의 정도가 심해서 남녀 임금 격차가 OECD 국가 중에서 가장 크고, 여성 이사 비율이 개발도상국 중에서도 가장 낮다. 이에 우리나라도 법 개정을 통해 자산 총액 2조 원 이상인 상장기업은 늦어도 2022년 7월부터 이사회에 최소 1명 이상의 여성 등기 임원을 반드시 포함하도록 의무화했다.

미국에서는 성별 다양성 못지않게 중요한 것이 인종 다양성이다. 특히 미국에서의 사회·경제적 불평등은 거의 인종 간 불평등으로 직결된다. 소수 인종 출신은 교육, 의료, 주택, 취업 등 모든 면에서 열악한 환경으로부터 출발하게 되는데, 이를 자력으로 벗어나지 못하기 때문에 불평등이 영속된다. 미국 사회에서는 인종 문제를 해결하지 못하면 다른 사회 문제 대부분도 진전을 기대할 수 없기 때문에 ESG 투자가 특히 관심을 가지는 영역이기도 하다.

성별이나 인종 간 불평등을 줄이는 것은 단순히 공정성 이슈뿐 아니라 효율성 관점에서도 중요하다. 글로벌 컨설팅 회사인 맥킨지가 최근에 발표한 자료에 따르면, 인종 간 불평등이 해소될 때 미국의 GDP가 매년 약 2조~3조 달러까지 증가할 수 있고, 여성에게 더 많은 기회가 주어진다면 2025년에는 약 2조 1천억 달러 정도의 GDP 증가도 기대할 수 있다고 한다.[37]

마찬가지로, 다양성과 포용성을 단지 정치적 올바름political correctness이나 불가피한 규제 정도로만 접근하는 기업에는 미래가 없다. 우리나라 기업은 대체로 동질적 집단으로 구성되어 있다. 그러다 보니 의사결정 기준이 비슷해 상대적으로 신속한 행동이 가능했으며, 이는 선진국 기업들을 추격하는 데 큰 장점으로 작용했다. 그러나 다양성이 부족한 집단이다 보니 창의성과 차이가 장려되지 않았고, 따라서 제품이나 서비스가 획일적일 수밖에 없었다. 초기에는 비슷한 사람들끼리 일하는 조직의 업무 생산성이 높지만 그런 조직 문화는 성장에 한계를 보이기 마련이다.

반면 몇몇 글로벌 기업의 사례를 보면, 초반 업무 생산성이 다소 떨어지더라도 서로 다른 배경, 서로 다른 생각을 가진 사람이 함께 일할 때 '퀀텀 점프'하는 성장과 조직 문화의 심화를 동시에 꾀할 수 있었다. 글로벌 기업들이 다양성과 포용성을 추구하는 것은 정치적으로 옳다거나 규제가 있어서가 아니라, 기업의 경쟁력을 확보하는 데 있어 필수조건이기 때문이다.

맥킨지의 조사 결과 또한 다양성과 포용성이 기업의 성과와 연결되어 있음을 확인시켜준다.[38] 임원진에서 성별 다양성이 뛰어난 상위 25% 기업들은 하위 25% 기업에 비해서 수익성이 좋을 가능성이 25% 정도 더 높았다. 그리고 인종 및 문화적 다양성이 좋은 상위 25% 기업들이 하위 25% 기업보다 수익성이 높을 가능성은 36% 더 높게 나타났다.

법으로 규제를 하니 억지로 여성 이사를 선임한다거나, 장애인 의무고용에 대해 별다른 노력도 없이 부담금으로 때우겠다는 식으로 다양성과 포용성에 접근하면 ESG 활동에서도 좋은 평가를 받기 어렵다. 설령 일시적으로 평가 점수를 좋게 받더라도 이는 기업 경쟁력에 아무런 도움이 되지 않는다. 사회 영역에서 기업의 ESG 활동을 평가하는 이유는 그 기업에 대한 소비자, 직원, 납품 기업들의 만족도는 높은지, 사회 구성원 전체로부터 좋은 평판을 얻고 있는지, 사회 문제 측면에서 발생할 수 있는 리스크는 없는지를 보기 위한 것이다. 다양성과 포용성을 진지하게 받아들이고, 규제라는 관점이 아닌 비즈니스 관점에서 접근하며, 잘 조율된 시스템으로 이어질 때만 좋은 결과를 얻을 수 있고 그것이 곧 기업 실적으로도 이어질 수 있다.

이해관계자를 둘러싼 ESG 이슈

기업을 둘러싼 많은 이해관계자 중에서 기업 외부 이해관계자
와의 관계에 대해서는 환경 및 사회적 불평등 이슈를 통해 선반
적으로 살펴보았다. 따라서 이제 기업의 생산 활동에 참여하는 두
이해관계자 그룹, 즉 직원과 납품 기업과의 관계에서 발생하는
ESG 이슈들에 관해 이야기해보자. 주로 기업 성과를 직원 및 납
품 기업과 나누는 원칙, 산업 현장에서의 안전 및 인권 등에 관한
내용을 다루게 될 것이다.

직원의 몫은 어떻게 결정되어야 하나

기업은 생산 활동에 참여한 다른 이해관계자들에게는 사전에
약속한 금액(임금, 물품 대금 등)을 지급하지만, 주주들은 매출액에서
이들에게 지급할 금액을 다 지급하고 남는 금액을 이윤으로 가져
가는 잔여재산 청구권자가 된다.

이때 임금은 일반적으로 그 직원이 다른 직장에서 받을 수 있는
임금과 비슷한 수준에서 결정될 것이다. 임금은 표면적으로 보면

기업에서 결정하는 것처럼 보이지만 실제로는 노동시장에서 결정된다는 뜻이다. 만약 법·제도상의 제약 때문에 억지로 그 이상을 지급하게 되면 기업의 손실이나 경쟁력 상실로 이어지게 돼, 독과점 기업 같은 특별한 경우를 제외하면 이런 임금 지급은 장기적으로 유지되기 어렵다.

기업이 파산 같은 심각한 위험에 처하면 직원은 약속한 임금을 받지 못할 수 있다. 또한 회사에 자신의 인적자본을 장기적으로 투자한 직원의 경우 자신의 인적자본 가치가 회사 성과에 따라 변화한다. 이처럼 기업 결정이나 성과가 인적자본 가치와 연동되는 경우에는 직원도 일정 부분 장기 투자자의 성격을 가지므로, 고정 금액이 아니라 기업 성과에 연동하여 보상받을 필요가 있다. 따라서 노동자들은 고정급여와 함께 사전에 약속된 산정 방식에 따라 성과급을 받을 수 있고, 또 임금 협상이라는 의사결정 과정도 가지고 있다.

이처럼 기업 성과를 직원들과 나누는 것이 새로운 현상은 아니지만, 과거에 비해 성과급 산정 방식을 협의에 의해 투명하게 결정하기 시작했다는 점을 주목할 만하다. 그리고 과거에는 성과급에 대해서도 '기업에서 시혜적으로 베푸는 것' 정도로 보는 시각이 적지 않았다. 그러나 이제는 직원들의 가치 증진이 기업 가치 극대화와 합치한다는 시각에서 접근하는 경향이 뚜렷해졌고, 이는 ESG 관점으로 봐도 진일보한 것이다.

납품 기업의 몫은 어떻게 결정되어야 하나

납품 기업들의 몫을 정하는 문제도 방향성은 직원의 경우와 별로 다르지 않다. 과거에는 계약에 의해 사전에 정해진 가격을 받고 물품이나 서비스를 제공하면 그만이었다. 그 가격은 시장 가격에 준해서, 또는 경쟁 입찰을 통해서 결정되는 것이 일반적이다. 이런 구조라면 원청 기업 입장에서는 납품 기업들에 고정 금액을 지급하면 되고, 이왕이면 그 금액이 적을수록 좋을 것이다.

그러나 요즘 글로벌 기업들의 경쟁 양상을 보면, 개별 기업 간의 경쟁이 아니라 가치사슬 연합군, 즉 '생태계' 간의 경쟁으로 바뀌었다. 이 생태계에 참여하는 기업은 기술개발, 소프트웨어, 하드웨어, 소재 등의 개발 및 생산을 통해 각자 생태계에 기여한다. 이런 생태계에서 주도 기업과 참여 기업 간의 관계는 일반적인 납품 관계와는 많이 다르다. 참여 기업 입장에서는 주도 기업과 장기적인 관계를 맺었고, 또 이 생태계에 특화된 투자를 상당 부분 한 셈이다. 따라서 생태계의 성과와 참여 기업들의 성과는 밀접하게 연동되어 있다.

이처럼 장기 투자를 한 참여 기업들과 주도 기업 간의 성과가 연동된 상황이라면, 참여 기업들에 고정 금액만을 지급해서는 그들의 진심 어린 협조와 참여를 기대하기 어려워진다. 따라서 주도 기업이 성과 공유를 사전에 약속하고, 공유 방식에 대해서도 합의를 보는 것이 바람직하다. 마이클 포터가 주장했던 공유 가치 창출이 이러한 제도와 잘 합치하는 사례다.

그러나 이러한 성과 공유 제도의 취지는 말 그대로 성과 창출에 기여한 기업들과 성과를 공유한다는 것이지, 원청 기업이 이익을 많이 냈으니 모든 납품 기업들과 이를 나누어야 한다는 의미가 아니다. 시장에서 납품 가격이 결정되는 성격의 협력 관계와, 생태계에 참여하여 함께 성과를 만들어 나가는 협력 관계는 구분해서 접근할 필요가 있다. 전자의 경우에는, 전 세계적으로 납품 기업 관리를 잘한다는 애플이나 아마존과 같은 글로벌 기업들도 단돈 1센트라도 더 깎기 위해 납품 기업들을 압박한다. 이런 기업들과 글로벌 시장에서 경쟁을 해야 하는 상황에서, 시장 가격보다 더 높은 가격을 지급하면 원청 기업의 원가 경쟁력이 손상되고, 이는 결국 경쟁우위의 상실로 이어질 수 있다.

이러한 트레이드 오프 관계는 많은 ESG 관련 이슈에서 피할 수 없는 문제지만, 특히 생산 활동에 참여한 이해관계자 간의 성과 분배 과정에서 가장 첨예하게 나타난다.

근로자 안전의 문제

우리나라에서는 2021년 1월 '중대재해 처벌 등에 관한 법률(이하 중대재해처벌법)'이 국회를 통과했다. 중대재해처벌법은 사업장 산업 재해 방지 및 안전 확보 의무를 경영진과 기업에 부여해서 보다 안전한 근로 환경을 조성하기 위한 목적으로 제정됐다.[39] 상시 근로자 50인 이상의 사업장에 대해서는 2022년 1월부터 시행될 예정이다.

이 법에 따르면 중대재해가 발생할 경우, 의무를 다하지 못한 경영진과 기업은 형사처분을 받게 된다. 처벌 수위는 사망자 발생 시 '1년 이상 징역 또는 10억 원 이하의 벌금', 기타 중대재해 발생 시 '7년 이하 징역 또는 1억 원 이하의 벌금'으로 규정되어 있다. 이에 더해 기업이 제삼자에게 용역이나 도급, 위탁을 한 경우에도 제삼자와 안전보건 조치 의무를 공동으로 부담하는 내용이 담겼다. 법의 사각지대에 놓인 근로자들의 안전도 보장하려는 취지다.

경제 단체들은 이 법에 대해 우려를 표하고 있다. 먼저, 처벌의 요건인 경영 책임자의 의무 규정이 포괄적이고 모호해 '명확성의 원칙'에 반한다고 지적하고 있다. 형사처분 또한 과실범 형태의 산재 사고에 하한형의 유기징역(1년 이상)을 부과하는 것은 예방보다 징벌에 집중하려는 취지로, '과잉금지 원칙'에 위배된다는 의견을 내놓았다.[40]

기존 산업안전보건법이 있는데도 특별법 형태로 기업의 의무와 처벌을 강화한 법률을 제정한 이유는 최근 증가하고 있는 산업재해 추세와 무관하지 않다. 산업재해로 인한 사망자 수는 2010년 이후 2천명대를 밑돌았지만 2017년을 기점으로 증가세를 보여, 2020년에는 2,062명에 달했다. 근로자 100명당 재해자 수 비율을 나타내는 재해율도 2017년 0.48%를 기록한 이후 2020년 0.57%에 이르기까지 계속 증가했다. 물론 2018년 7월부터 산재보험 적용 범위의 확대가 통계치 상승에 미친 영향을 고려할 필요는 있으나, 그만큼 법의 사각지대에 놓여있던 근로자들이 많았다고도 볼 수 있다.[41]

OECD 국가들과 비교해도 우리나라 산업재해 건수는 매우 높다.[42] 2015년 자료 기준 근로자 10만 명당 치명적 산업재해 건수를 비교한 바에 따르면, 우리나라는 5.3건으로 멕시코(8.2)와 터키(6.9), 두 나라만이 우리나라보다 높은 재해 건수를 보였다. 주요국 중에서는 영국이 0.8건으로 가장 낮았고, 독일(1.0), 스페인(2.3), 이탈리아(2.4), 프랑스(2.6) 등에 비해서도 우리나라의 재해 건수가 훨씬 높다. 2015년 이후에는 외국의 통계 자료가 부족하여 비교가 어려웠으나, 우리나라의 재해 발생 건수가 그 이후에도 5.1~5.3건을 기록하고 있어서 순위와 격차에 별다른 변화가 없을 것으로 예상된다.

중대재해처벌법은 한국 사회에서의 안전, 특히 노동 안전에 대한 사회적 인식 변화를 반영한 것으로 보인다. 이제 사회 구성원 대다수는 압축 성장 과정에서 잇따르던 산업재해가 더 이상 방치할 수 없는 수준이라고 느끼고 있으며, 특히 기본적인 안전조치 미비로 인해 발생하는 산재 사망, 가습기 살균제 사건 같은 피해에 대해서는 특별한 조치가 필요하다는 인식을 공유하고 있다. 중대재해처벌법 제정이 앞으로 노동 이슈에 대한 더 많은 사회직 관심을 촉발시키는 계기가 될 수도 있다.

공급망 관리와 협력업체에 요구되는 ESG 책임

많은 기업이 글로벌 분업 체계를 구축함에 따라, 부품 공급, 제품 조립 등 주요 생산 과정에 여러 협력업체들이 참여하고 있다. 원자재 조달부터 생산, 유통, 최종 소비자 전달에 이르는 전체 과정을 공급망이라고 한다. 공급망 관리Supply Chain Management는 진작부터 기업의 핵심 활동으로 여겨져 왔지만, 지속가능성에 대한 관심이 증가하면서 그 중요성이 새롭게 조명되고 있다. 즉, 제품의 생애주기에 참여하는 기업들이 매우 많은데, 전체 과정에서 발생하는 환경, 사회, 경제적 영향을 체계적으로 관리하는 것이 어렵기는 하지만 꼭 해결해야 할 중요한 과제라는 인식이 커진 것이다.

글로벌 기업들이 전 세계에 흩어진 협력업체에서 발생하는 노동, 환경 문제를 제대로 통제하기는 매우 어렵다. 그렇지만 실제로 문제가 발생하면 직접적으로 브랜드 가치 저하와 같은 큰 손실을 입게 된다. 1996년 나이키Nike의 하청 기업이 축구공을 생산하는 과정에서 아동 노동을 착취한 사실이 폭로된 이후, 미국과 유럽 전역에서 대대적으로 벌어진 나이키 불매운동이 대표적인 예다.

국제기구, 각국 정부 및 투자자들도 기업이 협력업체에 대해서 사회·환경적 요소를 고려하도록 요구하고 있다. 2015년 영국이 '현대판 노예제 방지법Modern Slavery Act'을 제정하여 대기업의 공급망 관리 책임을 명시한 이후, 대부분의 ESG 평가기관들은 공급망 내 인권 항목을 추가했다. UN 책임투자원칙PRI: Principles for Responsible Investment도 투자 과정에서 인권 항목을 포함하는 5개년 계획을 수립하고 있으며, 기존 정보공개 규범 중 한 부문으로 공급망 인권 보고 의무화 방안을 추진 중이다.[43] 우리나라에서 최근 제정된 중대재해처벌법에서, 하청 기업에서 발생한 산업재해라도 원청 기업이 책임을 지도록 한 것도 이러한 흐름과 맥을 같이하고 있다.

한편 EU는 기업 공급망 실사제도due diligence 도입을 의무화하는 법안 제정을 추진하고 있다.[44] EU 의회는 2021년 1월, 기업 공급망에서 인권·환경을 침해하는 활동의 존재 유무 보고 및 개선 의무, 리스크 발생 시 해당 내용과 대책 공개, 위반 시 벌금 부과 또는 피해를 보상하는 내용의 입법 권고안을 채택했다. EU 집행 위원회는 의견 수렴을 거쳐 2021년 2분기 안에 초안을 제시할 계획이라고 밝혔다. 이 법안은 EU 수출 기업에도 적용될 예정이어서 책임감 있는 원자재 조달responsible sourcing의 중요성이 점점 커질 전망이다.

많은 ESG 이슈가 그렇듯, 공급망 관리 또한 기업에 새로운 위험 혹은 부담 요소로 작용한다. 그러나 나이키가 1996년 불매운동을 계기로 기업의 사회적 책임에 대해 전향적으로 바뀌었듯이,[45] 공급망 관리를 ESG 관점에서 접근한다면 기업의 지속가능성을 한 단계 더 업그레이드할 기회를 가질 수 있을 것이다.

세상을 바꾸는 ESG 투자자들

~~~~~

장기 투자자가 늘고 있다

기업들의 ESG 활동은 단기적인 수익성을 희생해야 하는 경우가 많기 때문에, 활발한 ESG 활동에는 장기적인 안목과 긴 호흡을 가진 ESG 투자자들의 지원이 필수적이다. 그러려면 우선 장기 투자자가 증가해야 하고, 또 그들의 목소리가 커져야 한다.

그런데 장기 투자자들이 증가하고 있다는 사실은 여러 자료를 통해 확인할 수 있다. 먼저, 전 세계 공적연금 규모는 2014년 약 14조 4천억 달러에서 2019년에 17조 달러로 증가했다.[46] 자산 중 주식에 투자되는 비중은 계속 증가하여 2019년 기준 33%에 이르렀다. 한편 사적연금의 규모 또한 꾸준히 증가하고 있다. 예컨대 OECD 국가들의 사적연금 자산은 2009년 26조 3천억 달러에서 2019년 49조 2천억 달러로 증가했고, 특히 전체 자산 중 주식에 투자하는 비율은 2009년 19.9%에서 2019년 26.8%로 증가했다.[47]

자산운용사가 운용하고 있는 펀드도 규모나 편입 자산이 조금씩 변하기는 하지만 대체로 주식을 장기 보유하는 편이다. 그래서 블랙록은 스스로를 장기 투자자라고 칭하고 있다. 세계 3대 자산 운용사인 블랙록, 뱅가드, 스테이트 스트리트가 운용하는 자산 규모는 2020년 말 기준으로 각각 8조 7천억, 7조, 3조 5천억 달러로서 총액 19조 2천억 달러에 달한다. 이들은 미국 S&P 500에 소속된 기업 88%의 지분을 보유한 대주주다.[48]

우리나라 증권 시장에서 국민연금이 차지하는 비중 또한 날이 갈수록 커지고 있다. 국민연금이 운용하는 전체 자산은 2020년 말 기준 833조 7천억 원으로, 전 세계 공적연금 중에서는 세 번째로 큰 규모다. 한편 국민연금이 운용하는 자산 중 국내 주식자산의 절대적 규모와 상대적 비중도 지속적으로 증가해왔다. 즉, 2010년에는 전체 자산 중 국내 주식자산의 규모와 비중이 54조 2천억 원으로서 16.7%에 불과했는데, 2020년에는 각각 176조 7 천억 원

국민연금 운용자산 및 주식 운용 추이 (단위 : 조 원, %)

연도	전체 운용자산(A)	국내 주식자산(B)	B/A	상장사 시가총액 (C)	B/C
2010	323.9	54.2	16.7	1,237	4.4
2015	512.3	94.9	18.5	1,445	6.6
2020	833.7	176.7	21.2	2,365	7.5

출처 : 국민연금 기금운용본부 자산운용 현황, e-나라지표, 상장회사 수 및 시가총액

의 규모와 21.2%의 비중으로 증가했다.[49]

이처럼 국민연금이 차지하는 비중이 커지다 보니, 국민연금 지분율이 높은 주식회사가 증가하고 있다. 구체적으로는, 2019년 말 기준 2,204개 상장사(한국거래소 799개, 코스닥 1,405개) 중 국민연금이 5% 이상 지분을 가진 기업은 359개이고, 그중 지분율이 10% 이상인 기업도 무려 103개나 된다.[50]

스튜어드십과 '연금 사회주의' 논란

연기금들은 과거에는 기업 경영에 거의 관여하지 않는 비활동적인 주주들이었으나, 국제 금융위기 이후 기업들이 주주 이익에 합치하도록 행동하는지 감독할 필요성을 느끼기 시작했다. 특히 사회 책임 투자, ESG 투자가 화두가 되면서 이제 기관투자자들은 기업의 바람직한 ESG 활동을 유도하기 위해서 다양한 형태로 기업 활동에 관여하고 있다. 그중에서도 '스튜어드십 코드Stewardship Code'는 기관투자자들의 ESG 투자에서 중요한 지렛대 역할을 한다.

스튜어드십 코드는 연기금과 자산운용사 등 기관투자자가 주인의 재산을 관리하는 집사steward처럼 고객 자산을 선량하게 관리할 의무를 다하기 위해 의결권 행사 등을 통해 기업의 의사결정에 개입하는 제도를 의미한다. 스튜어드십 코드가 도입되면 기관투자자는 단순한 주식 보유를 넘어서 투자기업을 점검하고, 우려 사항이 발견되면 비공개 대화, 주주제안, 의결권 행사 등을 통해 기업 활동을 개선함으로써 주주 가치를 제고할 것을 적극적으로 요구하게 된다.

스튜어드십 코드는 2010년 영국에서 가장 먼저 도입되었고, 캐나다, 네덜란드, 스위스, 일본 등 대형 공적연금이 있는 나라들을 중심으로 도입되어 현재 전 세계적으로 스튜어드십 코드를 도입한 국가는 약 20개국에 이르고 있다. 우리나라에서는 2016년 12월 처음 도입되었으며, 국민연금이 2018년 7월 참여한 이래 4대 연금(국민연금, 공무원연금, 사학연금, 우정사업본부)이 모두 스튜어드십 코드에 참여하고 있다. 2021년 4월 말 기준으로는 155개 기관이 스튜어드십 코드에 참여하고 있다.[51]

한편 2020년 영국과 일본은 스튜어드십 코드를 개정해 기관투자자의 ESG 책임을 강화했다. 영국의 경우 수탁자 책임 범위를 기존 지배구조 중심에서 환경·사회로 확대했으며, 투자를 집행하기 전에 기업의 주요 ESG 이슈를 살펴보는 내용을 포함했다. 일본 또한 스튜어드십 코드 개정을 통해 ESG 이슈를 포함했다. 우리나라 금융위원회도 2021년 1월 '스튜어드십 코드의 시행 성과를 평가하고, ESG 관련 수탁자 책임 강화 등 개정을 검토하겠다'고 밝혔다.[52] 구체적인 개정안은 아직 나오지 않았지만, 세계적인 흐름과 궤를 같이하여 진행될 전망이다.

정부 제도 및 사회 분위기가 스튜어드십과 ESG에 따라 변화하고 그에 따른 지분율도 늘어나게 되자, 국민연금은 좀 더 적극적으로 의결권 행사에 나서고 있다. 그 과정에서 일부 경제 단체를 중심으로, 국민연금이 민간 기업의 경영에 지나치게 간섭하는 것은 경영권 침해 우려가 있다는 불만의 소리가 나오고 있다. 심지어 정부가 국민연금을 활용하여 기업들의 의사결정과 자원 배분에 깊숙이 관여하면서 '연금 사회주의 경제'로 변형시키게 될 것이라는 비판마저 등장했다.

이러한 우려는 국민연금기금의 지배구조가 정부로부터 독립하지 못한 부분에서 기인한다. 주주권 행사는 국민연금기금 운용위원회에서 결정하는데, 이 운용위원회는 보건복지부 장관이 위원장으로 있고, 각 부처 차관 등 당연직 5명이 포함된 구조다. 그러다 보니 정부의 영향력 아래에 있다는 비판에서 자유롭지 못하다. 프리드먼의 우려처럼, 자원 배분이 시장이 아닌 정치적 프로세스에 의해 결정되는 상황을 경계하는 것 또한 이해할 만하다.

그러나, 너무 당연한 이야기지만 국민연금을 포함한 기관투자자들은 주주로서 주주 가치 극대화에 도움이 되는 방향으로 의결권을 행사할 권리와 의무가 있다. 사실 그동안 기관투자자들이 그 권리와 의무를 너무 소홀히 했기 때문에, 소액주주의 이익에 반하는 대주주 행동이나 경영자의 대리인 행동을 제대로 통제하지 못했다. 대주주 및 경영진의 명백한 위법 행위에 대해서 주주권을 행사하지 않는다면 그건 결과적으로 대주주의 위법을 도와주는 셈이 된다.

ESG 투자 관점에서 이해관계자를 배려해야 한다는 단계까지 갈 것도 없이, 우리나라는 주주 자본주의 단계도 제대로 겪어보지 못했다. 이런 상황을 고려한다면 연금 사회주의가 우려되기 때문에 스튜어드십 코드를 시행해서는 안 된다는 주장은 설득력이 부족하다. 따라서 정부는 국민연금기금 지배구조 개선을 추진하고, 기관투자자와 기업들은 주주 및 다른 이해관계자 가치를 조화롭게 추구하는 ESG 활동을 꾸준히 준비하는 것이 필요한 시점이다.

주주 관여를 통한 ESG 활동의 독려

스튜어드십의 핵심은 주주 관여에 있다. ESG 투자 전략을 통해서 특정 기업의 지분을 줄이는 방식만으로 기업 행동을 바꾸기는 쉽지 않다. 물론 주요 기관투자자가 특정 기업의 지분을 전부 매각하는 경우라면 주가에 나쁜 영향을 미치겠지만, 기관투자자가 주요 기업의 지분을 완전히 처분하는 경우는 드문 일이다. 따라서 주식을 보유한 상태에서, 지속적으로 기업의 ESG 활동을 독려하는 것이 더 효과적이라고 할 수 있다.

스튜어드십 제도 도입 이후 투자자들의 주주 관여는 더욱 활발해지고 있다.[53] 그중에서도 기후변화 이슈에 대한 주주 관여가 가장 적극적인데, 앞에서 살펴본 바와 같이 '기후행동 100+'를 중심으로 한 투자자 간 협업이 성과를 보이고 있고, 블랙록을 위시한 대규모 기관투자자들도 적극적으로 기업들을 독려, 압박하고 있다.

한편 블랙록이 2020년 말에 발간한 스튜어드십 보고서에 따르면 이들은 기후변화 이외에도 다양한 이슈에 대해 주주 관여를 실행하고 있다. 블랙록은 2019년 하반기와 2020년 상반기에 걸쳐 2천여 개 기업에 대한 3천 건 이상의 주주 관여 활동을 했는데, 이는 전년도와 비교했을 때 약 50% 이상 증가한 것으로 지금까지 중 가장 높은 숫자로 알려졌다. 이 기업들이 블랙록의 주식 투자에서 차지하는 비중은 61%에 달했다.

블랙록은 의결권도 적극적으로 행사하고 있다. 먼저 기후변화 이슈와 관련해서는 55명의 이사 또는 이사 관련 항목에 대해서 반대했다. 이렇게 의결권을 행사한 경우 해당 안건이 가결되지 않더라도 결과적으로 기업 행동을 바꾸는 데는 효과가 있는 것으로 보인다. 예컨대 블랙록이 이사의 보상액에 대해서 반대한 경우, 영국 런던 증권시장 시가총액 상위 350개 기업FTSE 350 중 83%의 기업이 12개월 안에 보상 정책을 변경했다. 그리고 블랙록이

2019년에 여성 이사 선임을 요구하며 기업 측의 이사 선임안에 반대한 경우, 미국 시가총액 상위 3천개 기업Russell 3000 중 41%가 그다음 해에 여성 이사의 수를 늘린 것으로 나타났다.

주주 제안은 건수가 늘고 있지는 않지만 점점 더 효과를 거두고 있다. 2016년부터 2020년까지 미국에서 이루어진 환경 및 사회 이슈 관련 주주 제안은 매년 400건 내외였는데, 이 중에서 약 200건 가까이가 표결로 이어지고 있다.[54] 그런데 표결 결과를 보면 주주 30% 이상의 지지를 받은 안건의 비율이 35%를 기록했는데, 이는 2010년 15%, 2018년 23%에 비해 크게 증가한 것이다.[55] 그리고 환경 및 사회 이슈에서 30% 이상의 지지를 받은 주주 제안 중 75%에 대해서는 결과적으로 기업이 제안 내용을 부분적으로라도 수용한 것으로 나타났다.

한편 우리나라의 상황을 보면, 2018년 국민연금의 스튜어드십 코드 도입 이후 주주총회에서 국민연금의 반대 의결권 행사가 많아진 것으로 나타났다. 2019년 주주총회에서 국민연금은 의결권을 행사한 의안 중 약 16.5%의 안건에 반대하였는데, 스튜어드십 코드가 도입되기 전인 2017년 반대율 11.9%와 비교하면 상당히 높아졌다.[56] 그러나 스튜어드십 코드를 도입한 지 1년 이상인 자산운용사 35개 사 중 주주 관여 실적을 공개하고 있는 15개 사의 공개 내역을 확인한 결과, 환경 및 사회 영역에서 주주 관여 활동을 한 건이라도 실시한 회사는 각각 4개, 7개에 불과했다.[57] 아직 스튜어드십 코드 도입 초기 단계라서 전체적으로는 외국 기관투자자에 비해 주주 관여 활동이 활발하지 않은 것으로 보인다.

이사회 강화: ESG 활성화를 위한 첫발

~~~~~

이사회는 무슨 역할을 해야 하는가

이사회는 주주와 이사, 최고경영자로 연결되는 기업 지배구조의 핵심적인 연결고리다. 이사회는 주주총회로부터 회사 경영에 관한 전반적인 권한과 책임을 법적으로 부여받은 기관이다. 주주총회는 이사를 선임 및 해임하고 이사의 보상액을 결정하는 최고 의사결정기구이기는 하지만, 일 년에 한 번씩 열리는 주주총회를 통해 일상적인 경영 활동을 할 수는 없기 때문에 그 권한을 이사회에 위임한 것으로 볼 수 있다.

따라서 이사회의 역할은 회사 이익을 위하여 주요 사안에 대한 결정을 내리고, 경영진을 감독하며, 더 나아가 경영진을 지원하는 것으로 요약할 수 있다. 이사회는 대표이사, 즉 CEO를 선임 및 해임할 권한을 가지고 있기 때문에 경영진을 감독하거나 지원하는 것이 가능하다. 또한, 이사회는 회사에 대해 선량한 관리자로서의 의무를 갖기 때문에 회사의 이익을 위해서 행동해야 한다.

이런 법적 권한과 의무를 바탕으로 이사회는 실제로 무엇을 하는가? 혹은 무엇을 해야 하는가?

첫째, 이사회의 가장 중요한 역할은 CEO가 전체 주주 이익에 합치하는 행동을 하도록 감시, 감독하는 것이다. CEO는 자신에게 주어진 많은 재량권을 바탕으로 주주 이익보다는 자신의 이익을 위해서 행동하는 경향이 있는데, 이러한 대리인 문제로 인해 대리인 비용이 발생하기 때문이다.

둘째, 이사회는 지배주주와의 관계에 있어서 소액주주의 이익을 보호할 의무를 갖는다. 특히 우리나라에서는 지배주주가 CEO를 겸하거나 실질적으로 CEO를 선임할 권한을 가지고 있어서, CEO가 소액주주의 이익을 희생해서라도 지배주주의 이익을 극대화하는 방향으로 행동할 가능성이 있다. 이러한 지배주주와 소액주주 사이의 이해 상충 문제는 현저히 개선되기는 했지만,[58] 여전히 우리나라 기업 지배구조에서 가장 중요한 이슈로 남아있다.

현실적으로 대표이사는 대주주의 이익을 위해 행동하기가 쉽기 때문에, 이사회에서 소액주주를 대변하는 일은 사외이사의 몫이다. 이사회가 주주들의 이익을 위해 행동해야 한다는 이야기는, 경우에 따라 이사회가 전체 주주와 기업의 이익을 위해 경영진 및 일부 대주주에 대항해야 하는 경우도 있다는 뜻이다.

이사회는 ESG 투자 시대를 맞아 더 어려운 도전에 직면하고 있다. 지금까지 이사회는 주주 가치 극대화를 위해서 노력해야 한다는 목표를 가지고 있었고, 이를 효과적으로 달성하기 위한 다양한 제도적 장치를 만들어 왔다. 그런데 ESG 투자 시대에는 장기적인 주주 가치를 위해서 종종 단기적인 이익 감소와 주가 하락까지도 감수해야 한다. 특히 다른 이해관계자의 가치를 배려하다 보면, 일시적으로 주주 가치를 희생해야 하는 상황이 올 수도 있다.

이사회가 ESG를 위해 단기적인 이익을 희생해야 하는 결정을 내릴 때, 과연 이것이 장기적으로 회사에 이익이 되는지 판단하기는 매우 어렵다. 이 결정이 선량한 관리자로서의 이사의 의무에 위배되는 것은 아닌지 우려할 수밖에 없고, 또 이렇게 내린 결정으로 인해 일부 주주들의 비판에 직면할 수도 있다.

물론 선량한 관리자로서의 의무에 대해서는 '경영판단의 원칙'이 적용될 수 있다. 즉, 이사회가 충분한 정보를 바탕으로 사적 이익을 개입시키지 않고 독립적으로 의사결정을 내렸다면, 회사 이익에 합치하는 경영판단을 했다고 간주하여 선량한 관리자의 의무를 위반하지 않았다고 본다. 물론 이러한 원칙이 이사회의 ESG 경영을 지지해주기는 하겠지만, 의사결정상의 어려움을 실질적으로 덜어주지는 못할 것이다.

우리나라 이사회는 지금보다 역할과 독립성을 강화해 나가면서, 동시에 ESG 경영에 합치되는 방향으로 경영 전략을 전환해야 하는 어려운 과제를 안고 있다.

이사회의 강화: 다양성 추구

이사회 다양성은 기관투자자와 평가기관이 관심을 가지는 항목 중 하나이다. 앞에서도 지적하였듯이, 성별, 인종별 다양성을 추구하는 이유는 공정성 때문이기도 하지만, 해당 조직의 효율성과 지속가능성을 확보하는 데 도움이 되기 때문이다. 대표적인 자산운용사인 블랙록과 스테이트 스트리트는 이사회의 다양성 부족을 이유로 많은 기업의 이사회 지명자에게 반대표를 던졌다. 세계 최대 의결권 자문기관인 ISS Institutional Shareholder Service 또한 미국과 유럽 기업의 투표 기준에 여성 이사 비율을 포함했다.

우리나라는 여성 이사 비율이 개발도상국 중에서도 가장 낮다. 이에 2019년, 자본시장법 개정을 통해 자산 총액 2조 원 이상인 상장기업은 늦어도 2022년 7월부터는 이사회에 최소 1명 이상의 여성 등기 임원을 반드시 포함하도록 의무화됐다.

2020년 7월 기준으로 자산 총액 2조 원 이상 기업 중 여성 이사가 한 명도 없는 기업은 69.4%였으며, 단 45개 기업만이 한 명 이상의 여성 임원을 기용했다. 그런데 2021년 주주총회 시즌이 지나면서 상황이 조금 바뀌었다. 대기업집단에 속한 상장사 267개에서 총 43명의 여성 사외이사가 신규 추천되었는데, 실제 주주총회에서 약 40명 내외가 선임되었다. 주주총회 시즌이 끝나면 이들 회사 사외이사 중 여성 사외이사 수는 2020년 42명에서 2021년

약 80명 수준으로 2배 가까이 늘어날 것으로 예상된다.

이사회의 독립성 강화: 감사위원 분리 선출

2020년 12월 국회에서는 감사위원회 분리 선출제 등을 골자로 하는 상법 개정안을 통과시켰다. 감사위원의 독립성 보장을 위해 1명 이상은 선출 단계부터 다른 이사와 별도로 선출된다. 그리고 사외이사인 감사위원 선임 및 해임에는 특정 주주가 가진 3% 초과 주식의 의결권이 제한되고, 사외이사가 아닌 감사위원 건은 최대주주일 경우 특수관계인 지분을 합하여 3% 초과 주식의 의결권이 제한된다.

사외이사인 감사위원을 1명 별도로 선출하는 경우, 대주주 지분율이 40%라고 하더라도 의결권은 3%로 제한된다.[59] 물론 다른 모든 주주의 의결권도 3%로 제한되지만, 이들의 지분율은 그리 높지 않기 때문에 거의 대부분의 지분에 대해서 의결권을 행사할 수 있다. 이렇게 되면, 대주주가 추천하지 않은 감사위원 후보가 다른 주주들의 지지를 많이 받아 감사위원으로 선임될 가능성이 커지게 된다.

정부는 감사위원회 위원을 다른 이사와 분리 선출하여 선임 단계부터 감사위원회의 독립성을 확보함으로써, 감사위원회의 감사 기능이 충실해질 수 있고 나아가 경영 투명성 강화도 기대할 수 있다고 주장한다. 그러나 기업이나 경영자를 대표하는 기관에서는 개정된 상법이 외국계 투기 자본의 국내 경영권 침탈을 부추기게 될 것이라고 우려하고 있다.

그런데 금융 상장사에서는 이미 감사위원 1명 이상을 분리 선출하고 있다. 감사위원을 분리 선임한 44건의 결과를 조사한 결과, 이사회에서 추천된 감사위원 후보에 대한 찬성 비율이 91.7%에 달하는 것으로 나타났다. 적어도 지금까지의 결과를 본다면, 외국인을 포함한 외부 주주가 경영권을 위협할 목적으로 감사위원을 선임할 가능성이 크지는 않다. 그리고 한국거래소에 상장된 기업들(778개 기업)의 지분율을 분석한 바에 따르면, 사외이사인 감사위원을 선임할 때 의결권 3% 제한을 적용한 이후에도 최대주주 및 특수관계인의 의결권 비중은 평균 17.4%로 확인됐다. 이는 최대주주가 감사위원 선임에 있어서 여전히 상당한 수준의 의결권을 행사할 수 있음을 뜻한다.[60]

지배주주 입장에서는 최근 논의되는 기업 지배구조 변화가 불편할 것이고, 경우에 따라서는 위기의식을 느낄 수도 있다. 물론 모든 제도는 당초 취지와 달리 부작용을 일으킬 수 있기 때문에 시행 초기에 세심한 관찰과 보완이 필요하다. 하지만 소액주주의 이익을 보호하고, ESG 기준에 맞춰 다양성과 포용성을 지향하는 방향으로 기업을 경영한다면 새로운 지배구조가 큰 장애 요인이 되지는 않을 듯하다.

CEO와 주주 이익 일치시키기

대리인 문제를 완화하고 주주 가치를 증대시키는 유인책으로 CEO의 보수를 기업 성과와 연동시키는 것은 당연한 일이다. 이익 수준과 연동된 성과급 지급, 주식 및 스톡옵션 부여 등이 이러한 보수체계의 대표적인 예다.

그러나 지난 수십 년간 몰아친 단기 실적주의의 광풍과 부작용은 이런 제도의 유용성에 대해서 의문을 제기하게 했다. 문제는 제도 자체가 아니라 세부적인 실행 단계에서 발생한 것으로 보인다. 즉 성과급이 단기 이익 수준과 연동되면서 CEO도 지속가능적인 성장에 관심을 기울이지 않게 되었고, 주식을 부여할 때도 장기 보유 여건 같은 단서 조항을 추가하지 않아 단기 주가 부양에만 몰두하게 만들었다. 그리고 보상 수준이 지나치게 높다거나 성과에 따른 변동 폭이 지나치게 큰 점이 단기 실적에 매달리게 하는 또 다른 요인으로 작용했다. CEO 재임 기간이 점점 짧아진 점도 악영향을 미쳤다.

CEO와 주주의 이해관계를 일치시키는 것은 기업 지배구조 변화의 출발점이다. 기업의 목적이 '주주 가치 극대화'인 경우에는 말할 것도 없고, 하트와 징갈레스가 주장했던 '주주 후생 극대화'

의 경우라 할지라도 이사회가 CEO에게 주주 후생 극대화 목표를 부여하여 이를 평가하면 된다. 한편 이해관계자 가치를 배려하는 ESG 경영을 제대로 하기 위해서는 장기적인 기업 가치 극대화라는 목표가 도움이 될 것이다. 요컨대, CEO에 대한 보상체계는 장기 주가와 장기 기업 성과, 그리고 ESG 성과와 연동시키는 방법이 가장 바람직하다.

미국의 경우 CEO에 대한 보상체계가 이미 이런 방향으로 변화하고 있다.[61] 첫째, 스톡옵션보다는 보다 안정적인 주식 연계형 보상으로서 주식을 부여하는 방식으로 바뀌고 있다. 스톡옵션이 지급되는 경우 주가가 행사가격보다 낮아지게 되면 해당 옵션은 가치가 없어지기 때문에 주주와 이해관계를 온전히 일치시키기 어렵게 된다. 특히 주가가 행사가격과 비슷하게 형성되어 있는 경우, 경영자에게는 주가 상승을 위해 무리한 사업 확장이나 인수합병 등을 시도할 유인이 생기기 때문에 기업에 부정적인 영향을 끼치기 쉽다.

둘째, 중장기적 기업 가치와 연동시키기 위해 주식의 매도제한 조건을 부여하는 경우가 늘고 있다. S&P 500에 포함되는 기업 중에서 2010년에 이 조건을 붙였던 기업은 33%였으나 2019년에는 63%로 증가했다.

셋째, 경영자의 과도한 보수에 대해 기관투자자들의 반대가 늘어나고 있다. 대표적으로 캘리포니아주 공무원연금기금의 경우, 2014년에는 경영진의 보수액에 대해 14%만 반대했던 데 비해 2018년에는 반대 비율이 50%를 넘어설 정도였다.[62]

이론이나 미국 사례와 비추어 볼 때, 우리나라의 CEO에 대한 보상체계는 분명 개선이 필요하다. 한국거래소 상장사들의 등기 사내이사를 조사한 결과에 따르면, 전문경영인의 주식 보유 비중은 불과 1% 미만이었다. 그리고 CEO의 급여와 비교해 볼 때 주식의 가치는 40% 정도에 지나지 않았다. 미국 기업들이 대표이사의 급여 대비 주식 보유 비율이 5배 이상이어야 한다고 가이드라인을 제시하고 있는 것에 비하면 굉장히 낮은 수준이다.

마지막으로, 한국의 500대 상장사 소속 CEO의 평균 재임 기간은 2010년 이후 약 3.6년으로 나타났는데,[63] 이는 미국의 6.9년에 비해 턱없이 짧은 기간이다.[64] 회사의 장기적인 이익이 곧 나의 이익이라고 느끼기 어려운 보상체계 속에서, 매년 자신의 자리를 걱정해야 하는 CEO에게 지속가능한 기업 경영을 요구하는 것은 참으로 어려운 일이다.

8장

경영자를 위한
조언

경영자를 위한 ESG 십계명

이 책은 ESG 경영 전략을 서술할 목적으로 쓰이지는 않았다. 그러나 ESG의 본질과 실태를 살펴봄으로써 ESG 경영을 실천하려는 경영자들이 통찰력을 갖추는 데 조금이나마 기여하기를 바라고 있다.

그래서 이 책을 마무리하며 지금까지 논의했던 내용을 요약할 겸 개인적 경험을 바탕으로 경영자들에게 들려주고 싶은 열 가지 조언을 정리해 보았다.

1. ESG는 투자자에게서 시작했다는 점을 명심하라

ESG가 투자자로부터 시작했고 이들이 변화를 주도하고 있다는 점은 여러 차례 강조한 바 있다. 그렇다면 이 사실이 기업 경영자에게 주는 시사점은 무엇인가?

투자자들은 지구 온난화와 자본주의의 위기를 심각하게 받아들이고 ESG 투자를 통해 이를 극복하려고 한다. 그렇지 않으면 투자 수익은커녕 원금마저 날릴 수도 있는 상황인 만큼 진지할 수밖에 없다. 물론 시류에 영합하여 그린워싱에 몰두하는 이들도 있으나, 남을 속여서 이익을 취하려는 시도들은 언제 어느 때건 발생할 수밖에 없으며 이런 행태는 차츰 걸러지리라고 생각한다.

지구 온난화나 소득 불평등 같은 사회 문제가 단기간에 좋아질리 없으니, ESG는 앞으로 아주 오랫동안 투자자에게 높은 우선순위의 과제로 남을 것이다. 따라서 경영자들은 ESG를 투자자들이 '소나기는 피하고 보자'는 속셈으로 들고나온 캐치프레이즈나, 혹은 금방 지나갈 한때의 유행 정도로 생각하면 안 된다. 이제 ESG는 그들의 핵심 투자 원칙이 되었고, 주주로서 기업이 그 원칙을 실행에 옮기도록 요구하고 있다.

물론 정부도 기업에 ESG 문제 해결에 기여하라며 여러 제도를 시행해 왔다. 그러나 정부 규정의 취지는 대개 그 사회에서 요구하는 최소한의 의무를 규율하는 데 있기 때문에 기업들이 요구 수준만 충족하면 더 이상 간여하지 않는다. 정부가 특정한 ESG 목표를 달성하기 위해 개별 기업의 여건과 능력을 일일이 따져보거나 그들에게 '맞춤형' 압박을 가할 근거도, 능력도 없다는 뜻이다.

이에 비해 투자자의 간여는 정부보다 훨씬 집요하고 효율적이다. 앞에서 보았듯이 '기후행동 100+'는 167개 기업에 넷제로 달성 계획을 제시할 것을 요구하고 있으며, 이들의 계획을 10개 평가 기준에 맞춰 꼼꼼하게 평가하여 공개하고 있다. 다른 투자자들도 자신이 투자한 기업의 여건을 감안하여 '언제까지 얼마만큼의 온실가스 배출량을 감축하라'는 식으로 구체적으로 요구하는 사례가 늘고 있다.

투자자는 정부, 사회단체와 같은 외부인과 달리 기업 활동을 계속 모니터링하고 구체적인 행동을 실천하도록 할 힘을 가지고 있다. 주주로서 경영진과의 대화, 공개서한, 주주 제안, 주주총회 표결 등 다양한 수단을 통해서 기업 행동에 영향을 미칠 수 있기 때문이다. 특히, 경영진이 장기적인 기업 가치 극대화를 위해 필요한 ESG 활동에 소극적이라고 판단되면, 해당 경영진의 연임에 반대하거나 해임을 요구함으로써 경영진의 책임을 물을 권한을 가지고 있다. 이처럼 시장은 어떤 목표를 달성하는 데 있어서 대체로 정부보다 더 효율적인 메커니즘을 가지고 있다.

투자자가 자신의 인센티브에 맞춰 장기적인 목표를 세우고, 기업들이 이 목표 달성을 위해 노력해주기를 요구하는 상황에서 이를 허투루 여길 수 있는 경영자는 없을 것이다.

2. 주주의 구성과 성향을 ESG 친화적으로 바꾸도록 노력하라

여기까지 읽고 어떤 경영자는 이런 반응을 보일지 모르겠다. '이건 장기 투자자들이 많은 기업 경영자의 행복한 고민이다. 어차피 ESG 경영은 나아가야 할 방향이고 정부와 모든 이해관계자도 그렇게 요구하고 있으니, 나도 그런 방향으로 회사를 경영하고 싶다. 그러나 그러다 보면 단기적으로 경영실적 악화가 불가피한 경우도 생기기 마련인데, 우리 회사 주주들은 거의 단기 투자자들이어서 조금이라도 실적이 나빠지면 이를 용납하지 않는다. 이런 주주들을 모시고 어떻게 긴 호흡이 필요한 ESG 경영을 하란 말인가?'

ESG 투자가 증가하면서 단기 실적을 추구하는 경향이 다소 완화되기는 했지만, 여전히 분기 실적이나 단기 화제성 이슈에 반응해 주식을 사고파는 투자자들이 많다. 단기 실적주의는 여전히 ESG의 큰 걸림돌이다. 하지만 기업이 주주의 구성이나 성향을 좌우할 수는 없을지라도, 누가 주식을 매입할지, 또 주주들이 ESG 경영을 어떻게 평가할지에 대해서 영향을 미칠 수는 있다.

먼저, ESG 활동이 어떻게 기업 가치 창출에 기여할 수 있는지 투자자에게 제대로 알리도록 노력해야 한다. 대부분 기업이 지속가능경영 보고서를 발간하고 있지만, ESG 활동이 어떻게 재무적 가치를 창출할 수 있는지 파악하는 데에는 통합 보고서integrated report가 더 효과적이다. 통합 보고는 재무 및 비재무 정보를 통합하여 제공하기 때문이다. 투자자들도 통합 보고에 대해 긍정적인 반응을 보이며, 특히 통합 보고를 잘하는 기업일수록 장기 투자자 비율이 높다는 사실을 보여주는 연구결과도 있다. 물론 이는 투자자의 ESG 인식이 높은 미국의 사례지만, 우리나라의 투자자들도 머지않아 양적, 질적으로 크게 성장하리라 예상된다. 그렇게 되면 ESG 정보를 투자자에게 적극적으로 제공함으로써 ESG 활동에 우호적인 주주를 확보할 수 있다.

ESG 투자자들은 포트폴리오를 구성함에 있어 ESG 등급을 중요한 기준으로 삼는다. ESG 등급 자체가 ESG 활동의 목표가 되어서는 안 되지만, 중요한 ESG 항목에서 좋은 성과를 거둠으로써 ESG 친화적인 주주를 모으는 선순환을 기대할 수도 있다.

폴 폴먼Paul Polman이 2009년 유니레버Unilever CEO로 취임했을 때, 유니레버는 덩치만 컸지 성과가 부진한 기업이었다. 폴먼은 취임하자마자 분기 실적 전망을 제시하지 않겠다고 선언함으로써 장기적 관점에서 회사를 경영하겠다는 강한 의지를 보였다. 이는 장기 투자자들을 끌어들이는 데 기여했고, 오늘날 유니레버는 대표적인 ESG 모범 기업으로 거듭나게 되었다. 최근 미국 상장사 800여 개에서 분기·연간 실적 전망을 제시하지 않겠다고 선언했으며, 워런 버핏, 래리 핑크 등 영향력 있는 인물들도 단기 실적주의를 초래하는 전망치 제시를 비판하고 나섰다.

아직 이런 움직임이 본격화하지 않은 우리나라에서, 특정 기업이 독자적으로 이런 이니셔티브를 취하기는 어려울 수 있다. 하지만 대기업집단 계열사 전체가 이런 선언을 한다면 그 충격과 실효성이 꽤 크고, 기업 이미지에도 도움이 될 수 있을 것이다.

자본시장에서 장기 기관투자자들의 비중은 계속 늘고 있다. 그리고 ESG에 관심을 갖는 개인투자자들도 늘어나고 있다. 이런 기회를 적극 활용하여 이들을 당신 기업의 주주로 초빙하라. 그마저 힘든 상황이라면, 최소한 단기 투자자들이 극성스럽게 활동할 여지를 줄여나가도록 노력하라.

3. ESG와 CSR은 다르다

앞에서 ESG가 CSR과 어떻게 다른지 자세히 살펴보았지만, 많은 기업이 기존의 CSR 활동을 ESG로 '포장지'만 바꾼 것 같아 다시 한번 둘의 차이를 강조하고자 한다.

최근에 ESG 경영을 도입하는 기업들은 대개 이사회에 ESG 위원회를 신설하고, 기존의 CSR 경영실을 ESG 경영실로 개편하고 있다. 기업에 따라서는 환경 또는 사회 문제 해결에 기여하는 몇 가지 실행 계획을 발표하기도 한다. 그러나 ESG 경영 도입을 계기로 기업 목표를 ESG 원칙에 맞춰 바꾸고, 구체적인 실행 전략을 마련했다는 이야기는 별로 들리지 않는다. 본격적으로 ESG 활동에 돌입한 기업들이 없는 것은 아니나, 대개는 아직 '무늬만 ESG'라는 느낌을 지울 수 없다.

앞서 언급했듯이, CSR 활동은 투자자가 아닌 기업의 행동에 초점을 둔다. 즉, 투자자가 요구하기 때문에 CSR 활동을 하는 것이 아니라, 기업이 정부나 이해관계자로부터 받는 압력과 기대에 부응하는 차원에서 사회 문제를 해결하는 데 나서고 있다는 뜻이다. 그러다 보니 CSR은 이미 창출된 이익을 이해관계자와 나누는 활동에 더 무게 중심을 두고 있다. 따라서 CSR은 기업의 핵심 활동과는 깊이 연계되지 못하고, 홍보 관련 몇몇 부서에서만 수행하는 수준에 그치고 있다. 사업 부서들은 CSR 활동에 적극적으로 엮이는 것 자체를 번거로워하고, 재무 부서 또한 수익 창출에 기여하지 않는 CSR에 별 관심을 가지지 않으며 비용을 통제할 대상으로만 접근하는 경향이 있다.

물론 '전략적' CSR 경영을 통해 고객, 직원, 납품 기업 등 이해관계자들에게 가치를 창출하고 기업 가치도 올린 훌륭한 사례도 적지 않다. 대표적으로 파타고니아나 유니레버 등은 ESG가 본격화되기 훨씬 전부터 ESG 가치를 구현한 훌륭한 기업으로 꼽히고 있다. 그러나 원래 전략이라는 것이 그렇듯 모든 기업의 전략이 성공해서 이윤이 늘어나는 일은 있을 수 없기 때문에, 일부 뛰어난 기업들만이 전략적 CSR 경영을 통해서 성과를 냈을 뿐이다.

ESG와 CSR이 갖는 접점을 부정하는 것은 아니다. ESG 투자가 성과를 내려면 기업들이 ESG 활동을 통해서 새로운 사회적 가치를 창출해야 한다. 이러한 방법론은 기본적으로 전략적 CSR과 유사하다. 그러므로 전략적 CSR의 성공 사례를 널리 알리고, 개별 기업들이 이를 자신에게 맞게 응용·발전시킨다면 모든 기업의 ESG 수준도 올라간다고 볼 수 있다.

기업들의 이런 활동을 넓은 의미에서 ESG 경영이라고도 부를 수 있겠지만 ESG 경영은 단기적 이윤은 감소하더라도 장기적으로 사회적 가치와 이윤 창출이 양립한다는 투자자의 믿음을 전제로 한다는 점에서 CSR 경영과 근본적으로 다르다.

4. 홍보 대신 투자자 및 ESG 평가기관과 적극 소통하라

기업들에 대한 ESG 관련 홍보 기사가 눈에 많이 띈다. 그중에는 ESG 경영 결의대회를 개최했다거나, CEO가 출근길에 플라스틱 쓰레기를 주웠다는 등 기업의 친환경 행보를 소개하는 기사들도 보인다. 그런데 이런 모습을 보고 과연 사람들이 '저 기업은 ESG를 정말 잘하는구나' 하고 생각할까? 어차피 일반인 대다수는 무관심하고, ESG 전문가들은 이런 종류의 활동을 보면 도리어 해당 기업의 진정성을 의심할 것이다.

물론 ESG 경영을 하더라도 일반인을 대상으로 하는 홍보 활동이 필요 없는 것은 아니겠으나, 좀 더 구체적인 계획과 성과가 있을 때까지 미루어도 늦지 않다. 아직 초기 단계인 지금은 투자자, ESG 평가기관과의 소통에 주력하는 것이 훨씬 중요하다.

신용 평가기관과는 달리 ESG 평가기관은 기업에 있어 낯선 상대다. ESG 평가기관들이 어떤 데이터와 어떤 지표를 가지고 기업을 평가하는지도 많이 알려지지 않았다. 게다가 평가기관마다 평가방법이나 중요하게 여기는 지표들이 다르기 때문에, 이를 잘 이해하기 위해서는 이들과 많은 시간 적극적으로 소통할 필요가 있다. 평가기관 또한 기업들이 더 많은 정보를 제공해주기를 바랄 것이다. 따라서 ESG 평가기관과 잘 소통하면 기업은 제대로 된 ESG 전략을 짤 수 있고, 또 ESG 평가기관이 해당 기업을 보다 잘 이해할 수 있도록 도움으로써 좋은 평가를 받을 수도 있다.

대기업들은 지금까지 중요한 기관투자자들과 지속적으로 대화를 나눠왔기 때문에 만남 자체가 특별히 새로울 것은 없다. 그러나 지금까지는 재무 성과에 대해 주로 대화를 나누었다면, 앞으로는 대화 주제부터 넓혀야 한다. 자신의 ESG 비전과 구체적인 계획을 설명하고 공감대를 넓힌다면, 투자자들도 기업의 ESG 경영을 보다 잘 이해하고 이에 대해 지지를 보낼 수 있으리라 생각한다.

같은 맥락에서 전통적인 IR(Investor Relation) 행사도 재검토할 필요가 있다. 지금까지 IR 행사에서는 주로 기업이 증권사 애널리스트들에게 자신들의 실적 전망과 사업계획을 설명해 왔다. 그러나 애널리스트들은 주로 단기 재무 성과에 초점을 맞추기 때문에, ESG 경영 관점에서는 IR의 유용성이 제한적이다. 물론 이런 행사는 여전히 필요하겠지만, 앞으로는 잠재적 투자자를 포함해서 기관투자자들에게 자신들의 ESG 비전을 설명하는 자리가 더 중요해진다.

5. 전략적으로 중요한 ESG 활동에 집중하라

ESG 경영을 잘하려면 사회적 가치와 이윤을 동시에 창출하는 중요한 ESG 이슈가 무엇인지 파악하는 일부터 시작해야 한다. 모든 ESG 이슈에 잘 대응하겠다고 나서는 것은, 그 의욕만큼은 높이 살 수 있을지언정 좋은 전략이라고 할 수는 없다. ESG 등급은 잘 받고 사회적 가치 창출에도 어느 정도 기여할지는 모르지만, 기업의 비용 지출은 커지는 데 비해 수익성 제고는 어려워진다.

그에 비해 중요한 이슈만을 골라서 집중적으로 대응한다면 좋은 성과로 연결될 가능성이 크다. 실제로, 중요한 ESG 이슈에서 좋은 등급을 받은 기업들은 낮은 등급의 기업들에 비해 투자 수익률이 높았지만, 중요하지 않은 ESG 이슈에서 좋은 등급을 받은 기업들은 그렇지 않은 기업들에 비해 투자 수익률이 높지 않았다는 연구결과도 있다.

산업마다 중요한 ESG 이슈는 다르다. 예컨대 온실가스 배출 문제가 전력 산업에서는 중요하지만, 금융 산업에서는 그렇지 않다. ESG 정보 공개 기준 중 하나인 SASB 표준은 산업별로 중요한

ESG 이슈들을 제시함으로써 기업 간 성과를 비교할 수 있도록 하고 있다. 이 기준이 기업들을 비교하는 데 유용하다고 판단한 투자자들은 SASB 표준에 따른 정보 공개를 독려하고 있다. 기업들은 SASB에 포함된 중요 ESG 이슈에서 성과를 거두려고 노력할 것이므로, 우선은 경쟁 기업보다 해당 이슈를 잘 해결하는 것이 첫 번째 과제다.

그러나 SASB라는 공통 과목에서 좋은 성적을 거두는 것만으로는 부족하다. 같은 산업에 속한 기업들에 똑같은 시험문제가 주어진 만큼, 한 기업이 조금 앞서가더라도 다른 기업이 금방 따라올 수 있기 때문이다. 예컨대 어떤 기업이 온실가스 감축 시스템을 도입해서 효과를 보았다는 사실이 알려지면, 다른 기업들도 이 시스템을 서둘러 도입하려 할 것이다. 직접 개발한 시스템이 아니라면 다른 기업도 같은 시스템을 시장에서 쉽게 구할 수 있으므로 경쟁우위를 확보하기는 어렵게 된다.

따라서 다음 단계는 '다른 기업들과 차별화된 ESG 전략'이어야만 한다. 전략이란 '다른 기업들과는 다른 독특한 행동들을 잘 결합함으로써 경쟁우위를 만들어내고 이윤을 창출하는 방법'이다. 따라서 남들이 쉽게 모방할 수 없는, '남다른' ESG 활동들을 엮어낼수록 더 많은 사회적 가치와 이윤을 창출할 수 있다. 그러지 않으면 기업들이 서로를 모방하게 되고 결국엔 모든 기업의 ESG 활동이 유사해진다. 모방과 제로섬 경쟁의 악순환이 벌어지면, ESG 활동을 통해 남들보다 더 많은 가치를 만들어내는 것도 불가능해진다.

6. 트레이드 오프를 인정하고 목표에 합치하는 대안을 선택하라

경영자들은 대부분 의사결정에서 트레이드 오프 관계를 고민한다. 예컨대 온실가스 배출량을 줄이려는 투자는 비용 증가를 가져온다. 그러나 온실가스 감축도, 이윤도 모두 중요한 요인인 만큼 어느 하나도 쉽게 포기할 수는 없다. 경영자들이 어떤 하나를 선택함으로써 다른 하나를 희생해야 하는 상황을 피하고 싶어 하는 건 당연한 일이다. 그러다 보니 종종 '우리는 온실가스 감축이냐 이윤이냐를 선택할 것이 아니라, 둘 다 달성해야 한다'고 말하는 경영자도 있다.

그러나 경영 현장에서 트레이드 오프가 없는 경우는 거의 없다. 다음 그림은 기업이 이윤과 이해관계자 가치라는 두 가지 목표를 어떻게 조합할 수 있는지 보여준다. 여기서 곡선 모양의 생산 가능 곡선은 기업의 능력과 여건을 감안할 때 그 기업이 달성할 수 있는 두 목표 간의 다양한 조합을 연결한 것이다.

이 그림에서 아래쪽 곡선이 현재 기업이 처한 생산 가능 곡선이라고 본다면, 이 기업은 A, B를 포함하여 그 곡선상의 한 점을 선

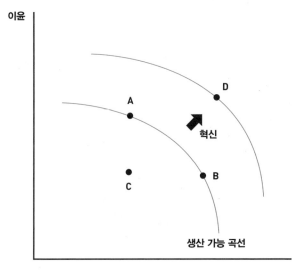

택할 수 있고, 어떤 점을 선택할 것이냐는 기업의 전략에 달려있다. 생산 가능 곡선은 두 목표 간의 트레이드 오프 관계를 잘 보여준다. 이를테면 A라는 선택지는 이윤은 높은 편이지만 이해관계자 가치가 미흡하고, B는 그 반대다.

그런데 만약 어떤 기업에 이런 트레이드 오프 관계가 존재하지 않는다면? 그건 해당 기업이 생산 가능 곡선 안쪽, 예컨대 C에 머물러 있다는 뜻이다. 즉, 자신의 역량을 십분 발휘해서 A, B로 이동할 수 있는 데도 기업을 비효율적으로 경영해 왔다는 것을 의미한다. 효율적으로 경영되는 기업이라면, (적어도 단기적으로는) 두 가지 목표 간에 트레이드 오프 관계가 존재할 수밖에 없다.

기업의 목표, 전략, 성과지표KPI: Key Performance Indicator가 잘 짜여 있고 서로 연계되어 있다면, 중간 관리자들이 트레이드 오프 관계에 있는 목표들 사이에 어떻게 균형을 맞춰야 할지 결정하는 데 좋은 지침이 될 수 있다. 예컨대, 온실가스 감축 목표를 30% 올릴 때 어느 정도 이윤이 줄어드는지, 임금과 납품 단가 중 비용에 미치는 영향이 더 큰 요인을 따져보며 생산 가능 곡선의 어떤 점을 선택할지 결정할 수 있다는 의미다.

만약 기업 목표가 두루뭉술하고 KPI가 트레이드 오프를 제대로 반영하지 못하면 매일 의사결정을 내려야 하는 관리자들은 어려움을 느낀다. 여기에 최고경영자가 '우리는 둘 다 잘해야지!'라는 말까지 보태버리면, 경영 현장은 큰 혼란에 빠지고 회사의 각 조직이 내린 의사결정은 서로 충돌하면서 방향을 상실하게 된다. 주주를 포함한 이해관계자들은 '우리는 모든 이해관계자 가치를 극대화할 것이다'라며 큰소리치는 경영자보다는, '기업의 목표 사이에는 트레이드 오프가 존재하기 때문에 기업 목표에 부합하는 방향으로 균형을 찾도록 노력하겠다'고 솔직하게 말하는 경영자를 더 신뢰할 것이다.

그러나 이게 이야기의 끝이라면, 사회적 가치뿐만 아니라 이윤도 창출하겠다는 ESG 투자의 큰 목표에 비춰봤을 때 많이 부족하다. 여기서 더 필요한 것이 바로 '혁신'이다. 앞의 그림에서 이윤과 이해관계자 가치를 함께 늘리기 위해서는 장기적으로 생산 가능 곡선이 오른쪽 위로 올라가야 한다. 이는 기업 역량의 증진을 의미하며, 이를 가능하게 만드는 것이 바로 혁신이다. 그러면 A냐 B냐 하는 고민스러운 선택이 아니라 D라는 더 나은 선택도 가능해진다.

ESG 투자에서 이러한 혁신이 가능한 이유는, 투자자들이 트레이드 오프 관계에 있는 두 가치 모두 창출할 것을 경영자에게 요구하면서, 그것을 가능하게 하는 혁신의 성과가 나올 때까지 장기적인 안목을 가지고 기다린다는 데 있다.

7. 온실가스 감축, 불리한 입장이지만 미룰 수는 없다

ESG 중에서 투자자들이나 언론이 가장 관심을 갖는 것은 온실가스 감축을 비롯한 환경 문제다. 가장 피부에 와닿는 문제이기도 하고, 온실가스 감축을 위한 국제 사회의 노력도 빠르게 증가하고 있기 때문이다. 외부로부터 기업에 쏟아지는 주문 또한 온실가스 감축에 집중되어 있다.

이제 우리나라 기업들도 온실가스를 감축하는 시늉만으로는 넘어갈 수 없다는 현실을 잘 인지하고 있다. 외국 기업들은 경쟁적으로 'RE100' 이니셔티브에 참여하고 있으며 2050년까지 넷제로를 달성하겠다고 선언하고 있다. 그러나 우리 나라에서 RE100에 참여한 기업은 10여 개에 불과하고, 넷제로를 선언한 기업의 수는 손으로 꼽을 정도다.

이렇게 된 이유는 우리나라 기업들이 온실가스 감축에서 매우 불리한 입장에 있기 때문이다. 우리나라의 주력 제조업인 철강, 화학, 정유 산업은 대표적으로 온실가스를 많이 배출하는 산업이다. 재생에너지 생산비용도 주요국보다 훨씬 높을 뿐만 아니라 탄소 에너지에 비해서도 높은 편이다. 생산방식을 탄소 중립적으로 바꾸면서 에너지원을 전환하는 데에는 천문학적 비용뿐 아니라 첨단 기술 확보도 필요하지만, 어느 것 하나 제대로 준비가 안 되어 있는 형편이라 참으로 답답한 상황이다.

그럼에도 글로벌 기업의 움직임은 더 빨라지고 있으니 우물쭈물하다가는 불량기업으로 낙인찍힐 수 있다. 우선은 RE100이나 넷제로 실천 약속에 동참할 필요가 있다. 2050년까지 100% 넷제로를 달성하는 것이 너무 어렵다면 달성 가능한, 그러나 도전적인 목표를 제시하고 최종 목표에 이르기까지 중간 목표와 실천 전략을 함께 보여주는 것도 한 가지 방법이다. 일단 진지한 노력을 시작했다는 메시지를 전달하는 것이, 목표 달성이 너무 힘들다며 걱정만 하는 것보다 낫다.

물론 선언은 시작에 불과하다. 재원을 투입하게 되면 필연적으로 단기 실적이 악화할 수밖에 없기 때문에, 주주들에게 넷제로 달성 및 재원 조달 계획을 설명하고 지지를 구하는 것이 중요하다. 그리고 이를 실행에 옮길 구성원에게도 구체적인 내용과 함께 경영자의 강한 의지를 전달해야 한다. 달성 목표와 전략이 너무 멀고 불확실한 미래를 겨냥하고 있다 보니 관리자들도 이 어려운 과제를 다음 사람들에게 미루려 하기 쉽다. 그러므로 더더욱 중·단기 중간 목표와 실천 계획을 수립할 필요가 있다.

8. '시끄러운' 이사회는 경영자의 가장 든든한 후원자다

현재 세계적으로 가장 뜨거운 이슈인 환경 문제와 여러 이해관계자나 사회단체가 끊임없이 이슈를 제기하는 사회 문제에 비해, 기업 지배구조 문제는 주목을 상대적으로 덜 받는 편이다. 그러나 기업 지배구조가 제대로 갖추어져 있지 않으면 환경이나 사회 문제의 해결 또한 기대하기 어렵다.

기업 지배구조는 기업이 전체 주주의 이익을 위해서 움직일 수 있도록 투자자와 이사회, 최고경영자가 어떻게 잘 연결되고 협력해야 할지의 문제와 직결되어 있다. 최고경영자가 지배주주인 경우, 그는 지배주주와 외부 주주 간의 갈등 이슈로부터 자유로울 수 없기 때문에 지배구조 문제를 피하려는 경향이 있다. 그리고 전문

경영인이라면 지배주주, 외부 주주, 그리고 사외이사 사이에 끼어서 지배구조 문제에 발언권을 가질 여지가 별로 없는 게 현실이다.

우리나라는 외환위기를 겪은 후 지난 20여 년간 지속해서 기업 지배구조 개선을 추진해 왔다. 올해부터 시행된 감사위원 분리 선출 제도는 일련의 제도 개선 중 가장 최근 사례다. 그럼에도 전문가들은 대체로 우리나라의 기업 지배구조가 아직도 후진적이라는 인식을 가지고 있는 듯하다. 그 때문에 ESG 추세와 맞물려 정부와 기관투자자의 기업 지배구조 개선 압력은 계속될 전망이다.

'중이 제 머리 못 깎는다'라는 말처럼 지배주주 또는 전문 경영인의 입장에서 지배구조 개선은 어려운 이슈임이 틀림없다. 그러나 환경 및 사회 문제 해결에 많은 비용과 노력이 들어가는 것에 비하면 지배구조의 경우는 지배주주와 경영자가 결심만 하면 가장 빠르게 해결이 가능한 이슈다.

지배구조 개선의 출발점은 이사회의 독립성 강화다. 이사회는 주주와 이사회, 최고경영자로 연결되는 기업 지배구조에서 핵심이 되는 연결고리다. 그럼에도 우리나라 기업의 이사회는 대부분 지배주주의 영향권하에 있어서 '거수기'라는 불명예스러운 별명을 가지고 있는 게 현실이다. 그러나 이사회의 독립성 강화는 그 자체가 ESG 성과의 하나로 간주되며, ESG 경영 성과를 내는 데에도 이사회의 역할이 특히 중요하다.

이사회의 독립성이 강화되면서 이사회가 CEO를 본격적으로 감독하고 이런저런 비판을 가하게 되면 CEO나 지배주주 입장에서는 매우 불편할 것이다. 그러나 위상이 강화된 이사회가 기업 가치 극대화를 위해 열심히 노력한다는 신뢰가 외부에 형성되면, 이는 기업에 큰 자산이 될 것이며 ESG 경영에도 도움이 될 것이다.

ESG 경영의 첫 단계로 기업 목표를 설정하고 전략을 구체화하는 과정에 이사회가 깊이 간여함으로써 ESG 경영에 대한 의지를 표명해준다면, CEO가 이를 독자적으로 실행할 때보다 회사 내외의 이해관계자들로부터 더 큰 신뢰와 지지를 받게 될 것이다. 그리고 ESG 경영 과정에서는 종종 단기 이익 감소를 감수해야 하는데, 그럴 때마다 일부 주주들의 비판에 직면하거나 CEO가 선량한 관리자의 의무에 소홀했다는 논란에 휩싸일 수도 있다. 이때 이사회가 CEO의 결정을 지지하고 나선다면 여론이나 법률적 관점에서 훨씬 큰 정당성을 확보할 수 있고, CEO는 좀 더 자신 있게 ESG 경영을 추진할 동력을 확보할 수 있다.

이사회는 최고경영자를 임면할 수 있는 권한을 가진 조직이다. 따라서 이들의 권한 강화를 경영자가 어렵고 껄끄럽게 생각하는 것은 당연하다. 그러나 이사회의 권한 강화는 시대의 큰 흐름이다. 이사회를 적극적으로 끌어들여 ESG 추진 동력으로 삼을지의 여부는 최종적으로는 각 경영자가 선택할 몫이다.

9. 파괴적 혁신 가능성에 주목하고 적극적으로 실행하라

앞에서 말했듯이, 이해관계자 가치와 이윤을 모두 창출한다는 ESG 투자 목표를 달성하기 위해서는 혁신이 필수적이다. 현존하는 기술과 비즈니스 모델에만 의존해서는 이 둘을 동시에 달성하는 것이 매우 어렵기 때문이다.

지난 수십 년간 경영학계에서 가장 큰 영향을 미친 것으로 평가받는 '파괴적 혁신disruptive innovation' 이론을 만들어 낸 클레이튼 크리스텐슨Clayton Christensen은 혁신을 존속적 혁신과 파괴적 혁신으로 나누어 그 특징을 설명했다.

존속적 혁신은 주로 기존 기업들이 현재의 기술을 발전시켜 기존 고객을 타깃으로 한 제품을 내놓는 경우를 말한다. 그에 비해 파괴적 혁신은, 기존 제품보다 품질은 낮지만 가격이나 편의성 등을 무기 삼아 기존 제품을 대체하거나 새로운 시장을 개척하는 것을 의미한다. 파괴적 혁신 경쟁에서는 조그마한 신규 기업들이 승리를 거두는 경우가 많다. 대기업들이 기술이나 자원이 부족해서가 아니라, 혁신의 대상이 그들이 영위하던 기존의 비즈니스 모델과 충돌하거나 초기 시장의 규모, 수익성이 너무 낮아서 관심을 가지기가 어렵기 때문이다.

ESG 성과를 거두기 위해서는 두 가지 혁신 모두 필요하다. 예컨대 대기업들은 기존 사업 분야에서 온실가스 감축을 위해 존속적 혁신에 많은 노력을 기울이고 있다. 그러나 획기적인 친환경 기술이나 사회 문제 해결을 위한 새로운 비즈니스 모델 개발 등은 종종 파괴적 혁신의 특징을 지니고 있고, 따라서 기존 사업에서 많은 이익을 내는 대기업들이 적극적으로 뛰어들 유인이 없다. 이를테면, 에너지 기업은 대체 에너지 기술개발에 적극적이기 어렵고, 육류 제품 생산업체는 대체육을 개발하고 보급할 인센티브가 부족하다. 따라서 스타트업 기업에는 ESG 혁신을 통해 새로운 가치를 창출하며 당당하게 주류 기업으로 자리 잡을 기회가 무궁무진하게 열려있다.

그러나 상황이 이런 만큼 대기업 경영자들 또한 파괴적 혁신의 가능성에 주목하고 이를 적극적으로 실행해야 한다. 대기업들이 파괴적 혁신을 성공적으로 수행하기가 어려운 건 사실이지만 불가능한 일도 아니다. 대기업이 파괴적 혁신을 수행하려면 먼저 파괴적 혁신을 전담할 자회사를 별도로 설립하는 것이 낫다. 파괴적 혁신과 기존 사업은 충돌하는 경우가 많기 때문이다. 그리고 이들에게는 장기적인 평가지표와 그에 적합한 보상체계를 부여해 줘야 하며, 설사 기존 사업에 해가 되는 행동을 하더라도 이를 용인하는 자세를 취해야 한다. 또한 기술력을 갖춘 스타트업을 적극적으로 인수하는 것도 필요하다.

머지않아 기존의 비즈니스 모델에 집착하다가 ESG 트렌드에 적응하지 못하고 도태되는 기업이 속출할 것이다. 100여 년 동안 혁신적 기술과 마케팅 역량으로 뛰어난 성과를 자랑했던 코닥Kodak이 디지털 기술에 의한 파괴적 혁신을 이겨내지 못하고 무너져버렸던 것을 기억하라. 파괴적 혁신에 희생되지 않기 위해서는 기존 사업까지 포기하고 새로운 창업을 하는 각오로 남보다 먼저 혁신을 실행해야 한다.

10. 열 번 말하지 않은 것은 한 번도 말하지 않은 것과 같다

위 문장은 1981년부터 2001년까지 제너럴 일렉트릭General Electric의 CEO를 역임했으며 가장 훌륭한 미국 경영자 중 한 명으로 꼽히는 잭 웰치Jack Welch가 한 말이다. 사실 이 말을 처음 들었을 때는, 상급자가 한 말을 구성원들이 제대로 이해하고 이를 실천에 옮길 가능성은 아주 낮으니 정말 중요하다고 생각하는 일은 모든 구성원의 뇌리에 새겨질 수 있도록 몇 번이고 반복해서 말해야 한다는 뜻으로 이해했었다.

이 해석이 잘못된 것은 아니지만, 내가 CEO로서 구성원들에게 기업의 목표와 전략을 설명하게 되었을 때, 그의 말이 훨씬 더 큰 뜻을 담고 있음을 절실히 느꼈다. CEO로 취임한 사람은 포부와 희망에 차서 새로운 목표를 이야기하지만, 이미 전임 CEO들로부터 비슷한 말을 들은 구성원들은 '사장이 바뀌어 새로운 목표라고 이야기하는데, 다 좋은 말이고 달라진 건 별로 없네' 하면서 건성으로 들었을 것이다. 심지어 '전임 사장들처럼 멋진 말은 다 하는데 어디 제대로 실천하는지 지켜보자'는 식으로 냉소적인 반응을 보이는 이들도 적지 않았을 것이다.

그런데 당초에는 구성원들을 이해시키기 위해서 설명을 되풀이하는 거라고 생각했지만, 기회 있을 때마다 같은 말을 몇 차례 반복하다 보니 점차 나 스스로가 책임지고 성공적으로 수행해야 할 과제로서 빠져나갈 여지 없이 짊어졌다는 느낌이 들기 시작했다. '최고경영자가 구성원에게 열 번 말하면 자기에게도 열 번 말한 것과 같다', 이게 바로 잭 웰치가 했던 말의 진짜 의미가 아닐까 생각한다.

이처럼 최고경영자와 구성원 간의 소통이 반복적으로 이루어지면, 최고경영자를 포함한 모든 구성원이 같은 목표를 향해 움직이는 계기가 마련될 수 있다. 그러나 이것은 경영자가 '자신이 한 말을 실천하는 경우walk the talk'에 해당하는 것이고, 경영자가 '번지르르하게 말만 하고 실천하지 않는 경우talk the talk'에는 그 목표가 아무런 힘을 갖지 못하는 것은 물론이고 조직의 실행력 또한 떨어질 것이 틀림없다.

"문화는 전략을 아침 식사로 먹어치운다."

(The culture eats strategy for breakfast.)

경영학자 피터 드러커Peter Drucker가 한 말인데, 기업문화의 중
요성을 언급할 때마다 즐겨 인용하는 문장이다. 구성원들이 좋은
기업문화를 공유하지 못하면 아무리 훌륭한 경영 전략도 가벼운
아침 식사처럼 사라져버리기 때문에 아무 소용이 없다는 뜻이다.

결국엔 전략을 실행하는 구성원이 모든 결과를 만들어내는데,
그들이 회사의 비전에 열정을 가질 수 없으면 열심히 실행할 리도
만무하다. 기업문화는 대부분 창업자와 경영자에 의해 만들어지
는 것이고, 그들이 '어떻게 말하는지'보다는 '어떻게 행동하는지'
가 기업문화 형성 과정에 가장 큰 영향을 미친다.

맥킨지의 설문조사에 따르면, ESG 성과가 좋은 기업일수록
ESG가 주요 기업문화로 자리 잡았으며, 또 ESG가 구성원의 업무
몰입도와 충성도에 영향을 미치는 중요한 요인이라는 데 많은 사
람이 동감하는 것으로 나타났다. 결국, 비즈니스 모델이나 제품
을 쉽게 모방할 수 있는 세상에서 기업문화는 궁극적인 경쟁우위
의 원천이다. 그리고 이것은 '그냥 잘하는 것'과 '아주 잘하는 것'
의 차이다.

주석

1장

1   Climate Action 100+, https://www.climateaction100.org/

2   Financial Times, 「Climate disclosure takes a giant step forward」, 2017. 12. 13.

3   The Economist, 「Oil majors face shareholder resolutions on climate change」, 2019. 5. 30.

4   Larry Fink's 2018 letter to CEOs

5   Larry Fink's 2020 letter to CEOs

6   Business Roundtable, 「Statement on the Purpose of a Corporation」, 2019. 8. 19.

7   N. Kristof, 「This Has Been the Best Year Ever: For humanity over all, life keeps getting better」, New York Times, 2019. 12. 28.

8   The World Bank, https://data.worldbank.org/indicator/NY.GDP.PCAP.KN?locations=US

9   H. Tufford, 「CEO pay from start to finish」, MSCI, 2021. 3.

10 정확하게 말하면, '모든 미래 이윤의 현재 가치의 합'은 기업 가치가 아니라 총 발행 주식의 시가총액이다. 기업에 부채가 있으면, 기업 가치는 시가총액과 부채의 시장 가치의 합이기 때문이다. 그런데 여기에서는 편의상 부채는 없다고 가정했다.

11 J. Graham, C. Harvey and S. Rajgopal, 「The Economic implications of corporate financial reporting」, Journal of Accounting and Economics, 40, 2005, pp. 3-73.

12 D. Barton, 「Capitalism for the Long Term, Harvard Business Review」, 89(3), 2011, pp. 84-91.

13 L. Mishel and J. Wolfe, 「CEO compensation has grown 940% since 1978」, Economic Policy Institute, 2019. 8. 14.

14 E. Alvaredo, L. Chancel, T. Piketty, E. Saez, and G. Zucman, 「World Inequality Report 2018」, World Inequality Lab, 2018.

15 J. Manyika, G. Pinkus and M. Tuin, 「Rethinking the future of American capitalism」, McKinsey Global Institute, 2011. 11.

16 NOAA, 「2019 was 2nd-hottest year on record for Earth say NOAA」, NASA, 2020. 1. 15.

17 리베카 헨더슨(임상훈 옮김), 『자본주의 대전환』, 어크로스, 2021. pp. 47-48.

2장

1   MSCI, ESG 101: 「What is ESG?」 https://www.msci.com/what-is-esg

2   BlackRock, 「Towards a Common Language for Sustainable Investing」, 2020.
    Citi, 「UNITED NATIONS Sustainable Development Goals」, 2018.

3   UBS, 「Return on values」, 2018.

4   Bailard, 「The Origins of Socially Responsible and Sustainable Investing」, 2017.

5   UN Global Compact, 「Who Cares Wins: Connecting Financial Markets

to a Changing World」, 2004

6 UN Global Compact, 「Who Cares Wins: Connecting Financial Markets to a Changing World」, 2004, p. ii.

7 G. Friede, T. Busch and A. Bassen, 「ESG and financial performance: Aggregated evidence from more than 2000 empirical studies, Journal of Sustainable Finance & Investment」, 2015, 5(4), pp. 210-233

8 M. Porter and M. Kramer, 「Creating Shared Value」, Harvard Business Review, 89(1), 2011, pp. 62-77.

9 GSIA, 「2018 Global Sustainable Investment Review」, 2019.

3장

1 김병연, 사회적 자본의 경제적 중요성, 박명규·이재열 편, 『사회적 가치와 사회혁신』, 한울아카데미, 2018, p. 105에서 재인용

2 O. Hart and L. Zingales, 「Companies Should Maximize Shareholder Welfare Not Market Value」, Journal of Law, Finance and Accounting, 2, 2017, pp. 247-274.

3 L. Starks, P. Venkat and Q. Zhu, 「Corporate ESG Profiles and Investor Horizons」, 2017. 10. 9.

4 R. Coase, 『The Nature of the Firm』, Economica, 4, 1937, pp. 386-405.
A. Alchian and H. Demsetz, 『Production, Information Costs, and Economic Organization』, The American Economic Review, 62, 1972, pp. 777-795.
M. Jensen and W. Meckling, 『Theory of the Firm: Managerial Behavior, Agency Costs, and Ownership Structure』, Journal of Financial

Economics, 3. 1976, pp. 305-360.

5   R. Eccles and S. Klimenko, 「The Investor Revolution: Shareholders Are Getting Serious about Sustainability」, Harvard Business Review, 97(3), 2019, pp. 106-116.

6   J. Fichtner, E. Heemskerk and J. Garcia-Bernardo, 「Hidden power of the Big Three? Passive index funds, re-concentration of corporate ownership, and new financial risk」, Business and Politics, 19(2), 2017, pp. 298-326.

7   OECD, Investment governance and the integration of environmental, social and governance factors, 2017.

8   류영재, 「ESG의 전제는 바로 장기주의(Long-termism)」, 주간한국, 2021. 3. 12.

9   R. Eccles and S. Klimenko, 「The Investor Revolution: Shareholders Are Getting Serious about Sustainability」, Harvard Business Review, 97(3), 2019, pp. 106-116.

10 CFM, 「The what, why, and decisively, the how of ESG investing」, 2019. 2. 11.

11 Bank of America, 「2016 Environmental, Social and Governance Report」, 2018.

12 G. Friede, T. Busch and A. Bassen, 「ESG and financial performance: Aggregated evidence from more than 2000 empirical studies」, Journal of Sustainable Finance & Investment, 5(4), 2015, 210-233.

13 R. Eccles and S. Klimenko, 『The Investor Revolution: Shareholders Are Getting Serious about Sustainability』, Harvard Business Review, 97(3), 2019, pp. 106-116.

14 L. Lee and G. Giese, 「Weighing the Evidence: ESG and Equity Returns」, MSCI, 2019. 4. 12.

15 BlackRock, 「Sustainable investing: a why not moment」, 2019. 5. 9.

16 US Department of Labor, 「Interpretive Bulletin Relating to Investing in Economically Targeted Investments」, 2008. 10. 17.

17 US Department of Labor, 「Interpretive Bulletin Relating to the Fiduciary Standard Under ERISA in Considering Economically Targeted Investments」, 2015. 10. 26.

18 그러나 지난 1년 사이에 미국 퇴직연금에서 ESG 투자를 허용할 것인지에 대해 큰 변화가 있을 뻔했다. 2020년 11월 13일, 미국 노동부는 민간 퇴직자 연금을 운영하는 데 있어서 전적으로 계량적인 재무 지표만을 기반으로 한 투자 의사 결정을 내리라는 새로운 규제를 확정 발표했다. 규제안에 대한 의견 수렴 과정에서 '이는 사실상 ESG 투자를 전적으로 금지하는 것이며, ESG 투자 수익률이 더 낮다는 잘못된 전제에 근거하고 있고, ESG 투자를 장려하는 국제적인 흐름에 역행한다'는 비판이 쏟아졌다. 트럼프 행정부는 환경·사회 문제에 대한 관심보다 재무 성과를 우선시하며 당초 규제안을 그대로 관철했다. 그러나 바이든 대통령은 취임일인 2021년 1월 20일, 공중보건, 환경보호, 그리고 기후위기 대응을 위한 ESG 투자 장려를 위해 새로운 규제 시행을 중단하라는 행정명령에 서명했다. 이에 따라 미국 노동부는 3월 10일에 새로운 규제 시행 중단을 공식 발표했다. 우여곡절 끝에 2015년에 발표한 지침이 계속 유지되었다.

19 OECD, Investment governance and the integration of environmental, social and governance factors, 2017.

20 오윤진, 「유럽의 기간부 의결권제(TPV) 도입 현황: 프랑스와 이탈리아」, 한국기업지배구조원, 2015

21 A. McClean and M. Rhoda, 「New Stock Exchange Emerges from Silicon Valley」, MVest, 2020. 7. 2.

22 B. Ashwell, 「How COVID-19 is affecting earnings guidance and dividend payments」, IR Magazine, 2020. 6. 10.

23 J. Dimon and W. Buffet, 「Short-termism is harming the economy」, Wall Street Journal, 2018. 6. 6.

L. Fink, 「2016 Corporate Governance Letter to CEOs」, 2016. 2. 1.

24 Bailard, 「From SRI to ESG: The Origins of Socially Responsible and Sustainable Investing」, 2017.

25 환경부, 「파리협정 길라잡이」, 2016. 5.

26 S. Leahy, 「Most countries aren't hitting 2030 climate goals, and everyone will pay the price」, National Geographic, 2019. 11. 6.

27 L. Du, 「How Larry Fink Rose Through The Shadows To Wall Street Fame」, 2012. 4. 27.

4장

1 이 부분의 논의는 다음 서적에 많이 의존하고 있다.

고동현, 이재열, 문명선, 한솔, 『사회적 경제와 사회적 가치』, 한울 아카데미, 2016.

김재구, 배종태 외, 『기업의 미래를 여는 사회가치경영』, 클라우드 나인, 2018.

박명규, 이재열 엮음, 『사회적 가치와 사회혁신』, 한울 아카데미, 2018.

장용석, 조희진, 김보경, 황저윤, 이영동, 『사회적 가치의 재구성』, 문우사, 2018.

2 고동현, 이재열, 문명선, 한솔, 『사회적 경제와 사회적 가치』, 한울 아카데미, 2016, p. 58

3 고용노동부, 「2020년 연간 사회적 기업 429개 인증, 2,777개소 활동 중」, 고용노동부 보도자료, 2020. 12. 31.

4 「Corporate social responsibility & Responsible business conduct」, European Commission.

5 「A Brief History of Corporate Social Responsibility(CSR)」, Thomas

Insights, 2019. 9. 25.

6   A. Carroll, 「The Pyramid of Corporate Social Responsibility: Toward the Moral Management of Organizational Stakeholders」, Business Horizons, 34(4), 1991, pp. 39-48.

7   김종대, 안형태, 명재규, 배성미, 「성공적 CSR 전략으로서 CSV에 대한 평가」, Korea Business Review, 20(1), 2016, pp. 291-319.

8   R. Freeman, 「Strategic Management: A Stakeholder Approach」, Cambridge University Press, 1984.
    R. Freeman, 「Stakeholder Theory: 25 Years Later, Philosophy of Management」, 8(3), 2009, pp. 97-107.

9   김종대, 안형태, 명재규, 배성미, 『성공적 CSR 전략으로서 CSV에 대한 평가』, Korea Business Review, 20(1), 2016, pp. 291-319.

10 M. Lee, 「A review of the theories of corporate social responsibility: Its evolutionary path and the road ahead」, International Journal of Management Reviews, 10(1), 2008, pp. 53-73.

11 M. Porter and M. Kramer, 「Creating Shared Value」, Harvard Business Review, 89(1), 2011, pp. 62-77.

12 M. Porter and M. Kramer, 「Strategy and Strategies: The Link between Competitive Advantage and Corporate Social Responsibility」, Harvard Business Review, 84(12), 2006, pp. 78-93.

13 S. Hart, 「Michael Porter is a Pirate」, ManagementNext, 10(1), 2013, pp. 6-7

14 M. Porter and M. Kramer, 「A response to Andrew Crane et al.Ps article by Michael E. Porter and Mark R. Kramer」, California Management Review, 56(2), 2014, pp. 149-151.

15 M. Porter and M. Kramer, 「Creating Shared Value」, Harvard Business

Review, 89(1), 2011, pp. 75-76.

16 M. Porter, 「What is Strategy?」 Harvard Business Review, 74(6), 1996, pp 61-78.

5장

1 M. Blair, 「Corporations Are Governance Mechanisms, Not Shareholder Toys, ProMarket」, University of Chicago Booth School of Business, 2020. 9. 29.

J. Ruggie, 「Corporate Identity in Play: The Role of ESG Investing」, Harvard Kennedy School, 2019.

2 M. Friedman, 「The Social Responsibility of Business is to Increase its Profits」, The New York Times Magazine, 1970. 9. 13.

3 A. Edmans, 「What Stakeholder Capitalism Can Learn from Milton Friedman」, 2020. 11. 13.

4 L. Zingales, 「Friedman's Legacy: From Doctrin to Theorem」, ProMarket, 2020. 10. 13.

O. Hart, 「Shareholders Don't Always Want to Maximize Shareholder Value」, ProMarket, 2020. 9. 14.

A. Edmans, 「What Stakeholder Capitalism Can Learn from Milton Friedman」, 2020. 11. 13.

5 M. Friedman, 『Capitalism and Freedom』, 1962, The University of Chicago Press, Chicago, p. 120.

6 O. Hart and L. Zingales, 「Companies Should Maximize Shareholder Welfare Not Market Value」, Journal of Law, Finance and Accounting,

2(2), 2017, pp. 247-274.

O. Hart and L. Zingales, 「Serving Shareholders Doesn't Mean Putting Profit Above All Else, ProMarket」, 2020. 9. 5.

7 J. Matsusaka, 「A Challenge for Stakeholder Capitalism: Solving the Paradoxes for Voting, ProMarket」, 2020. 9. 30.

8 E. Fama, 「Market Forces Already Address ESG Issues and the Issues Raised by Stakeholder Capitalism」, ProMarket, 2020. 9. 25.

9 Investopia, 「Stakeholder Capitalism」.

10 Enterprise Engagement Alliance, 「Stakeholder Capitalism」

11 World Economic Forum, 「Davos Manifesto 2020: The Universal Purpose of a Company in the Fourth Industrial Revolution」, 2019. 12. 2.

12 Business Roundtable, 「Statement on the Purpose of a Corporation」, 2019. 8. 19.

13 Council of Institutional Investors, 「Council of Institutional Investors Responds to Business Roundtable Statement on Corporate Purpose」, 2019. 8. 19.

14 Business Roundtable, 「Redefined Purpose of a Corporation: Welcoming the Debate」, 2019. 8. 26.

15 L. Bebchuk and R. Tallarita, 「The Illusory Promise of Stakeholder Governance」, Cornell Law Review, 106(1), 2020, pp. 71-177.

16 S. Kaplan, 「The Enduring Wisdom of Milton Friedman」, Harvard Law School Forum on Corporate Governance, 2020. 9. 30.

17 L. Bebchuk and R. Tallarita, 「The Illusory Promise of Stakeholder Governance」, Cornell Law Review, 106(1), 2020, pp. 71-177.

L. Strine, 「The dangers of denial: the need for a clear-eyed understanding of the power and accountability structure established by the Delaware General Corporation Law』, Wake Forest Law Review, 50(3), 2015, pp. 761-793.

O. Hart and L. Zingales, 「Serving Shareholders Doesn't Mean Putting Profit Above All Else」, ProMarket, 2020. 9. 5.

L. Zingales, 「Friedman's Legacy: From Doctrin to Theorem」, ProMarket, 2020. 10. 13.

18 M. Blair, 「Corporations Are Governance Mechanisms, Not Shareholder Toys」, ProMarket, 2020. 9. 29.

M. Lipton, 「Beyond Friedman's Doctrine: The True Purpose of the Business Corporation」, ProMarket, 2020. 9. 28.

19 C. Mayer, L. Strine, and J. Winter, 「The Purpose of Business is to Solve Problems of Society, Not to Cause Them」, ProMarket, 2020. 10. 9.

20 P. Atkins, K. King, and M. Gerber, 「Stockholders versus Stakeholders — Cutting the Gordian Knot」, Harvard Law School Forum on Corporate Governance, 2020. 8. 24.

6장

1 The KPMG Survey of Sustainability Reporting 2020.

2 한국표준협회, 지속가능성 보고서 통계, 2021.

3 금융위원회, 「기업공시제도 종합 개선방안」, 2021. 1. 14.

4 사회적가치연구원, 『ESG Handbook: Basic』, 2021, p. 19.

5 G. Serafeim, 「Integrated Reporting and Investor Clientele」, Journal of Applied Corporate Finance, 27(2), 2015, pp. 34-51.

6 G. Serafeim and T. Grewal, 「ESG Metrics: Reshaping Capitalism?」

Harvard Business School, 2019.

7　J. Grewal, C. Hauptmann, and G. Serafeim, 「Material Sustainability Information and Stock Price Informativeness」, Journal of Business Ethics, 2020.

8　TCFD, 「Recommendations of the Task Force on Climate-related Financial Disclosures」, 2017.

9　R. Eccles, M. Kastrapeli, and S. Potter, 「How to Integrate ESG into Investment Decision-Making: Results of a Global Survey of Institutional Investors」, Journal of Applied Corporate Finance, 29(4), 2017, pp. 125-133.

A.Amel-Zadeh and G. Serafeim, 「Why and How Investors Use ESG Information: Evidence from a Global Survey」, Financial Analysts Journal, 74(3), 2018, pp. 87-103.

10　CDP, CDSB, GRI, IIRC and SASB, 「Statement of Intent to Work Together Towards Comprehensive Corporate Reporting」, 2020. 9.

11　SASB, 「IIRC and SASB announce intent to merge in major step towards simplifying the corporate reporting system」, 2020. 11. 25

12　IFRS Foundation, 「Consultation Paper on Sustainability Reporting」, 2020. 9.

13　SASB, 「SASB's Response to the IFRS Foundation's Consultation Paper on Sustainability Reporting」, 2020. 12. 11

14　Sustainablity, Rate the Raters 2020: Investor Survey and Interview Results, 2020. 3.

15　KPMG, 「ESG ratings are not perfect, but can be a valuable tool for asset managers」, 2020. 10. 6.

16　MSCI, 「What is an MSCI ESG Rating?」,

MSCI, 「ESG Ratings Methodology - Executive Summary」

17 서스틴베스트, 「2020 상장기업 ESG 분석 보고서」, 2020. 12. 30.

18 2004~2006년 자료를 활용해 평가기관별로 평가 결과가 큰 편차를 밝힌 초창기
    의 대표적인 연구로는 다음을 꼽을 수 있다.
    A. Chatterji, R. Durand, D. Levine, and S. Touboul, 「Do Ratings of
    Firms Converge? Implications for Managers, Investors and Strategy
    Researchers」, Strategic Management Journal, 37, 2016, pp. 1597-1614.

19 F. Berg, J. Koelbel, R. Rigobon, 「Aggregate Confusion: The Divergence
    of ESG Ratings」, 2020. 5. 17.

20 D. Christensen, G. Serafeim, A. Sikochi, 「Why is Corporate Virtue in the
    Eye of The Beholder?」 The Case of Ratings, 2019. 11.

21 F. Berg, J. Koelbel, R. Rigobon, 「Aggregate Confusion: The Divergence
    of ESG Ratings」, 2020. 5. 17.

22 CFM, 「The what, why, and decisively, the how of ESG investing」,
    2019. 2. 11.

23 R. Eccles and J. Stroehle, 「Exploring Social Origins in the Construction
    of ESG Measures」, 2018. 8. 1.

24 지난 10여 년간 평가기관 간 인수 합병 추이에 대해서는 다음 자료를 참고할 것
    메리츠 증권, 「ESG 총정리」, 2020. 4. 28. pp. 28-29.

25 World Economic Forum, 「Seeking Return on ESG: Advancing the
    Reporting Ecosystem to Unlock Impact for Business and Society」, 2019.
    1. 24.

26 MSCI, 「Understanding MSCI ESG Indexes」, 2019. 6. 24.

27 UN PRI, 「A Practical Guide to ESG Integration for Equity Investing」

28 Ceres, 「The Role of Investors in Supporting Better Corporate ESG
    Performance」, 2019.

29　J. Grewal, G. Serafeim, A. Yoon, 「Shareholder Activism on Sustainability Issues」, 2016. 9. 4.

30　E. Dimson, O. Karakaş, and Xi Li, 「Local leads, backed by global scale: the drivers of successful engagement」, UN PRI, 2017. 9. 20.
　　T.Barko, M. Cremers, and L. Renneboog, 「Shareholder Engagement on Environmental, Social, and Governance Performance」, 2018. 9. 5.

31　J. Copland, D. Larcker, B. Tayan, 「Proxy Advisory Firms: Empirical Evidence and the Case for Reform」, Manhattan Institute, 2018. 5. 21.

32　G. Friede, T. Busch and A. Bassen, 「ESG and financial performance: Aggregated evidence from more than 2000 empirical studies」, Journal of Sustainable Finance & Investment, 5(4), 2015, pp. 210-233.

33　G. Giese, L. Lee, D. Nay and L. Nishikawa, 「Foundations of ESG Investing: How ESG Affects Equity Valuation, Risk and Performance」, Journal of Portfolio Management, 2019, 45(5), pp. 1-15.
　　G. Giese and L. Lee, 「Weighing the Evidence: ESG and Equity Returns」, MSCI, 2019. 4. 12.

34　주식 투자에서 체계적 위험은 증권시장 전체의 변동 위험으로서 이에 영향을 미치는 요인은 경기 변동, 인플레이션, 경상수지, 사회·정치적 환경 등 거시적 변수다. 투자 이론에서는 체계적 위험을 베타계수라고 하는데, 베타계수가 큰 종목의 주가는 시장 움직임에 민감하게 움직인다. 반대로 베타계수가 0인 종목은 주가가 시장의 변동 요인에는 전혀 영향을 받지 않는, 무위험 종목이다.

35　A. Breedt, S. Ciliberti, S. Gualdi and P. Seager, 「Is ESG an Equity Factor or Just an Investment Guide?」 The Journal of Investing, 2019, 28(2), pp. 32-42.

36　G. Giese and Z. Nagy, 「How Markets Price ESG: Have Changes in ESG Scores Affected Stock Prices?」 MSCI, 2018. 11. 12.

37　G. Giese, L. Lee, D. Melas, Z. Nagy, and L. Nishikawa, 「Performance and Risk Analysis of Index-Based ESG Portfolios」, The Journal of Index Investing, 2019, 9(4), pp. 1-12.

38　L. Kaiser, 「ESG Integration: Value, Growth and Momentum」, Journal of Asset Management, 2020, 21, pp. 32-51.

M. Sherwood and J. Pollard, 「The risk-adjusted return potential of integrating ESG strategies into emerging market equities」, Journal of Sustainable Finance and Investment, 2018, 8(1), pp. 26-44

G.Giese, L. Lee, D. Melas, Z. Nagy, and L. Nishikawa, 「Performance and Risk Analysis of Index-Based ESG Portfolios」, The Journal of Index Investing, 2019, 9(4), pp. 1-12.

39　G. Giese and Z. Nagy, and L. Lee, 「Deconstructing ESG Ratings Performance」, The Journal of Portfolio Management, 2021, 47(3), pp. 1-18

P. Seretis and M. Eastman, 「Enhancing Economic Value with ESG」, MSCI, 2018. 2.

40　Y. Ferenc, 「ESG Indexes Through the Slump and Rally of 2020」, MSCI, 2021. 3.

41　K. Lins, H. Servaes, and A. Tamayo, 「Social Capital, Trust, and Firm Performance, The Value of Corporate Social Responsibility during the Financial Crisis」, The Journal of Finance, 2017, 72(4), pp. 1785-1824.

42　S. Kotsantonis, C. Pinney and G. Serafeim, 「ESG Integration in Investment Management: Myths and Realities」, Journal of Applied Corporate Finance, 28(2), 2016, pp. 10-16.

43　M. Cappucci, 「ESG Integration Paradox」, Journal of Applied Corporate Finance, 30(2), 2018, pp. 22-28

44 M. Khan, G. Serafeim and A. Yoon, 「Corporate Sustainability: First Evidence on Materiality」, The Accounting Review, 91(6), 2016, pp. 1697-1724.

45 R. Eccles, M. Kastrapeli, and S. Potter, 「How to Integrate ESG into Investment Decision-Making: Results of a Global Survey of Institutional Investors」, Journal of Applied Corporate Finance, 2017, 29(4), pp. 125-133.

46 박혜진, 「국내 ESG 펀드의 현황 및 특징 분석」, 자본시장연구원, 2020. 11.

47 한국무역협회, 「EU의 ESG 관련 입법 동향과 시사점」, KITA Market Report, 2021. 4. 27.
한국기업지배구조원, 「EU 분류체계 논의 동향」, KCGS Report, 2020. 6. pp 2-8.
KDB산업은행, 「EU 분류체계 현황과 시사점」, Weekly KDB Report, 2020. 8. 18. pp. 5-7.

48 환경부, 「녹색채권 안내서 발간… 녹색채권 시장 활성화 유도」, 2020. 12. 29.

7장

1 UN Sustainable Development Goals, https://sdgs.un.org/goals

2 빌 게이츠(김민주·이엽 옮김), 『빌 게이츠, 기후재앙을 피하는 법』, 김영사, 2021, p. 8

3 MSCI, 「The Role of Capital in the Net-Zero Revolution」, 2021. 4. 20.

4 R. Warren, J. Price, E. Graham, N. Forstenhaeusler, and J. VanDerWal, 「The projected effect on insects, vertebrates, and plants of limiting global warming to 1.5°C rather than 2°C」, Science, 360(6390), 2018, pp. 791-

795.

5   European Commission, 「Fossil CO2 emissions of all world countries」, 2020 report.

6   환경부, 「파리협정 길라잡이」, 2016. 5.

7   국가기후기술정보시스템, NDC 현황

8   S. Leahy, 「Most countries aren't hitting 2030 climate goals, and everyone will pay the price」, National Geographic, 2019. 11. 6.

9   R. Warren, J. Price, E. Graham, N. Forstenhaeusler, and J. VanDerWal, 「The projected effect on insects, vertebrates, and plants of limiting global warming to 1.5°C rather than 2°C」, Science, 360(6390), 2018, pp. 791–795.

10 빌 게이츠(김민주·이엽 옮김), 『빌 게이츠, 기후재앙을 피하는 법』, 김영사, 2021, p. 32 .

11 Intergovernmental Panel on Climate Change, Global Warming of 1.5℃, 2019.
    https://www.ipcc.ch/sr15/

12 Wikipedia, 「Carbon neutrality」
    World Resources Institute, 「What Does 'Net-Zero Emissions' Mean? 6 Common Questions, Answered」, 2019. 9. 17.
    한국환경산업기술원, 「넷제로의 의미와 활용」, 2020.
    Herbert Smith Freehills, 「Carbon Neutral and Net-Zero: What's the difference – and Why does it matter?」 2020. 12. 2.

13 Climate Home News, 「Which countries have a net zero carbon goal?」 2021. 3. 21.

14 World Bank, 「State and Trends of Carbon Pricing 2019」, 2019. 6. 6.

15 기획재정부, 환경부, 「제3차 배출권 거래제 기본계획」, 2019. 12. 30.

16 신한금융투자, 「뉴 패러다임, ESG: I. 테마편」, 2021. 4. 12.

17 에너지경제연구원, 「한국판 그린뉴딜의 방향: 진단과 제언」, 2020. 11.

18 대한민국 정부, 「2050 탄소중립 추진전략」, 2020. 12. 7.

19 한영회계법인-그린피스 서울사무소, 「기후변화 규제가 한국 수출에 미치는 영향 분석」, 2020. 4.

20 Blackrock, Larry Fink's 2021 Letter to CEOs

21 Blackrock, 「Our 2021 Stewardship Expectations」

22 Climate Action 100+, 「Net-zero company benchmark」, 2021. 3. 22.

23 UBS, 「Sustainable Finance: Tend Trends for 2021」, pp. 18-19.

24 Net-Zero Asset Owner Alliance, Inaugural 2025 Target Setting Protocol」, 2020. 10.

25 사회적가치연구원, 「ESG Handbook: Basic」, 2021. pp. 66-67.

26 「균등화발전비용(LCOE) 국제 동향」, 한국전력 경영연구원, 전력경제 Review 2020년 제11호, 2020. 11. 2.

27 Apple, 「Apple, 2030년까지 공급망 및 제품의 100% 탄소 중립화 달성 약속」, 2020. 7. 21.

28 L. Parker, 「The world's plastic pollution crisis explained, National Geographic」, 2019. 6. 7.

29 WWF, 「the Ellen MacArthur Foundation and BCG」, The business case for a UN treaty on plastic pollution, 2020.

30 N. Beaumont et al.,「Global ecological, social and economic impacts of marine plastic」, Marine Pollution Bulletin, 2019, 142, pp. 189-195.

31 이 부분은 주로 다음 자료들을 참고하여 작성했다.

한국환경산업기술원, 「플라스틱 규제 동향과 대응방안」, 2020. 12. 9.

한국환경산업기술원, 「주요국 플라스틱 규제 동향과 기업 혁신사례」, 2019.

EC, 「Council adopts ban on single-use plastics」, 2019. 5. 21.

S&P Global, 「US plastics recycling struggles to meet demand, highlighting investment gap」, 2021. 2. 26.

32 WWF, 「the Ellen MacArthur Foundation and BCG, The business case for a UN treaty on plastic pollution」, 2020.

33 사회적 불평등 해소를 위한 투자자의 역할과 관련된 부분은 다음 자료에 많이 의존했다.
MSCI, 「2021 ESG Trends to Watch」, 2020. 12.
Refinitiv, 「Top ESG Trends for 2021」

34 US SIF Foundation, 「Investing to Achieve the UN Sustainable Development Goals」, 2020.

35 MSCI, 「Assessing Company Alignment with UN SDGs」, 2020. 9. 14.

36 S&P Global, 「The Sustainability Yearbook 2021」.

37 McKinsey, 「The Case for Inclusive Growth」, 2021. 4. 28.

38 McKinsey, 「Diversity Wins: How Inclusion Matters」, 2020. 5. 19.

39 법무법인 율촌, 「중대재해처벌법 주요 이슈 및 대응방안」, 2021. 4. 8.

40 류현철, 「중대재해처벌법 제정과정의 사회적 의미와 과제」, 대한산업보건협회, 2021. 2. 4.

41 신한금융투자, 「뉴 패러다임, ESG: I. 테마편」, 2021. 4. 12, pp. 26-27.

42 통계청, 근로자 10만 명당 치명적 산업재해 건수(OECD)

43 사회적가치연구원, 『ESG Handbook: Basic』, 2021. p. 60.

44 삼정KPMG 경제연구원, 「ESG의 부상, 기업은 무엇을 준비해야 하는가?」, 2021. 2. 23.

45 리베카 헨더슨(임상훈 옮김), 『자본주의 대전환』, 어크로스, 2021. pp. 115-122,

46 OMFIF, Global Public Pension Funds 2020, 2020. 11. 19. https://www.omfif.org/gpp20/

47 OECD, Pension Markets in Focus, 2020.

48 J. Fichtner, E. Heemskerk and J. Garcia-Bernardo, 『Hidden power of the Big Three? Passive index funds, re-concentration of corporate ownership, and new financial risk』, Business and Politics, 19(2), 2017, pp. 298 - 326.

49 국민연금기금운용본부, 기금 운용 현황, 2021.

50 국민연금기금운용본부, 국내주식 운용 현황, 2021.

https://fund.nps.or.kr/jsppage/fund/mcs/mcs_04_01_01.jsp

e-나라지표, 상장회사 수, 시가총액

https://www.index.go.kr/potal/main/EachDtlPageDetail.do?idx_cd=1079

51 한국 스튜어드십 코드, http://sc.cgs.or.kr/main/main.jsp

52 금융위원회, 「기업공시제도 종합 개선방안」, 2021. 1. 14.

53 다양한 주주 관여 전략의 장단점, 실행 방안 및 성공 요인에 대한 최근까지의 연구에 대해서는 다음 자료들을 참조할 것.

Ceres, 「The Role of Investors in Supporting Better Corporate ESG Performance」, 2019.

E. Sjostrom, 「Active Ownership on Environmental and Social Issues: What Works?」 Stockholm School of Economics, 2020.

54 J. Rossman, M. Deignan, and C. Couvelier, 「Lazard's Q1 2021 Review of Shareholder Activism」, Harvard Law School Forum on Corporate Governance, 2021. 4. 30.

55 UBS, Sustainable Finance: Tend Trends for 2021, p. 19.

56 동아일보, 「'스튜어드십 코드' 2018년 도입 이후… 입김 세진 국민연금, 주총서 'NO' 늘었다」, 2020. 2. 6.

57 기업지배구조원, 「국내 환경·사회 주주관여 현황 및 참고사례」, KCGS 리포트, 제 10권 12호, 2020. 12., pp. 38-44.

58 조 신, 조지형, 정우진, 「기업 소유구조가 수익성에 미치는 영향: 유가증권시장과

코스닥시장 상장기업 비교를 중심으로」, 기업경영연구, 2018, 25(1), pp. 53-79.

59 여기서 흔히 최대주주의 특수관계인이라고 불리는 여러 계열사가 지분을 소유하는 경우에는 계열사마다 3%로 의결권이 제한된다. 예컨대 최대주주가 20%, 대주주가 속한 대기업집단의 특수관계인인 계열사 4개가 각각 5% 지분을 소유하고 있다면, 이들이 행사할 수 있는 의결권은 대주주 3%, 계열사당 3%씩 12%로 총 15%가 된다.

60 기업지배구조원, 「감사위원 분리선임 및 3% 룰 적용 현황」, KCGS 리포트, 제11권 1호, 2021. 1, pp. 2 10.

61 한국기업지배구조원, 「유가증권 상장사의 경영진 주식 보상 지급 현황 및 필요성」, KCGS 리포트, 제10권 12호, 2020. 12. pp. 2-7.

62 유안타 증권, 「지속가능을 위한 ESG 투자」, 2020. 10. 21. p. 18.

63 뉴시스, 「전문경영인 출신 대기업 대표이사, 평균 재임 기간 3.6년」, 2020. 11. 12.

64 Korn Ferry, 「Where Have All the Long-Tenured CEOs Gone?」 2019.

사진 출처

1장

비즈니스 라운드테이블 선언에 서명한 CEO들 ©BRT

월가를 점령하라 구호를 외치며 맨해튼으로 행진하고 있는 시위대 ©Joe Tabacca

5장

이해관계자의 구조 ©Andrii Yalanskyi

이해관계자 중 CEO를 상징하는 그림 ©Andrii Yalanskyi

6장

지구의 두 가지 미래 ©K3Star

7장

플라스틱 쓰레기로 가득 메워진 바다의 모습 ©Dobos Bella Noemi

인종차별에 반대하는 시위대의 모습 ©juancsanchezherrera

＊ 퍼블릭 도메인은 따로 표기하지 않았습니다.